案说民法典系列

以案析法

公安民警民法典知识学习与应用

第二版

张德军 / 主编

CASE ANALYSIS OF LAW

STUDY AND APPLICATION
OF
CIVIL CODE KNOWLEDGE BY POLICE

北京

图书在版编目（CIP）数据

以案析法：公安民警民法典知识学习与应用／张德军主编；王国全执行主编. -- 2版. -- 北京：法律出版社，2025. -- ISBN 978 - 7 - 5244 - 0009 - 7

I. D923.05

中国国家版本馆 CIP 数据核字第 2025ZD0817 号

以案析法：公安民警民法典 知识学习与应用（第二版） YI AN XIFA：GONGAN MINJING MINFADIAN ZHISHI XUEXI YU YINGYONG（DI-ER BAN）	张德军 主　　编 王国全 执行主编	责任编辑 田　浩 装帧设计 臧晓飞

出版发行 法律出版社	**开本** A5
编辑统筹 法商出版分社	**印张** 17　　**字数** 415 千
责任校对 王　皓	**版本** 2025 年 4 月第 2 版
责任印制 胡晓雅	**印次** 2025 年 4 月第 1 次印刷
经　　销 新华书店	**印刷** 天津嘉恒印务有限公司

地址：北京市丰台区莲花池西里 7 号（100073）

网址：www.lawpress.com.cn　　　　销售电话：010 - 83938349

投稿邮箱：info@lawpress.com.cn　　客服电话：010 - 83938350

举报盗版邮箱：jbwq@lawpress.com.cn　咨询电话：010 - 63939796

版权所有·侵权必究

书号：ISBN 978 - 7 - 5244 - 0009 - 7　　　　定价：58.00 元

凡购买本社图书，如有印装错误，我社负责退换。电话：010 - 83938349

本书(第一版)编委会

主　　编　陈少宣
副 主 编　薛　芳　史伟丽
执行主编　陈　红
参　　编　史伟丽　马建荣　王　慧　王　英
　　　　　　何　锐　王国全　朱　敏　李素敏
　　　　　　薛　媛　刘桂丽　陆　静　王秀萍
　　　　　　田　莹　吕学军　丁　芳　高海洋
　　　　　　马吉宽　张笑楠

本书(第二版)编委会

主　　编　张德军
副 主 编　陈炜强　史伟丽
执行主编　王国全
参　　编　史伟丽　马建荣　王　慧　吕学军
　　　　　王　英　李素敏　王秀萍　何　锐
　　　　　刘桂丽　陆　静　张含敏　朱　敏
　　　　　高海洋　丁　芳　马吉宽　薛冀红
　　　　　薛　媛　田　莹

编写说明

2020年5月28日,十三届全国人大三次会议审议通过了《中华人民共和国民法典》(以下简称《民法典》),这是中华人民共和国成立以来第一部以"法典"命名的法律,是新时代我国社会主义法治建设的重大成果。《民法典》的颁布实施是关系到社会生活的一件大事,自然人、法人和非法人组织都将在《民法典》的规范下进行各种民事活动。公安民警需要在《民法典》的指引下进行日常工作,维护民事主体合法权益与社会和谐稳定,这对公安民警规范执法提出了新要求。

《民法典》规模庞大,条文繁多,共有1260条,且内容庞杂,法理精深。而公安民警日常工作繁忙,对于《民法典》条文背后的法理和实际适用规则很难全面洞悉、深刻理解。因此,需要根据公安民警常见办案事例,采取以案析法的形式解析案情及法律规定,解实际应用之难。出于这样的目的,本书的主编陈少宣(宁夏回族自治区公安厅原党委委员、政治部主任,曾长期从事公安执法理论与实务研究工作)组织了由宁夏警官职业学院民法和相关课程的教授、一线教师及民警共21人参加的编写组,通过在派出所、社区警务室等办案一线调研走访,选取了134个与公安工作息息相关的典型案例,采取一问一答的形式，对遇到的相关情形应如何处理，用通俗易懂的方式应用《民法典》和相关法律加以阐释和解析，并附法条链接和最新的司法解释，帮助公安民警掌握《民法典》的基本精神和主要规则，因此就有了《以案析法：公安民警民法典知识学习与应用》的出版。需要说明的是，本书选取的案例在解析时不考虑时间效力问题，均以《民法典》进行阐释。

本书（第一版）由陈少宣任主编，薛芳、史伟丽任副主编，陈红任执行主编。书中大部分案例来自公安一线工作，少部分来自网络媒体，由薛芳、史伟丽、陈红统稿并定稿。各编撰稿人如下：

第一编由马建荣教授组织朱敏、陆静、高海洋编写；

第二编由王英副教授组织史伟丽、丁芳、张笑楠编写；

第三编由王慧教授组织吕学军、李素敏、刘桂丽、田莹、马吉宽编写；

第四编由马建荣教授组织朱敏、陆静、高海洋编写；

第五编由何锐老师组织王国全、王秀萍、薛媛编写；

第六编由何锐老师组织王国全、王秀萍、薛媛编写；

第七编由王慧教授组织吕学军、李素敏、刘桂丽、田莹、马吉宽编写。

本书专业理论性和实战操作性兼备，是公安民警自学民法、执法办案、培训教育的常用教材，也是民众自学民法、了解公安民警执法办案依据的必备书籍，同时也可以作为大中专学校师生的参考书目之一。

本书的编写及出版得到了宁夏回族自治区公安厅、宁夏警官职业学院领导和同志们的大力支持和悉心指导，在此深表感谢。同时，特别感谢热情提供工作案例的一线公安民警。因编写者能力有限，不足之处在所难免，欢迎大家批评指正，我们将不胜感谢。

编者

2021 年 8 月 23 日

修订说明

习近平总书记在中央政治局第二十次集体学习时强调指出,各级政府要以保证民法典有效实施为重要抓手推进法治政府建设,把民法典作为行政决策、行政管理、行政监督的重要标尺,不得违背法律法规随意作出减损公民、法人和其他组织合法权益或增加其义务的决定。人民警察的主要任务是维护国家安全,维护社会治安秩序,保护公民人身安全、人身自由、合法财产,保护公共财产,预防、制止、惩治违法犯罪。新时代,公安机关在执法中既要善于化解民事纠纷矛盾,又要坚决防止以刑事案件名义插手民事纠纷。因此,民警在履职尽责中必须严格遵守民法典规定。

本次修订旨在深入学习贯彻习近平总书记重要讲话精神,明确基层公安机关及其民辅警在群众工作中坚持民事主体平等、保护财产权利、便利交易流转、维护人格尊严、促进家庭和谐、追究侵权责任等基本要求,提高运用民法典维护人民权益、化解矛盾纠纷、促进社会和谐稳定的能力和水平。在内容上,一是将"案情简介"改为"警情简介",加强案件与公安工作的联系,突出解决公安工作实际问题。二是新增112个案例,总量达到246个,便于为公安民辅警日常排查化解民事矛盾纠纷、依法执法办案提供基层治理工作指导及参考。三是增加说明每个案例的来源、编写人及责任编辑姓名、本案法律依据的二维码，便于研讨交流和深入学习。

因原编写成员工作变化，经第一版编写组同意，本次修订由张德军（现任宁夏警官职业学院院长）任主编、陈炜强（副院长）和史伟丽任副主编、王国全任执行主编，新增内容的编写成员分别为马建荣、陆静、王英、史伟丽、丁芳、王慧、王秀萍、薛冀红、张含敏。史伟丽承担本修订版的统稿、校对工作。

修订组

2024 年 7 月

目 录

第一编 总则
001—069

- 案例 1 网络不是法外之地 \ 003
- 案例 2 商品房买卖应诚信 \ 005
- 案例 3 胎儿能受赠房产吗？\ 007
- 案例 4 老人能离开照料中心吗？\ 009
- 案例 5 被宣告死亡的配偶出现了 \ 011
- 案例 6 胎儿的权益有哪些？\ 013
- 案例 7 未成年人能买网游装备吗？\ 015
- 案例 8 躲避生母的孩子 \ 017
- 案例 9 "闯祸"未成年人 \ 019
- 案例 10 "啃老"成年子女 \ 021
- 案例 11 政府机构成为监护人 \ 023
- 案例 12 残疾者可做监护人吗？\ 025
- 案例 13 老人能自选监护人吗？\ 027
- 案例 14 监护人无权限制子女探视 \ 029
- 案例 15 虐待儿童引来报警 \ 031
- 案例 16 遗弃婴儿被撤销监护人资格 \ 033
- 案例 17 法定赡养义务不能变 \ 035
- 案例 18 让脑瘫儿的悲剧不再发生 \ 037
- 案例 19 个体工商户欠债怎么还？\ 039

001

案例 20	失踪人被申请宣告死亡 \ 041
案例 21	死亡宣告被撤销的后果 \ 043
案例 22	失踪人房屋被占不归还 \ 045
案例 23	游戏账号所有权归属 \ 047
案例 24	悬赏人反悔案 \ 049
案例 25	大奖找谁领？\ 051
案例 26	出租屋发生的坠楼案 \ 053
案例 27	精神病人卖房 \ 055
案例 28	红包能要回吗？\ 058
案例 29	房屋被骗过户怎么办？\ 060
案例 30	老人在超市突发疾病 \ 062
案例 31	被利用的"雷锋" \ 064
案例 32	小学时被性侵 \ 066
案例 33	借给朋友的钱要不回来 \ 068

第二编 物权

071—166

案例 1	遭遇"一房二卖" \ 073
案例 2	虚假的抵押登记 \ 076
案例 3	原车主开走已交付汽车 \ 078
案例 4	提出异议还是对抗执行？\ 081
案例 5	走道使用权争议 \ 084
案例 6	无补偿安置协议被"强拆" \ 086
案例 7	酒店能拒绝政府征用吗？\ 089
案例 8	小区监控设备更新争议 \ 092
案例 9	住宅擅改经营性用房 \ 094
案例 10	非法集资款被投资 \ 096
案例 11	涉案财产能善意取得吗？\ 098
案例 12	古宅里挖出的银元宝归谁？\ 101

目 录

案例 13	遗落在柜台的手机被拿走 \ 104	
案例 14	装修物被拆除搬走 \ 107	
案例 15	农村土地流转"雷区" \ 109	
案例 16	小区共有场所的使用权 \ 111	
案例 17	小区的广告收入归属 \ 113	
案例 18	楼房邻居使用"震楼器" \ 115	
案例 19	影响庄稼生长的树苗 \ 117	
案例 20	分割合买房产 \ 119	
案例 21	住不进去的新购房 \ 121	
案例 22	招领的失物又丢了 \ 123	
案例 23	一楼住户阻止加装电梯 \ 125	
案例 24	广场舞扰民 \ 127	
案例 25	婚前财产的婚后收益 \ 130	
案例 26	房屋共有部分被占改怎么办？\ 132	
案例 27	在他人土地上擅自建房 \ 134	
案例 28	城里人能买农村房吗？\ 136	
案例 29	如何通过设立居住权保障老年人的居住需求？\ 139	
案例 30	幼儿园的地役权 \ 141	
案例 31	能开走债务人的汽车吗？\ 143	
案例 32	债权转让，抵押权还存在吗？\ 145	
案例 33	扣留债务人的汽车合法吗？\ 148	
案例 34	并存的质押权和留置权 \ 150	
案例 35	未过户的住房也受法律保护 \ 152	
案例 36	质押物何时可变现？\ 154	
案例 37	能拿欠债人的关系人的财产抵债吗？\ 156	
案例 38	卖货抵运费行吗？\ 158	
案例 39	占有的车辆被扣留 \ 160	

| 案例 40 | 家中被盗能拒缴物业费吗？\ 162 |
| 案例 41 | 空置住房要交物业费吗？\ 165 |

第三编 合同

167—244

案例 1	被取消的网络订单 \ 169
案例 2	欠条丢了,怎么办？\ 171
案例 3	美容院搬太远能申请退费吗？\ 173
案例 4	劳务费被拖欠怎么办？\ 175
案例 5	口头约定算数吗？\ 177
案例 6	违反预约合同的后果 \ 179
案例 7	免责的格式条款有效吗？\ 181
案例 8	电子合同有法律效力吗？\ 183
案例 9	悬赏人"不赏"怎么办？\ 185
案例 10	悬赏公告可以要求兑现吗？\ 187
案例 11	买卖违章二手车的损失如何承担？\ 189
案例 12	是缔约过失还是违约？\ 191
案例 13	过高的违约金受法律保护吗？\ 193
案例 14	亏损的订单可以解除吗？\ 195
案例 15	欠债者能出赠财产吗？\ 197
案例 16	小饭桌换老板,能退费吗？\ 199
案例 17	教练辞职,课程费能退吗？\ 201
案例 18	承租车被收回怎么办？\ 203
案例 19	挂名人应清偿车贷吗？\ 205
案例 20	公益性养老机构的保证有效吗？\ 207
案例 21	合同解除后定金和违约金怎样算？\ 209
案例 22	第三人不履约怎么办？\ 211
案例 23	不可抗力能免责吗？\ 213
案例 24	行政罚款是违约损失吗？\ 215

目 录

案例 25　房主不签买卖合同怎么办？\ 217

案例 26　卖出去的电脑能要回来吗？\ 219

案例 27　债务人与担保人都不想担责怎么办？\ 221

案例 28　保证人必须承担连带责任吗？\ 223

案例 29　租赁物维修费由谁承担？\ 225

案例 30　承租房屋损毁谁担责？\ 227

案例 31　不安抗辩权怎么行使？\ 229

案例 32　出租屋被装修怎么办？\ 231

案例 33　谁承担融资租赁物的维修义务？\ 233

案例 34　约定不明引发的争议 \ 235

案例 35　前期物业合同的效力如何？\ 237

案例 36　中介合同的性质 \ 239

案例 37　退伙后还要承担合伙债务吗？\ 241

案例 38　违反物业服务合同的责任承担问题 \ 243

第四编
人格权
245—310

案例 1　烈士名誉被侵害 \ 247

案例 2　被精神病人辱骂怎么办？\ 249

案例 3　遭遇地域歧视 \ 251

案例 4　"女查男"涉嫌猥亵吗？\ 253

案例 5　逃避债务意外身亡 \ 255

案例 6　不给力的婚庆公司 \ 257

案例 7　媒体侵犯名誉权 \ 259

案例 8　网民之间的侮辱诽谤 \ 261

案例 9　"小饭桌"甲醛超标遭投诉 \ 263

案例 10　遗体能买卖吗？\ 265

案例 11　代孕合同有效吗？\ 267

案例 12　嫌疑人就能被辱骂吗？\ 269

005　—

案例 13	安装可视门铃侵犯隐私权吗？\ 271
案例 14	被前夫施暴怎么办？\ 273
案例 15	开房记录能随便调取吗？\ 275
案例 16	冒名不实举报担责吗？\ 277
案例 17	发文字图片算性骚扰吗？\ 279
案例 18	遭遇职场性骚扰怎么办？\ 281
案例 19	被手机广告短信骚扰怎么办？\ 283
案例 20	网购信息被泄漏怎么办？\ 285
案例 21	莫名的信用不良记录 \ 287
案例 22	未成年人醉酒发病谁之过？\ 289
案例 23	人体器官能买卖吗？\ 291
案例 24	墓碑落款引发的纠纷 \ 293
案例 25	吵架引发的死亡 \ 295
案例 26	物业公司是否享有名誉权？\ 297
案例 27	恋爱时被拍私密照该如何维权？\ 299
案例 28	可恶的"小喇叭" \ 301
案例 29	可怕的"人肉搜索" \ 303
案例 30	疫情不是侵害隐私的理由 \ 305
案例 31	网上公开他人违法犯罪信息 \ 307
案例 32	个人信息被买卖 \ 309

第五编 婚姻家庭

311— 378

案例 1	同居解除后彩礼返还吗？\ 313
案例 2	妻子能举报丈夫嫖娼吗？\ 315
案例 3	"改口钱"离婚时要退吗？\ 317
案例 4	"婚内协议"有效吗？\ 319
案例 5	婚姻无效能分财产吗？\ 322
案例 6	重婚有民事责任吗？\ 325

目 录

案例 7　被拐卖者的婚姻有效吗？\ 327
案例 8　"虚假离婚"的后果是什么？\ 329
案例 9　隐瞒病情的婚姻有效吗？\ 331
案例 10　夫妻能单方做主吗？\ 333
案例 11　"分手费"能要回来吗？\ 335
案例 12　丈夫能单方把财产赠与他人吗？\ 337
案例 13　不离婚能分割共同财产吗？\ 339
案例 14　个人名下存款能平分吗？\ 341
案例 15　前夫的婚内债务怎么办？\ 343
案例 16　妻子应还丈夫的网贷吗？\ 345
案例 17　离婚时如何处理婚内债务？\ 347
案例 18　看病能分割婚内财产吗？\ 349
案例 19　儿媳照顾婆婆的赡养费谁出？\ 351
案例 20　对亲子关系有异议怎么办？\ 354
案例 21　父母有义务承担大学学费吗？\ 356
案例 22　协议离婚冷静期是什么？\ 358
案例 23　父亲有权擅自更改孩子姓名吗？\ 360
案例 24　离婚后的子女抚养费怎么办？\ 362
案例 25　孩子的抚养权归谁？\ 364
案例 26　离婚能要求经济补偿吗？\ 366
案例 27　孕期遭到家庭暴力怎么办？\ 368
案例 28　非亲生子抚养费离婚时能要回吗？\ 370
案例 29　收养孩子的条件是什么？\ 373
案例 30　养母能要求解除收养关系吗？\ 375
案例 31　收养解除后还要承担生活费吗？\ 377

第六编 继承

379—443

案例 1	如何推定死亡时间？	\ 381
案例 2	有遗嘱就能取得遗产吗？	\ 383
案例 3	网店能继承吗？	\ 386
案例 4	土地承包经营权能继承吗？	\ 388
案例 5	抚恤金如何分配？	\ 390
案例 6	放弃继承权又反悔怎么办？	\ 393
案例 7	不忠的妻子有继承权吗？	\ 395
案例 8	女婿、外孙女能继承遗产吗？	\ 397
案例 9	丧失继承权能恢复吗？	\ 399
案例 10	侄子侄女能继承遗产吗？	\ 402
案例 11	外甥女能分得舅母遗产吗？	\ 404
案例 12	成年继子女能继承继父母遗产吗？	\ 406
案例 13	妹妹能继承姐姐遗产吗？	\ 408
案例 14	孙子女如何继承爷爷遗产？	\ 410
案例 15	改嫁儿媳能继承公婆遗产吗？	\ 412
案例 16	代书遗嘱有效吗？	\ 414
案例 17	与父母同住就能多分遗产吗？	\ 416
案例 18	无房遗孀享有对配偶个人所有房屋的居住权益吗？	\ 418
案例 19	骗取公证对继承有无影响？	\ 420
案例 20	处理遗产能信托吗？	\ 423
案例 21	有效遗嘱的形式是什么？	\ 425
案例 22	养子的遗嘱有效吗？	\ 427
案例 23	打印遗嘱有效吗？	\ 429
案例 24	不给子女留遗产的遗嘱有效吗？	\ 431
案例 25	遗嘱中的财产能出赠吗？	\ 434
案例 26	数份遗嘱以哪个为准？	\ 436
案例 27	解除遗赠扶养协议的后果是什么？	\ 438

目 录

案例 28　遗产管理人的职责有哪些？\ 440

案例 29　孤寡老人的征地补偿费由谁继承？\ 442

第七编 侵权责任 445—530

案例 1　性别歧视是否构成侵害人身权？\ 447

案例 2　被网红拍视频是否侵犯肖像权？\ 449

案例 3　夫妻之间就能相互伤害吗？\ 451

案例 4　环境污染和生态破坏的担责条件 \ 453

案例 5　超市门口摔倒，谁来担责？\ 455

案例 6　同行"驴友"受伤，谁担责？\ 457

案例 7　酒店能不能扣行李？\ 459

案例 8　单方责任如何赔偿？\ 461

案例 9　劝阻他人吸烟要担责吗？\ 463

案例 10　各自责任如何赔偿？\ 465

案例 11　遇上"霸王餐"怎么办？\ 467

案例 12　精神病人施害谁担责？\ 469

案例 13　谁承担劳务派遣人员的侵权责任 \ 471

案例 14　被侵权人有过错怎么办？\ 473

案例 15　雇员受伤谁承担医疗费 \ 475

案例 16　公共场合受到损害谁来赔偿？\ 477

案例 17　在校受伤，学校就应赔偿吗？\ 479

案例 18　在公共场所摔伤的损失由谁承担？\ 481

案例 19　酒店房间发现摄像头怎么办？\ 483

案例 20　商场踩踏事件谁担责？\ 485

案例 21　在校生人身安全谁负责？\ 487

案例 22　烟花爆竹致人受伤的责任由谁承担？\ 489

案例 23　产品致人损害的责任由谁承担？\ 491

案例 24　借车给无证驾驶者的后果是什么？\ 493

案例 25	"好意同乘"后果是什么？\ 495
案例 26	驾驶人逃逸侵权责任的承担 \ 497
案例 27	延误医疗谁担责？\ 499
案例 28	"鞭炮伤人"谁担责？\ 501
案例 29	被炸伤谁赔偿？\ 503
案例 30	剧毒气体泄漏谁担责？\ 505
案例 31	盗窃爆炸物致他人受伤谁担责？\ 507
案例 32	动物伤人谁赔偿？\ 509
案例 33	烈性犬伤人谁担责？\ 511
案例 34	动物园动物伤人谁担责？\ 513
案例 35	栏杆塌陷谁担责？\ 515
案例 36	查不到高空抛物人怎么办？\ 517
案例 37	堆放物致人损害谁担责？\ 519
案例 38	公共通道堆物致害谁担责？\ 521
案例 39	林木致害的责任谁承担？\ 523
案例 40	院内林木折断致害谁担责？\ 525
案例 41	掉入涵洞受伤谁担责？\ 527
案例 42	占用公共道路引发的伤害 \ 529

第一编
总 则

001—069

第二编
物 权

第三编
合 同

第四编
人格权

第五编
婚姻家庭

第六编
继 承

第七编
侵权责任

案例 1

网络不是法外之地[*]

> 【警情简介】
>
> 近日有网友举报,某地 2 名网络主播在直播连麦 PK 过程中存在低俗谩骂、污言秽语等"丑、怪、俗"的违规行为,影响青少年健康成长,言行举止突破道德底线。该 2 名违规网络主播被相关部门约谈教育。公安机关指出,其行为扰乱网络直播和短视频传播秩序,造成不良社会风气,违背社会主义核心价值观。

案例解析

网络主播的言行应受《民法典》的约束。网络不是法外之地,网络主播除了应当遵守《民法典》弘扬社会主义核心价值观、不得违反法律、不得违背公序良俗等基本原则外,还应当遵守《互联网直播服务管理规定》《网络信息内容生态治理规定》等相关规定,向广大网

---

[*] 案例来自彭阳公安:《2 名网络主播,出事了》,载微信公众号"都市现场"2022 年 5 月 9 日,https://mp.weixin.qq.com/s?__biz=MjM5NjMzOTk2MA==&mid=2653017396&idx=4&sn=7ebe8d06c2148982eb274b0a 9a17c4f0&chksm=bd3fbca38a4835b568faa3b4f8bef1051ad18d5dbda07d4a3271dcad281 8a449a14493b509c6&scene=271,由马建荣收集整理。

民传播正能量。

公安机关也应继续加强网络监管力度,持续开展"净网"专项行动,从严整治网络直播和短视频行业突出问题,促进行业健康有序发展,为广大网民营造积极健康有序的网络环境。

本案的法律依据请扫描二维码查看

(责任编辑:马建荣)

案例 2

商品房买卖应诚信*

【警情简介】

"五一"假期的一天,王某报警称有人试图闯入他家里强行驱逐他的家人,限期王某搬出房屋交还房产。民警出警后了解到:2020年10月,王某与李某签订《购房协议书》一份,约定:李某自愿将金凤区某小区房屋一套出售给王某;价格为79万元,王某于2020年10月20日支付78万元,李某须将与开发商签订并持有的所有证件、合同手续交付王某,剩余1万元于办理房产过户手续时结清。当日,王某通过银行转账、现金等方式支付给李某购房款78万元,为此,李某向王某出具收条确认。后王某办理了房屋验收,支付了垃圾清运费、装修保证金、水费等物业费用,开始使用案涉房屋至今。但李某始终以王某未足额支付购房款为由,推脱不予办理房屋转移登记手续。

案例解析

随着城市房屋价格大幅增长,房屋买卖交易活跃,与此同时,房

---

* 本案例由马建荣收集整理提供。

屋买卖合同纠纷日益增多。部分人受到利益驱使,为了获得更高的经济利益,不惜以各种理由违反合同约定,有悖《民法典》规定的诚信原则,扰乱市场秩序,不利于房地产市场的健康发展。

　　诚信原则既是《民法典》的一项重要基本原则,又是社会主义核心价值观的具体要求,对保护合同履行、实现合同目的、维护当事人的合法权益具有重要的作用。所以,商品房买卖合同应当适用诚信原则。

本案的法律依据请扫描二维码查看

(责任编辑:马建荣)

案例3

胎儿能受赠房产吗?*

【警情简介】

小王和小李相恋成婚,很快有了爱情结晶。小王的父亲十分开心,承诺要送孩子一套房子。在孩子出生前,小王的父亲突发疾病,重病之时,留下一张纸条表示要将房子赠送给未出世的孙子或孙女。然而,婴儿出生后因患肺炎,仅仅存活了几天。老人和孩子去世后,小王的哥哥霸占房屋不愿搬出,称孩子压根没活下来不应获得房产。双方多次冲突,因各有肢体伤害,于是报警。

■ **案例解析**

1. 可否对未出生的胎儿赠与财产?

《民法典》对胎儿权益有明确的规定,涉及接受赠与、遗产继承等胎儿利益保护的,胎儿视为具有民事权利能力。但是,胎儿娩出时为死体的,其民事权利能力自始不存在。民事权利能力是民事主体享受权利承担义务的资格,具有民事权利能力就获得享有《民法

---

* 本案例由陆静收集整理。

典》所规定权利的资格。因此,可以赠与胎儿财产。本案中,小王父亲生前亲笔写下要将房屋赠与胎儿,且胎儿在娩出时存活,故赠与成立。

2. 胎儿的财产该如何处理?

胎儿娩出时为活体,无论其存活时间长短,均认定为具有民事权利能力,也就是民法所认定的"自然人"。我国对未成年的自然人设定有监护制度,本案中的小王和小李是婴儿的亲生父母,自然成为其监护人,监护人享有代理被监护人行使权益的权利。小王和小李可代婴儿维护房屋的所有权和使用权。

鉴于婴儿存活时间不久即死亡,该房屋实际已转为婴儿的遗产,将按照法定继承的相应规则处置。

本案的法律依据请扫描二维码查看

(责任编辑:陆静)

案例 4

老人能离开照料中心吗?*

【警情简介】

赵老太90岁,耳聪目明、思维清晰。两个子女担心母亲年事已高、无法照顾好自己,且晚辈都忙,不能保证经常来探望,商量决定将赵老太送去养老院居住生活。为此,子女们选择了一家条件比较好的老年照料中心,并与照料中心签订了协议。其中,有一条约定:未经子女同意,赵老太不得自行离开照料中心。赵老太在照料中心生活了数月,总感觉不自由,强烈要求回到自己的家中生活。但是,因其子女不同意,照料中心担心赵老太出意外拒不放行。赵老太遂报警求助。

■ 案例解析

本案中,子女为赵老太安全考虑,将其送往老年照料中心。老人能否自己做主离开照料中心呢?从警情简介可以看出,赵老太虽年事已高,但其智力、精神、健康状况均正常,为完全民事行为能力人,有权决定自己的居住生活场所和其他事项。该纠纷中,各方均

---

* 本案例由马建荣收集整理提供。

应站在对方角度考虑,老人应体谅子女的用心,子女也应给老人更多自主决定权。

本案的法律依据请扫描二维码查看

(责任编辑:马建荣)

案例 5

被宣告死亡的配偶出现了*

【警情简介】

在甲与妻子乙婚姻关系存续期间,因家庭纠纷发生争吵,乙留下不满周岁的女儿离家出走,杳无音信。4年后,甲向人民法院申请宣告乙死亡。人民法院依照特别程序审理后,作出宣告乙死亡的判决。判决生效后,甲未再婚。一年后,乙重新出现。乙得知自己被人民法院宣告死亡,向人民法院申请撤销了宣告其死亡的判决。人民法院撤销宣告乙死亡的判决后,乙又离家出走,杳无音信。甲再次陷入婚姻困境。

案例解析

1. 配偶一方被宣告死亡,双方的婚姻关系是否自动解除?

对此,各个国家(地区)的立法有两种不同的主张:一种主张是宣告死亡导致婚姻关系当然消灭,另一种主张是婚姻关系自生存配偶再婚时消灭。我国《民法典》第51条规定:"被宣告死亡的人的婚

---

* 本案例来自房绍坤、范李瑛编著:《婚姻家庭法》(第3版),中国人民大学出版社2022年版,由张含敏编辑整理提供。

姻关系,自死亡宣告之日起消除……"可见,我国采取宣告死亡导致婚姻关系当然消灭的立法主张。

2. 撤销死亡宣告对婚姻关系的影响

撤销死亡宣告对婚姻关系的影响,有两种效力:其一,被宣告死亡者的配偶未再婚并愿意恢复婚姻关系时的效力。失踪人被宣告死亡后,其配偶未缔结新的婚姻关系又愿意恢复原婚姻关系的,死亡宣告被撤销后原婚姻关系自动恢复。其二,被宣告死亡者的配偶再婚时的效力。失踪人被宣告死亡后,其配偶缔结了新的婚姻关系的,原婚姻关系随新的婚姻关系的缔结而绝对消灭。死亡宣告被撤销后,即使其配偶缔结的新的婚姻关系已消灭,原婚姻关系也不能自动恢复。

3. 本案甲应如何摆脱婚姻困境?

甲要摆脱乙失踪带来的婚姻困境,可通过以下途径:一是乙失踪满4年时,甲向人民法院申请宣告乙死亡。人民法院宣告乙死亡的判决生效后,甲再行结婚,彻底消灭与乙的婚姻关系。二是乙失踪满2年时,甲向人民法院申请宣告乙失踪。人民法院宣告乙失踪的判决生效后甲向人民法院提起离婚诉讼,人民法院采用公告送达和缺席审判的方式,处理双方的离婚纠纷。三是当乙再出现时,甲向婚姻登记机关提交不愿意恢复婚姻关系的书面声明。

本案的法律依据请扫描二维码查看

(责任编辑:张含敏)

案例 6

胎儿的权益有哪些?*

【警情简介】

蓝某离异,有一子蓝某某(12岁)。后蓝某与吕某自由恋爱并结婚。某日,蓝某发生交通事故身亡,此时吕某怀孕6个月。此前蓝某已立遗嘱,其名下的一套住房和100万元存款由吕某腹中胎儿继承,剩余60万元存款由其子蓝某某继承。蓝某父母认为,吕某腹中胎儿尚未出生,不能作为继承人享有继承权。在交通事故赔偿调解协议中,蓝某的妻子、父母以及蓝某某均以调解方式获得了相应赔偿,却未对作为受害人一方尚未出生的胎儿抚养费作出明确约定。吕某来到当地派出所及交通事故处理大队咨询有关胎儿权益保护的法律问题。

■ 案例解析

1. 胎儿享有继承权吗?

《民法典》规定,胎儿对某些特殊利益享有权利能力,第16条明确规定,"涉及遗产继承、接受赠与等胎儿利益保护的,胎儿视为具

---

* 本案例由马建荣收集整理提供。

有民事权利能力"。由此可见,胎儿具有继承权。对此,《民法典》在继承编做了专门规定,遗产分割时,应当保留胎儿的继承份额。胎儿娩出时是死体的,保留的份额按照法定继承办理。因此,蓝某父母认为吕某腹中胎儿尚未出生不能作为继承人享有继承权的说法是错误的。胎儿当然享有法定继承权,有权继承蓝某遗嘱中所列明的财产。

2. 胎儿享有赔偿请求权吗?

《民法典》未对胎儿赔偿请求权作出明确规定,其是否属于"胎儿利益保护"范畴,目前司法解释也未作规定。但是,按照相关司法解释的规定,死亡赔偿金包括死者应当抚养的人的生活费。据此,该交通事故造成了胎儿生父蓝某的死亡,作为其子女有权向责任主体追索相应的抚养费用,即胎儿出生后,其法定代理人可以代理未成年人要求交通事故的责任人承担其抚养费。

本案的法律依据请扫描二维码查看

(责任编辑:朱敏)

案例 7

未成年人能买网游装备吗?*

【警情简介】

7岁的小强,平时经常使用其母亲的手机看动画片、玩游戏。某天,小强出于好奇,点击了游戏内的广告,花费2000元购买了游戏内的虚拟装备。小强的父母得知此事后,认为小强是未成年人,花钱购买虚拟装备的事情不能算数。随即向派出所报案,希望追回损失的金钱。

■ 案例解析

1. 无民事行为能力人实施的行为,具有法律效力吗?

按照《民法典》的规定,不满8周岁的未成年人为无民事行为能力人,由其法定代理人代理实施民事法律行为。本案中,7岁的小强属于无民事行为能力人,自己无权实施民事法律行为,应由其法定代理人代理,故小强自己购买网络游戏虚拟装备的行为无效。

2. 如何追回已在网络平台支付的财产?

本案中,小强因属于无民事行为能力人,其所实施的民事法律

---

* 本案例来自《民法典普法读本——百姓身边那些事》,中国民主法制出版社2020年版,由高海洋编辑整理提供。

行为无效。按照法律规定,游戏平台因该行为取得的财产,应当予以返还。小强的父母作为其法定代理人可以向游戏平台请求追回损失,也可以向法院起诉要求返还。

本案的法律依据请扫描二维码查看

(责任编辑:高海洋)

案例 8

躲避生母的孩子*

【警情简介】

邵某与王某离婚后,女儿邵小某(11 周岁)与父亲邵某一起生活。邵某因故意伤害他人被判处有期徒刑 5 年,而王某离异后另组家庭,对女儿邵小某不闻不顾。经小区业主委员会、司法调解委员会、当地派出所多方调解,好心人张某收留了邵小某并被法院指定为临时监护人。此后不久,王某多次来找邵小某,想带她离开,被拒绝后就用言语刺激她,讽刺其父邵某。张某为保护邵小某多次向当地派出所报案。一日,年仅 13 周岁的邵小某为逃避王某的跟踪来到当地派出所,向警察叔叔哭诉,不肯离开派出所。

案例解析

1. 临时监护人张某有权报警保护邵小某吗?

父母对子女的抚养教育和保护义务为法定义务,我国《宪法》、《民法典》和《未成年人保护法》均有相关规定。父母对未成年人的

---

* 本案例由马建荣收集整理提供。

抚养具有专属性和法律强制性，无论父母的抚养能力和生活条件如何，无论是否与子女共同生活，都应提供能力范围内的照顾，该义务不被豁免，如不履行抚养义务必须承担相应的法律责任。然而，本案中，邵小某的生父入狱无法履行监护职责，其生母再婚后对孩子不闻不顾，才使法院指定了好心人张某承担临时监护人的职责。张某虽然是临时监护人，却是经人民法院指定的监护人，有权保护未成年人的身心健康不受侵害。

2. 派出所应该如何处置本案？

一般情况下，父母是未成年子女的当然监护人。本案中，13周岁的邵小某因惧怕被生母带走而进入派出所，不肯离开。对此，首先，派出所应查明原因，调查其生母是否有对该未成年人实施违法犯罪行为或其他不利于未成年人健康成长的情形。其次，通知临时监护人张某将孩子领回。最后，如其生母确无对未成年人实施违法犯罪的行为，也无严重不利于未成年人健康成长的情形，可以建议其生母向法院提起变更监护人的诉讼。

本案的法律依据请扫描二维码查看

（责任编辑：朱敏）

案例 9

"闯祸"未成年人*

【警情简介】

2020年1月13日,王某(14周岁)在市区某商贸城某楼下盗窃摩托车内汽油时导致失火,火灾造成唐某停放在彩钢房车库内的车牌号为×××的白色众泰牌越野车损毁。经查,王某的父母虽然是其法定监护人,但对王某一直疏于管教。经公安分局鉴定,被烧毁车辆价值49,374元。如果您是办案民警,处理思路是怎样的?

案例解析

1. 未成年人"闯祸",监护人应如何承担责任?

本案中,王某实施盗取摩托车汽油的行为,引发了唐某越野车着火损毁的事故。本案案发时,王某已14周岁,属于限制民事行为能力人,按照法律规定,限制民事行为能力人造成他人损害的,由监

---

* 本案例来自《老汉牵牛回家时发现路边烧毁的摩托车,报警后牵出大案!》,载网易新闻2023年3月27日,https://www.163.com/dy/article/HUJVGBN50552ZD0F.html。由马建荣编辑整理提供。

护人承担侵权责任。监护人尽到监护职责的,可以减轻其侵权责任。本案中,王某的父母长期对王某疏于管教,均未很好地履行监护职责。因此,应该由王某的监护人即其父母共同承担唐某越野车烧毁的责任。需要说明的是,如果王某是有财产的人,则唐某车辆损失可以从其所有的财产中支付赔偿费用;不足部分,由监护人赔偿。

2.8 周岁以上的未成年人可以单独实施哪些行为?

8周岁以上的未成年人,是限制民事行为能力人,其行为受到法律的限制,即有些民事法律行为可以独立实施,有些则不可以独立实施,需要法定代理人代理或追认。这部分未成年人一般处于上学受教育阶段,在学校和家庭教育下,具有一定的认知和行为能力,可以独立实施如购买小文具、小食品饮料等活动,也可以实施接受学校等机构的奖励及其他纯获利益的行为,这些行为不需要经过法定代理人的同意。但是,比较重大的民事法律行为,如出赠价值较大的财产、购买保险、参加培训班等涉及重大权利义务关系的行为,就需要由其法定代理人代理或者经其法定代理人同意、追认。

本案的法律依据请扫描二维码查看

(责任编辑:马建荣)

案例 10

"啃老"成年子女[*]

【警情简介】

小区居民谢明(男、28岁)报警称,其父母谢某天、周某芳执意要将其赶出家门。谢明认为,自己自小就和父母共同生活,现在无工作、无收入、无生活来源,而父母除了现有一套房屋自住,还有一套拆迁返还房用于出租,父母应当将该套房屋提供给他居住,且自己对父母现住房也有共同居住的权利。民警了解到,谢明游手好闲、沉迷赌博,父母曾为其偿还巨额赌债。现父母坚决要求其搬出去独立生活。

案例解析

成年子女是否有权要求继续与父母同住呢?本案中,谢明成年后具有完全民事行为能力和劳动能力,应当为了自身及家庭的美好生活自力更生,而非依靠父母。谢某天、周某芳夫妇虽为父母,但对成年子女已没有法定抚养义务。对于有劳动能力的成年子女,父母

---

[*] 本案例来自人民法院大力弘扬社会主义核心价值观典型民事案例"父母有权拒绝成年子女'啃老'——杨某顺诉杨某洪、吴某春居住权纠纷案",由马建荣收集整理。

不再负有抚养义务。如果父母自愿向成年子女提供物质帮助,是父母自愿处分自己财物的权利;如果父母不愿意或者没有能力向成年子女提供物质帮助,子女强行"啃老",就侵害了父母的民事权利,父母有权拒绝。谢某天、周某芳夫妇有权决定如何使用和处分其名下房屋,其他人无权干涉。谢明虽然自出生后就与父母共同生活,但并不因此当然享有父母共有房屋的居住权,无权要求继续居住在父母所有的房屋中依赖父母生活。

本案的法律依据请扫描二维码查看

(责任编辑:马建荣)

案例 11

政府机构成为监护人 *

【警情简介】

李某 2010 年出生,为智力残疾三级。2011 年李某被王某夫妇收养,2014 年王某夫妇先后过世。此后李某由其养祖母赵某照料。2018 年以来,赵某因年事已高无力照料且没有生活来源,多次申请将李某送往福利机构照料未果,为此求助社区民警。

■ **案例解析**

习近平总书记强调:"孩子们成长得更好,是我们最大的心愿。"《民法典》设立监护制度的目的就是通过法律保护未成年人的权益。未成年人的父母、祖父母和外祖父母、成年兄姐是未成年人的法定监护人。前述三类监护人依照次序,前一次序的监护人因过世、丧失监护能力则顺延由后一次序的监护人承担监护职责。如果前述三类监护人均过世、不存在或丧失监护能力,则会在政府机构的监

---

* 案例来自《人民法院贯彻实施民法典典型案例(第一批)》,载最高人民法院网 2022 年 2 月 25 日,https://www.court.gov.cn/zixun/xiangqing/347181.html,由陆静收集整理。

督下,由愿意承担监护职责的个人或组织担任监护人。以上情况均无的,民政部门、村民委员会、居民委员会也可以成为监护人。

  本案中,虽然李某的养祖母仍在世,但其年事过高且没有经济来源,实际上已不具有监护能力,在寻找李某的符合监护条件的亲属未果的情况下,民政部门、村民委员会、居民委员会也可以成为李某的监护人。

本案的法律依据请扫描二维码查看

(责任编辑:陆静)

案例 12

残疾者可做监护人吗?*

【警情简介】

李某与王某恋爱并同居,双方育有一子王小某。一日,三人外出购物时遭遇车祸,王某当场死亡。李某肢体受伤,经抢救医治后,被认定为十级伤残。幼儿王小某只有些表皮挫伤,属于轻微伤。王小某的爷爷王某甲及其奶奶和伯父在李某住院医治期间将王小某接至家中照料。李某出院后,王某甲等三人以李某残疾为由,认为李某不宜继续抚养王小某,拒不送交王小某给李某。李某为争取抚养监护权与王某甲三人发生冲突,并报警请求处理。

案例解析

1. 肢体残疾影响担任监护人吗?

法定监护人的范围和顺序由法律直接规定,依次是配偶,父母、子女;其他近亲属。如上述人员均死亡或没有监护能力,则由其他愿意担任监护人的个人或者组织经法定程序担任。未成年人的父

---

* 本案例由马建荣收集整理。

母是未成年人的第一顺序法定监护人,非因法定原因和法定程序,一般不能对其监护资格加以剥夺或限制。本案中,李某是王小某的亲生母亲,虽肢体十级伤残,但并不严重影响李某监护职责的履行,不存在法律规定的死亡或者丧失监护能力等排除情形,监护权优先于王小某的爷爷奶奶等人,即李某应当是未成年人王小某的首要监护人。

2. 李某怎样才能要回监护权?

本案中,具有监护人资格的有李某、王小某的爷爷王某甲及其奶奶。因他们对由谁担任监护人有争议,故,首先,在尊重被监护人的真实意愿的前提下,他们三人之间可以协议确定监护人。其次,可以由被监护人住所地的居民委员会、村民委员会或者民政部门指定监护人,如果对指定不服,可以向人民法院申请指定监护人。最后,李某可以直接向人民法院申请指定监护人。

本案的法律依据请扫描二维码查看

(责任编辑:马建荣)

案例 13

老人能自选监护人吗?*

【警情简介】

张大爷已近古稀之年,他的老伴早年去世,大儿子定居国外,长期不在身边。二儿子天天盯着他的家产,从来都不关心他。女儿跟他又不亲近,甚少往来。本想找保姆小蔡做伴安度晚年,不料被儿女"棒打鸳鸯"。张大爷在听广播时无意间得知《民法典》的最新规定,于是就和其远房侄子小刘商量,征得小刘同意后以书面形式确定小刘作为他失能后的监护人。不料这份书面材料被二儿子发现,其立刻找到小刘百般刁难,想让他放弃对张大爷的监护权,小刘遂报警求助。

案例解析

本案中的张大爷自己有权预先确定自己的监护人。《民法典》第 33 条规定,具有完全民事行为能力的成年人,可以与其近亲属、其他愿意担任监护人的个人或者组织事先协商,以书面形式确定自己的监护人,在自己丧失或者部分丧失民事行为能力时,由该监护人

---

* 本案例由马建荣收集整理提供。

履行监护职责。

只要双方达成意思一致,任何具有监护能力的自然人或组织都能成为意定监护人。因此,本案中,张大爷可以从小刘或其他有意愿的好友中确定意定监护人。小刘若同意,即有权成为张大爷的意定监护人,他人无权干涉。

本案的法律依据请扫描二维码查看

(责任编辑:马建荣)

案例 14

监护人无权限制子女探视*

【警情简介】

王大妈育有四子一女。老伴去世后,王大妈独自居住,后被认定为限制民事行为能力人,她的小女儿为其监护人。为方便照顾母亲,小女儿将王大妈接去与自己同住。近日,王大妈向居委会求助,要求四个儿子给付一定的赡养费、医疗费、护理费。四个儿子均表示,父亲去世后,小妹没工作、没收入,名为照顾母亲实际在"啃老",经常换手机、换住处,不让四人去看望母亲。因此,他们不同意给付赡养费等费用。而小女儿认为,他们四人根本从未看望过母亲,只会惹母亲生气,不需要他们看望。

■ **案例解析**

居民委员会和片区民警对老人的四个儿子进行了教育,指出,王大妈年事已高,缺乏劳动能力,四个儿子作为子女,理应履行赡养

---

* 案例来自《一方子女阻挠其他子女探望老人,法院一般怎么判?》,载百家号"法制现场播报"2021 年 11 月 22 日,https://baijiahao.baidu.com/s?id=1717105522515605466&wfr=spider&for=pc,由马建荣编辑整理提供。

义务，支付赡养费用。同时，也对王大妈的小女儿进行了普法教育，告知其无权限制其他子女探视老人，应为他们探视老人提供便利。

本案的法律依据请扫描二维码查看

(责任编辑：马建荣)

案例 15

虐待儿童引来报警*

【警情简介】

小羽3岁时,亲生母亲去世,一直跟着爷爷奶奶在乡下生活。小羽6岁时,其父曲某某与谢某某重组家庭,并将小羽接到城里一起生活。小羽的爷爷奶奶一直担心小羽在城里生活不习惯,多次要求探望小羽,却一次次被谢某某以上学、出去玩不在家等为由拒绝。无奈之下,老两口选择报警。经办案民警调解,小羽被曲某某送回老家与爷爷奶奶团聚。可是,见到孙女时,小羽的爷爷奶奶差点没认出来——原本开朗可爱的小羽如今瘦骨嶙峋、满身伤痕、神情恍惚。爷爷痛心之余再次报警,请求查明小羽受伤的真相。如果您是接警民警,如何做初步解释?

案例解析

1. 监护人侵害被监护人的人身权益,应该如何处理?

俗话"虎毒不食子",一般用以比喻父母不会伤害自己的孩子及

---

* 本案例来自《亲爹后妈虐待8岁女儿,办案检察官含泪披露案件细节》,载百家号"大河看法"2020年9月21日,https://baijiahao.baidu.com/s?id=1678392503109794459&wfr=spider&for=pc,由马建荣编辑整理提供。

最亲近的人。然而,现实总有让人意外的事情发生。本案中的小羽幼年丧母,本应被亲人加倍疼爱,其监护人应承担保护其人身权利、财产权利以及其他合法权益等义务。但其父亲和继母却对其实施了人身伤害行为,既违反伦理道德,也违反法律规定,应当承担相应法律责任。首先监护人应承担小羽的医疗费等费用,及时将其送医救治;伤害严重的,该监护人应承担刑事责任。追究刑事责任需经公安机关调查,小羽的伤情是否系其生父曲某某与继母谢某某殴打所致?如果是其所致,则应根据情节及后果提请检察院对犯罪嫌疑人曲某某及其妻子谢某某以涉嫌虐待罪批准逮捕。

2. 未成年人被父母伤害,可否重新确定监护人?

监护人实施严重损害被监护人身心健康的行为时,人民法院根据其他依法具有监护资格的人、居民委员会、村民委员会、学校、医疗机构、妇女联合会、残疾人联合会、未成年人保护组织、依法设立的老年人组织、民政部门等有关个人或者组织的申请,可以判决撤销其监护人资格,安排必要的临时监护措施,并按照最有利于被监护人的原则依法指定监护人。如果小羽被重新指定了监护人,其父亲还应当继续履行支付抚养费的义务。

本案的法律依据请扫描二维码查看

(责任编辑:马建荣)

案例 16

遗弃婴儿被撤销监护人资格*

> 【警情简介】
>
> 某日,"110"接到群众报警称,在一垃圾桶内发现 1 名婴儿。公安局民警迅速出警,将该婴儿送至医院抢救治疗。婴儿出院后,由福利院抚养。经查,该婴儿是张某在某烧烤店内所生,张某未婚且婴儿生父无法确认。张某不愿承担抚养义务,且相关亲属亦不愿承担抚养义务,张某被法院以遗弃罪判刑。福利院申请撤销张某监护人资格,获得法院支持。

案例解析

1. 什么情况下监护人资格可被撤销?

《民法典》对监护人的责任有着严格的规定,也确立撤销监护人资格的规则。第 36 条明确规定,监护人有下列情形之一的,实施严重损害被监护人身心健康的行为,如虐待、暴力伤害、遗弃、性侵等;

---

* 案例来自《人民法院贯彻实施民法典典型案例(第一批)》,载最高人民法院网 2022 年 2 月 25 日,https://www.court.gov.cn/zixun/xiangqing/347181.html,由陆静编辑整理提供。

怠于履行监护职责或者无法履行监护职责且拒绝将监护职责部分或者全部委托给他人，导致被监护人处于危困状态，如置监护人于无人看管的状态导致其面临死亡或严重伤害、不履行监护职责已有半年以上致被监护人流离失所；实施严重侵害被监护人合法权益的其他行为，如多次胁迫诱骗未成年人乞讨、教唆未成年人实施犯罪行为等，均可以撤销其监护人资格。

2. 谁可以提出撤销监护人资格？如何撤销？

与被监护人有关的个人或组织均可以提出撤销监护人资格。有关个人、组织包括其他依法具有监护资格的人，居民委员会、村民委员会、学校、医疗机构、妇女联合会、残疾人联合会、未成年人保护组织、依法设立的老年人组织、民政部门等。

有关个人和组织向法院申请撤销监护人资格的，应当提交相关证据。向公安机关、人民检察院申请出具相关案件证明材料的，公安机关、人民检察院应提供证明案件事实的基本材料或者书面说明。监护人因监护侵害行为被提起公诉的案件，人民检察院应当书面告知被监护人及其临时照料人有权依法申请撤销监护人资格。相关单位和人员没有提起诉讼的，人民检察院应当书面建议当地民政部门或者相关救助保护机构向人民法院申请撤销监护人资格。

本案的法律依据请扫描二维码查看

（责任编辑：陆静）

案例 17

法定赡养义务不能变[*]

【警情简介】

李某早年丧偶,独自抚养三个孩子长大。2019年李某被诊断出阿尔茨海默症(俗称老年痴呆),属初期,症状较轻,记忆力有所下降,但认知能力尚在。李某担心病情恶化后自己生活无法自理且没有辨认能力,无法处理日常事务。于是,李某与小女儿商定由其作为自己丧失辨认能力后的监护人,二人签订协议并公证。2020年年底,李某病情恶化,经诊断已丧失辨认能力,遂由小女儿照料李某生活。自从李某指定小女儿为其监护人后,李某的其他两个子女就不愿再照料老人生活、也不支付赡养费,认为老人指定监护就等于指定了赡养。小女儿为此不服,与兄姐多次发生矛盾冲突,并为此闹到派出所请求处理。

■ 案例解析

1. 成年人能与自己的子女签订监护协议吗?

《民法典》设立了成年人意定监护的制度,第33条规定,具有完

---

[*] 本案例来自杨立新主编:《〈中华人民共和国民法典〉条文精释与实案全析》,中国人民大学出版社2020年版,由陆静编辑整理提供。

全民事行为能力的成年人,可以与近亲属或者其他与自己关系密切、愿意承担监护责任的个人或组织协商,通过签订监护协议,确定自己的监护人。在当事人丧失或部分丧失民事行为能力时,意定监护人依照监护协议,依法承担监护责任,对被监护人实施监护。本案中的李某在自己具有完全行为能力时,经公证机关公证,与小女儿签订的监护协议,属于有效协议。该协议保障了李某丧失民事行为能力时,其小女儿可以代理其维护合法权益。

2. 非监护人的法定赡养义务能免除吗?

设置成年人的监护制度,目的在于通过成年人的监护人履行监护职责,最大限度地尊重被监护人的真实意愿,保障并协助被监护人实施与其智力、精神健康状况相适应的民事法律行为。而抚养、赡养义务是父母子女之间的法定权利义务,子女对父母的赡养由法律规定,该子女是否为监护人均不影响其赡养义务的履行。故此,本案中李某虽然通过协议确定小女儿为监护人,但三个子女均不能因此免除对父母的赡养义务。在监护状态下,监护人有职责担任被监护人的法定代理人代行民事法律行为。因此,小女儿作为李某的监护人可以向法院提起请求支付赡养费的诉讼。

本案的法律依据请扫描二维码查看

(责任编辑:陆静)

> 案例 18

让脑瘫儿的悲剧不再发生*

【警情简介】

2020年1月29日下午,鄢某接到村民委员会通知,他17岁的大儿子鄢某一在家死了。原来,自1月23日起,鄢某和11岁的小儿子因新冠疫情防控被隔离,将患脑瘫的鄢某一独自留在家中,托付给村民委员会照料,不料却发生悲剧。此事被人以《家人疑似新冠肺炎被隔离,脑瘫儿独自在家6天后死亡》为题发布在互联网上,帖子迅速被网民点击转发,引起社会广泛关注。

■ 案例解析

1. 监护人因疫情防控被隔离,被监护人由谁来照管?

《民法典》第34条第4款规定,因发生突发事件等紧急情况,监护人暂时无法履行监护职责,被监护人的生活处于无人照料状态的,被监护人住所地的居民委员会、村民委员会或者民政部门应当

---

* 本案例来自《父亲被隔离六天,17岁脑瘫少年死亡:如何让人间悲剧不再重演?》,载百家号"治愈书摘"2020年4月4日,https://baijiahao.baidu.com/s?id=1663053249816136811&wfr=spider&for=pcP013,由马建荣编辑整理提供。

为被监护人安排必要的临时生活照料措施。《民法典》的这一全新规定,使人们在面对疫情等突发事件,监护人无法履行监护职责,致使被监护人生活无人照料时,能够由居民委员会、村民委员会和民政部门兜底负责照料被监护人的生活,为困境中的自然人提供了重要的权利保障,有效地解决了突发情况下监护人缺失被监护人人身财产安全如何得到有效保障的问题,体现了《民法典》的人文关怀精神。

2. 如何面对发生的网络舆情?

互联网的开放性,决定了网络信息的混杂。如果缺乏监管,将会被某些人或组织恶意利用,影响社会正常管理秩序,严重的可能会损害国家、社会的公共利益或他人合法权益。而舆情之所以会在短时间暴发,其重要原因之一是信息不对称。因此,面对舆情,必须在第一时间公布事实真相并进行善后处理。对不实信息,相关组织和个人有权要求信息发布媒体及时对信息采取更正或者删除等必要措施。

本案的法律依据请扫描二维码查看

(责任编辑:马建荣)

案例 19

个体工商户欠债怎么还?*

> **【警情简介】**
>
> 李某结婚之前独自经营了一家小饭店,属于个体工商户,当时欠了一些货款没有结清。后来,李某与王某结婚,王某有自己的工作,这间饭店一直由李某个人经营。一年多之后,李某将其父母接过来一起住,饭店的收入供全家人生活所用。但饭店生意一直不瘟不火,除婚前所欠的债务,饭店又陆续欠下了新的债务。现在,多名债主找上门来,要求李某还钱,造成围堵,形成警情。

■ 案例解析

1. 这笔债务到底该由李某个人承担还是由家庭共同承担?

《民法典》第 56 条第 1 款规定,个体工商户的债务,个人经营的,以个人财产承担;家庭经营的,以家庭财产承担;无法区分的,以家庭财产承担。可见,个体工商户的债务,主要是看属于个人经营还是家庭经营。判断个人经营和家庭经营的重要标准,一是看投资

---

* 本案例由马建荣收集整理提供。

来源，二是看收入分配去向。如果个体经营户是个人投资，且收入主要用于个人支出，则属于个人经营；如果是个人投资，但收入主要用于家庭支出，则属于家庭经营；如果是家庭投资，除明确赠与，该经营属于家庭经营。

本案中，李某婚前经营该饭店产生的债务属于婚前个人债务，应由其独自承担，而不能用家庭财产偿还。李某在婚后经营该饭店时，其收入用于家庭支出，所以该饭店产生的债务应由其家庭财产承担。但是，以家庭财产承担责任时，应保留家庭成员的生活必需品和必要的生产工具。

2. 李某的债务可否要求夫妻共同承担？

本案中，李某的债务分为婚前债务和婚后债务。对于婚前债务，如果债权人就一方婚前所负个人债务向债务人的配偶主张权利的，人民法院不予支持；但债权人能够证明所负债务用于婚后家庭共同生活的除外。对于婚后债务，如果是由夫妻双方共同签名或者夫妻一方事后追认等共同意思表示所负的债务，以及夫妻一方在婚姻关系存续期间以个人名义为家庭日常生活需要所负的债务，属于夫妻共同债务。夫妻一方在婚姻关系存续期间以个人名义超出家庭日常生活需要所负的债务，不属于夫妻共同债务；但是，债权人能够证明该债务用于夫妻共同生活、共同生产经营或者基于夫妻双方共同意思表示的除外。

本案的法律依据请扫描二维码查看

（责任编辑：马建荣）

案例20

失踪人被申请宣告死亡[*]

【警情简介】

张某与赵某系夫妻,赵某称要去深圳打工,于2015年3月12日坐上当日发往深圳的某列火车。此后,赵某未曾联系过家人,而家人也未曾联系过赵某。2016年2月2日,张某尝试联系赵某询问其过年返乡事宜,通话提示手机已关机。此后,连续三天张某都未联系上赵某,遂前往当地公安机关报警。公安机关接到报案后,经过调查未发现赵某被害的情况,也未查询到赵某的活动轨迹。2021年2月,张某打算向法院申请宣告赵某死亡,前往派出所询问民警自己该如何做。

■ 案例解析

1. 自然人下落不明的时间起算点如何确定?

自然人下落不明的时间起算点对于宣告失踪和宣告死亡有着重要意义。下落不明具体起算时间应当从当事人失去音信之日起计算,即最后获得该自然人音信之日起计算。自然人失去音信的时

---

[*] 本案例由陆静收集整理提供。

间需要利害关系人举证证明,实际上,相关部门的文件常常作为失去音信之日的证明。本案中,赵某于 2015 年外出打工,其间家人与赵某双方都未曾主动联系过对方,因此不能有力证明赵某是否失去音信。2016 年,张某到公安机关报案赵某失踪,经过公安机关多方找寻赵某仍下落不明。此时,公安机关的相关文件证明力度较大,赵某失去音信的时间宜从报案时间起算。需要注意的是,若遇多次报案且找寻无果,应以第一次报案时间为准。

2. 申请宣告死亡必须有公安机关出具的证明吗?

《民法典》第 46 条规定,自然人有下列情形之一的,利害关系人可以向人民法院申请宣告该自然人死亡:(1)下落不明满 4 年;(2)因意外事件,下落不明满 2 年;(3)因意外事件下落不明,经有关机关证明该自然人不可能生存的。本案中,张某作为赵某的利害关系人,在赵某下落不明满 4 年的情况下不需要经过公安机关的同意,可自行前往人民法院申请宣告赵某死亡。若张某需要,可向公安机关申请相关证据证明赵某失踪的时间点,也可通过其他机关开具证明或由其他证据证明赵某失踪时间已达 4 年。当然,向公安机关报案和公安机关的证明均不是申请宣告自然人失踪和死亡的必需条件。

本案的法律依据请扫描二维码查看

(责任编辑:陆静)

案例21

死亡宣告被撤销的后果[*]

【警情简介】

田某去外国打工时,在途中遇海难失踪,多年杳无音信。其妻胡某向当地人民法院申请宣告田某死亡,人民法院经审理判决宣告田某死亡。由于年幼的女儿田甲一直身体不好,家中又没有足够的经济能力给田甲治疗,胡某将田甲送给膝下无子的邻村村民姚某收养,并依法办理了收养手续。某年春节前夕,失踪多年的田某突然返回,法院随即撤销了对田某的死亡宣告。田某要求与胡某恢复夫妻关系,并提出田甲的收养未征得他的同意,要求解除收养关系。在协商中,因姚某与胡某都不同意,田某与他们争吵和推搡,周围群众随即报警。

案例解析

1. 宣告死亡的法律后果有哪些?

自然人的死亡,包括自然死亡和宣告死亡。宣告死亡,也叫推定死亡,指自然人离开住所,下落不明达到一定法定期限,经利害关

---

[*] 本案例由马建荣收集整理提供。

系人申请,由人民法院宣告其死亡的法律制度。宣告死亡的法律后果主要有两方面:一是人身关系的重大变化,如与配偶的婚姻关系消除、子女可被他人依法收养等;二是财产关系的重大变化,如继承开始等。但是,自然人被宣告死亡实际并未死亡的,不影响该自然人在被宣告死亡期间实施的民事法律行为的效力。

2. 撤销死亡宣告,对婚姻和收养状态的影响有哪些?

本案中,因田某的宣告死亡判决已撤销,如果胡某未再婚,也未向婚姻登记机关书面声明不愿意恢复,则田某与胡某的夫妻关系自动恢复,其夫妻关系依然存在。否则,原婚姻关系不能恢复。对于孩子田甲被收养,因在田某宣告死亡期间,胡某作为孩子唯一的法定监护人,可以依法送养,故收养合同有效。即使田某宣告死亡被撤销,胡某也不得以未经本人同意为由主张收养行为无效。

本案的法律依据请扫描二维码查看

(责任编辑:马建荣)

案例22

失踪人房屋被占不归还[*]

【警情简介】

马甲与马乙系兄弟关系,马甲与马某系父女关系。马某8周岁时,马甲与马某的母亲离婚,法院判决马某跟随母亲一起生活。此后,马甲与马乙因拆迁分得相邻单元房两套。因马甲到深圳打工,委托马乙将住房出租,并将租金作为抚养费支付给马某的母亲。马某成年后,马乙停止了将房屋出租,改由其子居住其中。2018年,马甲失踪已3年,由马乙申请宣告马甲为失踪人,法院经审理宣告马甲失踪,并指定马某为财产代管人。判决生效后,马某向马乙提出收回房屋。马乙认为,马某是女孩儿,房子理应由家中男丁所有和居住,且此房屋多年来均由其管理,拒不腾退房屋。马某随之报警。

■ 案例解析

1. 宣告失踪的条件和宣告失踪的后果

宣告失踪制度是自然人下落不明满2年,经利害关系人申请而

---

[*] 本案例由陆静收集整理提供。

由法院宣告为失踪人的制度。宣告失踪制度是被宣告失踪人因处于生死不明的状态,致使与其相关的法律关系处于不确定的状态,为保护失踪人和利害关系人的利益而设置的制度。

自然人被宣告失踪后,由于其民事主体资格仍然存在,因此不同于被宣告死亡,不产生婚姻关系解除和财产继承的法律后果,只是在财产上发生财产代管关系,为失踪人设定财产代管人。失踪人的财产代管人由其配偶、成年子女、父母或其他愿意担任的人担任,有争议的由人民法院指定代管。

2. 财产代管人的权利义务

财产代管人兼具财产保管人和指定代理人的性质。财产代管人有权代管失踪人的所有财产,有权从失踪人的财产中支付失踪人所欠税款、债务及应付的其他费用。财产代管人应当以善良管理人的注意管理失踪人的财产,维护其财产权益。财产代管人追索失踪人的债权取得的财产仍归失踪人所有。

本案中,马乙和马甲是兄弟,马乙是马甲的利害关系人,有资格向法院申请宣告马甲失踪,但并不表示谁申请就会判决由谁担任财产代管人。马某作为马甲的女儿,有权作为马甲的财产代管人,并且法院已经指定马某为财产代管人。马某作为财产代管人有权管理马甲的所有财产,包括案中争议的房屋,并排除他人对代管造成的妨碍。因此,马某有权要求马乙归还争议房屋。

本案的法律依据请扫描二维码查看

(责任编辑:陆静)

案例 23

游戏账号所有权归属[*]

【警情简介】

钱某系某网吧主管。在某网吧上班期间,某网吧老板李某和钱某约定:由钱某用某网吧电脑升级魔兽游戏账号,每个账号升级至60级后李某支付500元给钱某,然后李某收回游戏账号转售他人。为此,钱某向国外运营商购买了游戏光盘,共计40个1级游戏账号,钱某将其中34个游戏账号升级至60级以上。然而,李某却以某网吧经营不善、需要支付水电费和租金等各种理由不支付游戏账号款,钱某提出将游戏账号更改密码带走。李某认为钱某用其所属的电脑升级游戏账号,游戏安装在其所有的电脑中,因此,游戏账号属于自己。二人发生激烈争执和冲突,遂报警要求解决。

案例解析

1. 游戏账号属于《民法典》保护的对象吗?

网络虚拟财产作为一种新型财产,在《民法典》中明确规定受到

---

[*] 本案例来自杨立新主编:《〈中华人民共和国民法典〉条文精释与实案全析》,中国人民大学出版社2020年版,由陆静收集整理提供。

保护。网络虚拟财产是指虚拟网络本身以及存在于网络上的具有财产性质的电磁记录,是一种能够用现有度量标准度量价值的数字化新型财产。网络虚拟财产如网络游戏角色、装备、游戏货币等网络物品与现实中的物一样具有民事法律关系中的财产法律属性,特别是其中所包含的使用价值和交换价值均具有财产性质,是我国民法所保护的对象。

2. 游戏账号的权利人如何确定?

网络虚拟财产与其承载的电子设备是两个独立的物,并不依附于承载数据的特定电子设备。游戏账号与其所承载的电子设备属于不同的物,分属不同的权利主体。故此,李某认为游戏账号属于自己的理由不成立。虚拟财产往往经过持有者的个人劳动(练级)、真实财物付出(购买游戏卡)、市场交易(买卖装备)等途径获得。本案中,李某与钱某双方有约定,该约定具有买卖合同的性质。从实际情况看,游戏账号由钱某出资购买并由钱某升级,是钱某通过购买和劳动所得,因李某未交付约定款额,账号仍由钱某占有和控制。因此,游戏账号应归属于钱某。

本案的法律依据请扫描二维码查看

(责任编辑:陆静)

案例 24

悬赏人反悔案*

【警情简介】

王某家中养有一只布偶猫,价值上万元。一日,猫抓破纱窗跳窗跑走,王某寻找未果。随后,家住同小区的赵某寻得该猫,但未归还。王某为找回该猫,在多家报纸和公众号上刊登了"寻猫启事"。报纸上的"寻猫启事"写明:"如若有人找到并归还爱猫,将重金酬谢。一周内找到猫,则酬谢5000元。"赵某得知后向王某索要酬金。然而,王某认为,赵某与自己住同一小区,捡到猫后就应该立即归还给他,却在家中养了3天未归还,自己一发悬赏广告就归还,居心不良。由此,王某拒绝兑现酬金,赵某便拒绝归还猫,双方因此发生纠纷,报警要求处理。

案例解析

1. 悬赏广告具有法律约束力吗?

本案涉及悬赏广告的成立和生效问题。悬赏广告是指以广告的方式公开表示对于完成一定行为的人,给予报酬的单方意思表

---

* 本案例由陆静收集整理提供。

示。只要该悬赏广告依法成立和生效,就对当事人具有约束力。民事法律行为成立是指民事法律行为在客观上已经存在。其构成要件有:其一,民事法律行为含有设立、变更或者终止民事法律关系的意图;其二,行为人的意思表示必须完整表达;其三,以一定方式将意思表示表现于外部。而民事法律行为的生效是指民事行为因符合法律规定而能够引起民事法律关系的设立、变更或者终止的法律效力。民事法律行为生效的要件包括:其一,行为人具有相应的行为能力;其二,当事人意思表示真实;其三,不违反法律或社会公共利益。本案中的悬赏广告,由具有完全民事行为能力的王某经公开媒体发布、内容明确,且不违反法律或社会公共利益,已依法成立和生效,具有法律约束力,王某应遵守该承诺。

2. 王某应否向赵某支付酬金?

民事法律行为可以基于双方或者多方的意思表示一致成立,也可以基于单方意思表示成立。本案中,王某在多家媒体上刊登"将重金酬谢""一周内找到猫,则酬谢5000元"的启事,是对社会上不特定人发出"要约"的意思表示,一经公布便已生效,对王某具有约束力。赵某按照约定在"一周内"完成悬赏所指定的行为,即构成对悬赏广告的承诺。双方意思表示一致,形成有效的民事法律关系。因此,王某理应按照悬赏广告所述付给赵某5000元。

本案的法律依据请扫描二维码查看

(责任编辑:陆静)

案例 25

大奖找谁领?[*]

【警情简介】

甲公司和乙公司系业务合作单位,某日乙公司公开发布竞猜活动及奖励方案,其中载明:中超级大奖的顾客凭手机中的中奖记录,可前往任意一家参加本次活动的乙公司合作门店,由乙公司服务人员登记中奖人姓名、电话、地址,领取奖品。李某中得超级大奖,前往乙公司合作单位的甲公司门店,该店工作人员以奖品发放完毕为由,拒绝登记和兑付奖品,双方发生冲突,李某随即报警。

■ **案例解析**

1. 甲公司是否应兑换奖品?

本案争议核心是案中的悬赏广告是否生效和对谁生效。悬赏广告是悬赏人以广告方式声明,对完成一定行为的人给予约定报酬的行为,悬赏人与完成一定行为的人形成了权利义务关系。依据

---

[*] 本案例来自《民法典普法读本——百姓身边那些事》,中国民主法制出版社2020年版,由高海洋编辑整理提供。

《民法典》第 139 条的规定,以公告方式作出的意思表示,公告发布时生效。悬赏广告作为一种典型的以公告方式作出的意思表示,在乙公司发布悬赏广告之时,相应的意思表示即已生效,李某在完成相应的行为之后便与悬赏广告的发布者即乙公司成立法律关系。但是李某并非与甲公司发生法律关系,因为悬赏广告的意思表示并非由甲公司作出,甲公司并非实际悬赏人。因此,李某的诉求不被法律支持。

2. 如何解决该纠纷?

本案中,甲公司提供有奖竞猜活动的宣传海报明确载明本次有奖竞猜活动发布人为乙公司,应视乙公司为本次竞猜活动的悬赏人,甲公司门店作为本次有奖竞猜活动宣传单位及发奖单位之一,并非实际悬赏人,李某与甲公司之间不存在权利义务关系。李某中得超级大奖,即与乙公司形成法律关系,故李某可以请求乙公司兑现承诺,领取奖品。公安机关可以居中调解,也可以建议李某向法院起诉。

本案的法律依据请扫描二维码查看

(责任编辑:高海洋)

案例 26

出租屋发生的坠楼案[*]

【警情简介】

2017年5月6日18时许,某小区出租屋发生了一起未成年人在阳台逃生窗处坠落死亡案件。经县公安局某派出所调查,该出租房系杨某同、吴某兰夫妇从贺某南处承租的白某所有房屋。死者杨某(2001年10月23日出生)系承租人之子。杨某坠楼的出租屋为6楼,阳台装有防盗网,阳台地面至防盗网底部为墙体,高度约85厘米,防盗网左下角紧邻墙体处设有60厘米×70厘米大小的逃生窗,杨某即从该逃生窗坠落身亡,无证据证明属于自杀,也排除了他杀。在公安机关调查过程中,杨某同、吴某兰称事发房屋的逃生窗平时没有锁住,贺某南亦未告知其如何处理。贺某南称,按照当地有关部门的要求,逃生窗不能固定死,故其出租房屋时是用铁丝缠住逃生窗上的锁扣,以方便打开。

---

[*] 本案例由朱敏编辑整理提供。

案例解析

1. 房屋出租各方的权利义务是什么?

对出租屋具有一定支配或者控制权利的主体,包括出租屋的所有权人、使用人、占有人或者管理人等。判断侵权责任主体并不以物权的归属为依据,而在于哪个主体对侵权后果的发生存在责任。在房屋租赁合同关系中,出租人和承租人对房屋享有不同的权利,且均负有一定的作为义务,包括:第一,出租人负有维护房屋确保安全居住的义务;第二,出租人和承租人对房屋均负有必要的检查和保护义务;第三,出租人和承租人均负有对房屋存在危险的警示义务;第四,承租人对受害人的救助义务。

2. 房屋所有人(或出租人)是否应当承担民事责任?

本案中,如果不动产所有人能够提供房屋符合安全居住标准的证明,则对坠楼后果无须承担责任。而承租人使用房屋已长达3年,房屋在承租人长期控制使用的情况下,承租人对房屋的情况更为了解,理应具有更充足的安全注意能力,并尽到妥善管理的义务。但是,承租人对同住的未成年人未能尽到足够的提醒警示义务,因监护不到位导致坠楼后果的发生,因此,未成年人坠楼的法律责任应更多归责于承租人。

本案的法律依据请扫描二维码查看

(责任编辑:朱敏)

案例 27

精神病人卖房*

【警情简介】

刘某为精神病患者,被所在区人民法院宣告为限制民事行为能力人。赵小某系赵某、张某之子。刘某在监护人不知情的情况下与赵小某签订购房协议,并办理了房产的过户手续。刘某的监护人认为,赵小某利用其父母赵某、张某开办某房屋信息服务部之便,与明显患有精神疾病的刘某签订购房协议购得房产,该协议应属无效,愿意退还房款,要求赵小某退还房产,房产的相关过户费用,按照公平原则,双方平均负担。赵某、张某、赵小某对此坚决不同意,认为刘某在房屋买卖期间有认知能力,双方交易价格合理,不存在欺诈,双方签订的购房协议是真实意思体现,已经依法成立生效并履行,不存在无效的问题。双方在房屋信息服务部发生激烈争执,报警要求解决。

---

* 本案例来自《民法典普法读本——百姓身边那些事》,中国民主法制出版社 2020 年版,由高海洋编辑整理提供。

案例解析

1. 限制民事行为能力的精神病人签约售房，有无效力？

限制民事行为能力人主要包括两类人：一是 8 周岁以上的未成年人，二是不能完全辨认自己行为的成年人。限制民事行为能力人实施的纯获利益的民事法律行为，与其年龄、智力、精神健康状况相适应的民事法律行为，是有效的；实施的其他民事法律行为则是效力待定的，须经法定代理人或监护人同意或追认才能有效。涉案刘某系限制民事行为能力人，交易房产的行为应属与其精神健康状况不相适应，依法不能独立实施的民事行为，且刘某是在其监护人不知情的情况下与第三人赵小某在某房屋信息服务部签订购房协议，将其所有的房产有偿转让给赵小某，其后也未得到监护人的追认，依法应该认定为无效。

2. 限制民事行为能力人实施了依法不能独立实施的法律行为，怎么办？

限制民事行为能力人实施了依法不能独立实施的法律行为时，法律设置了三种权利加以补救：一是法定代理人的同意权和追认权。经法定代理人同意的限制民事行为能力人实施的民事法律行为，发生法律效力；法定代理人虽然没有同意，但是在行为实施之后予以追认，该民事法律行为同样生效。二是相对人的催告权。如果限制民事行为人的法定代理人或监护人没有同意又没有追认的，相对人可以在 30 日内催告法定代理人或监护人予以追认。法定代理人或监护人未作表示的，视为拒绝追认，该民事法律行为无效。三是善意相对人的撤销权。在该民事法律行为被追认前，善意相对人对该行为享有撤销的权利，撤销的方式应以通知的方式作出。撤销权是形成权，只要在该期限内行使，该民事法律行为就被撤销，自始不发生法律效力。结合本案实际,需要查明刘某在办理房屋买卖及过户中是否具有辨认自己行为的能力,如果证明不能完全辨认,则该行为可认定为未经法定代理人同意或追认的行为,属于无效民事行为。

本案的法律依据请扫描二维码查看

(责任编辑:高海洋)

案例 28

红包能要回吗？*

【警情简介】

小张大学毕业留在省城工作多年，父母非常期盼小张能交友恋爱。春节期间，小张从网络交友平台上租一女孩小丽冒充"女友"回家向父母交代。不料父母非常喜欢小丽，当场赠与小丽红包1万元作为见面礼。返城后，小张认为小丽应全额退回红包，但小丽不肯。小张遂告知父母真相，其父母随即报警。

案例解析

根据最高人民法院《关于适用〈中华人民共和国民法典〉总则编若干问题的解释》第19条第1款规定："行为人对行为的性质、对方当事人或者标的物的品种、质量、规格、价格、数量等产生错误认识，按照通常理解如果不发生该错误认识行为人就不会作出相应意思表示的，人民法院可以认定为民法典第一百四十七条规定的重大误解。"小张父母在误认为小丽系小张女友的情况下赠与其红包，构成重大误解。根据《民法典》关于民事法律行为的效力规定，该行为系

---

* 本案例由马建荣收集整理提供。

可撤销的民事行为,若小张的父母主张撤销该赠予行为,则应当得到支持。

如果是小张明知父母出手阔绰,事先与小丽商议让其冒充女友,意在骗取父母红包1万元,事后穿帮被父母识破,父母能否索回红包呢？本案中的小张、小丽二人明知女友身份系冒充,根据《民法典》的规定,此时二人行为构成恶意串通损害第三人利益,其父母有权主张赠与无效,索回红包。

本案的法律依据请扫描二维码查看

（责任编辑:马建荣）

案例 29

房屋被骗过户怎么办？*

【警情简介】

陈某与文某系母女关系,陈某有一套与其配偶(已故)合并计算工龄后购买的房改房。文某利用陈某年事已高(84岁)、没有文化、不明白法律利害关系,且其掌握陈某户口簿、房产证的便利条件,谎称需要陈某签名,将陈某的房产过户至自己名下。陈某虽在"房屋买卖合同"及房款收据上签字,但文某一直未向陈某告知签字文书中的内容,陈某对签字所产生的法律效果并不知情。2016 年 4 月,陈某得知房屋产权人于 2011 年已变更为文某,多次与文某协商撤销所签订的房屋买卖合同,文某拒不配合,气愤至极的陈某报警。

■ 案例解析

1. 如何看待陈某的签字行为?

有效的民事法律行为应当具备三个基本条件:行为人具有相应

---

* 本案例来自《民法典普法读本——百姓身边那些事》,中国民主法制出版社 2020 年版,由高海洋编辑整理提供。

的民事行为能力;意思表示真实;不违反法律、行政法规的强制性规定,不违背公序良俗。本案中,陈某在签字时已84岁,年事已高、没有文化,文某未向陈某告知签字文书中的内容就要陈某签了字。认定该签字行为是否有效,首先,要查证陈某签字时的民事行为能力状态,如果属于限制行为能力人,则需要其监护人追认,监护人拒绝追认的,该合同属无效合同。其次,要查证该签字行为是否属于意思表示不真实。意思表示不真实,是指有可能存在被欺诈、被胁迫、存在重大误解或处于危困状态、缺乏判断能力等情形。因此,需要对此查证后,才能对该签字行为的效力有所判断。

2. 陈某撤销合同的请求是否超期?

当事人被欺诈、被胁迫、重大误解或一方利用其处于危困状态、缺乏判断能力实施显失公平的行为时,当事人享有撤销权。但是,撤销权必须在除斥期间内行使。本案中,如果陈某是因重大误解而签署的房屋买卖合同,则是从其自知道或者应当知道撤销事由之日起90日内行使撤销权;如果是受胁迫而签字的,自胁迫行为终止之日起1年内行使撤销权;如果陈某一直不知道或者不应当知道撤销事由发生的,自该民事法律行为发生之日起5年内都可以行使撤销权。陈某于2016年才得知房屋产权人变更为文某的事实,其撤销权并未超过5年的除斥期间的规定,可以提出请求人民法院或者仲裁机构予以撤销房屋买卖合同。

本案的法律依据请扫描二维码查看

(责任编辑:高海洋)

案例 30

老人在超市突发疾病[*]

【警情简介】

王大妈在超市购物时,悄悄将两颗鸡蛋放入裤兜未结账,被该超市员工发现并拦住。但王大妈不承认藏匿鸡蛋,并将该两颗鸡蛋悄悄放入超市置物柜内。在超市员工拉扯着王大妈衣袖行走中,王大妈突然倒地。超市员工立即拨打"110"报警且拨打了"120",并有旁边顾客对王大妈紧急进行心肺复苏胸外按压抢救。后王大妈苏醒并被送至医院抢救治疗,花费治疗费若干。出院后,王大妈与其家人大闹超市,要求超市承担赔偿责任。

案例解析

王大妈拿鸡蛋未按要求结账,本身存在过错。超市员工要求其结账,对王大妈的劝阻方式和行为内容均在合理限度之内,不具有违法性,应认定为合法的自助行为。在王大妈倒地后,超市员工及时拨打"110""120"处理施救,符合一般公众的社会认知,具有合理

---

[*] 本案例来自《老人超市拿鸡蛋被拦猝死,法院:驳回家属全部诉求,超市无责!》,载网易号"玉姐聊事"2023 年 8 月 6 日, https://www.163.com/dy/article/IBG8OELC05561H12.html,由马建荣编辑整理提供。

性,超市尽到了安全保障义务。王大妈突发疾病属于意外事件,在超市不存在过错的情况下,其应自行承担责任。

本案的法律依据请扫描二维码查看

(责任编辑:马建荣)

案例 31

被利用的"雷锋"*

【警情简介】

某科技网络公司利用"雷锋"名义,搭建网络平台"雷锋社群",公司所在地悬挂"雷锋社群"标志,注册微信公众号"雷锋哥"并在公众号中发布"雷锋会员""雷锋社群"的宣传海报和文章,以"雷锋"的名义多次举办创业、交友、选品等商业活动,以会费的名义向客户收取"会员费",被群众举报至公安部门。

▇ 案例解析

英烈对于中华民族有着重要意义,英烈的事迹和精神是中华民族的宝贵的精神财富,《民法典》赋予英烈以人格利益。虽然我国民法所确立的人格权针对的是具有民事权利能力的自然人,由于英烈已过世,因此,英烈并不具有人格权。但《民法典》确立了死者人格利益保护制度,对英烈的姓名、肖像、荣誉、名誉有专门规定以保护

---

* 本案例来自《人民法院贯彻实施民法典典型案例(第一批)》,载最高人民法院网 2022 年 2 月 25 日,https://www.court.gov.cn/zixun/xiangqing/347181.html,由陆静编辑整理提供。

英烈的相关权益。侵害英烈的相关权益需要承担相应的法律责任。

本案中,某科技网络公司明知"雷锋"是英烈,却推广与英烈事迹、精神相违背的商业活动并从中获利,与公序良俗相违背、伤害了人民群众的感情,侵害了公共利益,应承担相应民事法律责任。

本案的法律依据请扫描二维码查看

(责任编辑:陆静)

案例 32

小学时被性侵*

【警情简介】

刚满 18 岁的小秋考上了外地的一所大学。入学后小秋独来独往,很少与人交谈,她的异样引起了辅导员的注意。在辅导员老师的关心下,小秋才说出埋藏在心里的秘密。原来,小学时她曾被邻居多次性侵,妈妈并未发现这件事,年幼的她也不敢说出去。辅导员随即向当地公安机关报警。

案例解析

1. 未成年时遭受性侵害,成年后还能起诉吗?

在未成年人遭受性侵害的案件中,受害人心智尚未完全成熟,不懂该行为的危害性,有的甚至是熟人、亲戚作案,受害人被侵犯后不敢告诉父母,也不知道通过法律手段寻求保护。我国法律规定,未成年人遭受性侵害的损害赔偿请求权的诉讼时效期间,自受害人年满 18 周岁之日起计算。未成年人遭受性侵害的损害赔偿请求权的诉讼时效的特殊起算点,给了受侵害的未成年人在成年之后寻求

---

* 本案例由马建荣收集整理提供。

法律救助的机会,有力地保护了未成年人的利益。本案中,小秋遭受邻居性侵害虽然是在小学时期,但是依照从18周岁起计算诉讼时效期间的规定,小秋此时依然可以通过法律途径主张自己的权利:一是提起民事的侵权之诉,二是请求公安机关追究实施性侵者的刑事责任。

2. 人身权利被侵害的诉讼时效是多长时间?

向人民法院请求保护民事权利的诉讼时效期间为3年,自权利人知道或者应当知道权利受到损害以及义务人之日起计算。本案中,小秋如果向人民法院提起诉讼,其时效期间是自年满18周岁起算3年。在18岁到21岁期间,权利人都可以提起诉讼,要求实施性侵的人承担侵权责任。

本案的法律依据请扫描二维码查看

(责任编辑:马建荣)

案例 33

借给朋友的钱要不回来*

【警情简介】

小新 4 年前借给过朋友一笔钱,朋友一直未还。2 年前,她曾经要过这笔欠款,朋友发短信说再缓缓,这笔钱会还的,可是又过了 2 年还是没有还。当小新拿着借条向朋友索要这笔欠款时,朋友却说早就过了诉讼时效,拒不还钱。小新认为,朋友有钱不还,属于诈骗,随即报警。

案例解析

1. 小新能要回该笔借款吗?

依据《民法典》第 188 条的规定,向人民法院请求保护民事权利的诉讼时效期间为 3 年。诉讼时效期间自权利人知道或者应当知道权利受到损害以及义务人之日起计算。本案中,小新的诉讼时效期

---

* 本案例来自《借给朋友的钱,四年后还能要回来吗?》,载微信公众号"盘锦检察"2020 年 7 月 27 日,https://mp.weixin.qq.com/s?__biz=MzI0OTAwMjI1NA==&mid=2695326120&idx=6&sn=2f416d01e661402b293557cbbfea0919&chksm=cccbe9c9fbbc60dfd24531862287b6d02554a44db661803e34812fc2ac1e1ce8c878b863696d&scene=27,由马建荣编辑整理提供。

间从借款期限届满而朋友未还之日起算,如果没有借款期限,则从小新要求还款而其朋友拒不还款之日起算。在此诉讼时效期间内,小新曾向其朋友索要欠款,并且朋友允诺还钱,诉讼时效因此而中断重新计算,而重新起算的诉讼时效期间并未超过3年,小新可以提起诉讼,要求朋友还款,依法维护自己的合法权益。

2. 遇到熟人拖欠借款,如何维权?

熟人之间的借款,往往没有借条,遇到久拖不还的情况时,出借人会碍于情面,不好意思主张权利,因此,熟人借款更需要有必要的维权意识。首先,要有证据意识。债权人与债务人之间的手机短信、网络聊天记录、音视频、转账记录等都可以作为证据保存。其次,为了防止诉讼时效期间届满,权利人可以通过向义务人提出履行请求、义务人同意履行义务、权利人提起诉讼或者申请仲裁等方式引起诉讼时效中断,使诉讼时效期间重新起算。最后,如果借款人确有诈骗的行为,出借人也可以向公安机关报警。

本案的法律依据请扫描二维码查看

(责任编辑:马建荣)

第一编
总　则

第二编
物　权
071—166

第三编
合　同

第四编
人格权

第五编
婚姻家庭

第六编
继　承

第七编
侵权责任

民　法　典
CIVIL CODE

案例 1

遭遇"一房二卖"*

【警情简介】

胡某与甲房地产开发有限公司(以下简称甲公司)于2020年8月9日达成了购房意向:胡某购买甲公司楼房一套,并于当天交付定金5万元。2020年8月23日,双方签订了购房合同,合同约定:合同总价款为187,944元,甲公司应于2020年8月30日前将验收合格的商品房交付给买受人。合同签订后,胡某又支付给甲公司购房款13万元。但是,甲公司却迟迟未按合同约定将楼房交付给胡某。实际上,甲公司出卖给胡某的楼房,又于2020年10月1日卖给了杨某,杨某通过产权登记取得了涉案楼房的所有权证。为此,胡某找到甲公司,甲公司提出退还胡某购房款及定金,胡某不同意,为此,胡某以甲公司涉嫌合同诈骗罪向公安机关报案。

---

* 本案例来自《开发商一房二卖承担法律责任的典型案例》,载百度文库2022年4月22日,https://wenku.baidu.com/view/3c311429dd80d4d8d15abe23482fb4daa58d1ddc.html?_wkts_=1692855695208&bdQuery=,由王英编辑整理提供。

案例解析

1. "一房二卖"是民事欺诈还是刑事诈骗？

主要从两个方面考虑：一是卖房者主观上是否具有非法占有对方当事人财物的目的和动机。如果行为人主观上为了获取更高利润，并无非法占有他人房款的意图，应当承担民事违约责任；相反，如果行为人主观上没有打算交房，使对方履行根本不存在的民事法律关系的单方义务，直接非法占有对方房款，其行为就构成合同诈骗罪。二是客观上是否利用房屋买卖合同这一形式，实施了骗取对方当事人数额较大财物的行为。作为合同违约的民事纠纷，往往是当事人具有履约能力，产生纠纷后能够全额返还购房款，或主动、积极与购房人协商退还相应房款。本案甲公司同意退还胡某房款和定金，说明甲公司没有非法占有的目的，故不构成合同诈骗罪，胡某应通过民事诉讼要求甲公司承担民事违约责任。

2. 遭遇"一房二卖"，如何维权？

本案是非常典型的"一房二卖"，即出卖人先后或同时以两个买卖合同，将同一特定的房屋出卖给两个不同的买受人。根据《民法典》第215条的规定，当事人之间订立的购房合同，自合同成立时生效；未办理物权登记的，不影响合同效力。本条是关于合同效力和物权效力区分的规定，依据区分原则，未办理物权登记，不影响合同效力，合同一经成立，只要不违反法律、行政法规的强制性规定和社会公共利益，就可以发生效力。本案中，甲公司先后签订的两份买卖合同如果不存在恶意串通或违反法律、法规的强制性规定的情形，则均为有效合同。在"一房二卖"的情况下，由于标的物的特定性，一般而言，不可能出现出卖人同时履行两个合同的情况。也就是说，出卖人在履行了一个合同后，对另一合同必然产生无法履行并违约的后果。根据最高人民法院《关于审理商品房买卖合同纠纷案件适用法律若干问题的解释》的规定，买受人可以请求解除合同、返还已付购房款及利息并可以要求赔偿损失。关于赔偿损失，如果双方在房屋买卖合同中没有约定定金或违约金，可以按照实际损失主张赔偿损失；如果损失数额难以确定，可以按照已付购房款总额，参照中国人民银行规定的金融机构计收逾期贷款利息的标准计算损失。

本案的法律依据请扫描二维码查看

（责任编辑：王英）

案例 2

虚假的抵押登记*

【警情简介】

2020年3月,某银行向借款人王某发放个人消费贷款后,在与不动产登记中心系统直联客户端查询核查时发现,系统中无该客户的抵押登记信息,但扫描不动产登记证书上的二维码显示编号与抵押登记权证一致。该行与不动产登记部门进一步核实,证实该笔贷款抵押登记信息不存在。据此,该行对存量二手房抵押贷款逐一排查,发现共有14笔贷款的抵押登记信息不存在,涉案金额5000余万元。该行立即报案,公安机关以涉嫌贷款诈骗罪立案侦查。经查,14笔相关抵押贷款的犯罪嫌疑人王某利用作案时银行尚未与不动产登记系统直连的壁垒作掩护,与不动产登记部门内部工作人员勾结,由该名工作人员利用工作便利窃取空白的不动产登记证书,以套打方式制作虚假抵押登记权证,经不动产登记中心窗口交该行经办人员,该案造成银行5000余万元贷款无法得到清偿。

---

* 本案例由王英编辑整理提供。

案例解析

1. 银行的损失,应向谁主张赔偿?

登记发生的错误可能会给当事人和真正的权利人造成损失。《民法典》第222条确立了登记错误的赔偿制度,规定当事人提供虚假材料申请登记,造成他人损害的,应当承担赔偿责任。因登记错误,造成他人损害的,登记机构应当承担赔偿责任。登记机构赔偿后,可以向造成登记错误的人追偿。本案中犯罪嫌疑人王某与登记机构的工作人员存在内外串通违法登记的情形,银行除了通过刑事追赃程序获得赔偿外,还可以要求不动产登记机构承担相应的赔偿责任,登记机构替工作人员的故意侵权行为承担责任后,可向登记人员和登记申请人就全部赔偿额进行追偿。

2. 房屋登记机构的工作人员与第三人恶意串通需要承担什么责任?

申请人提供虚假材料办理房屋登记,给权利人造成损害,房屋登记机构未尽合理审慎职责的,应当根据其过错程度及其在损害发生中所起作用承担相应的赔偿责任。房屋登记机构工作人员与第三人恶意串通违法登记,造成权利人合法权益损失的,房屋登记机构与第三人除了承担连带赔偿责任外,还可由单位依法给予该工作人员处分;构成违反治安管理行为的,依法给予治安管理处罚;构成犯罪的,依法追究刑事责任。

本案的法律依据请扫描二维码查看

(责任编辑:王英)

案例 3

原车主开走已交付汽车[*]

【警情简介】

9月上旬,高某将其所有的一辆高尔夫轿车卖给赵某,车辆交付给赵某后,赵某支付了大部分车款,还有3万元车款未付。双方约定,剩余的车款于10月30日前支付并办理车辆过户手续。赵某却因种种理由未支付剩余车款,高某非常生气。11月29日晚上,高某携带卖车时留下的钥匙窜到赵某家属院楼下,将赵某购买后停放在此的汽车开走。赵某发现汽车被盗后,随即向公安机关报了案。高某得知赵某报案,便找赵某要求私了,遭到赵某的拒绝。看见赵某不同意私了,高某就将所盗车辆改为红色,并挂上×A3740的车牌号上路行驶。12月15日被盗车辆被找到。高某随之到公安机关投案自首。经评估鉴定中心鉴定,该车价值为67,600元。

---

[*] 本案例来自《买车者未办过户手续且未付全车款,车主将汽车开走是盗窃还是民事纠纷?》,载豆丁网,https://www.docin.com/p-359154286.html,由王英编辑整理提供。

案例解析

1. 车辆已交付但未过户,谁享有车辆的所有权?

机动车在本质上是动产,其权属变更遵循动产交付原则。《民法典》规定,动产物权的转让自交付时发生效力,但对机动车、船舶、航空器等特殊物权变动作了例外规定,即未登记不得对抗善意第三人。所谓善意第三人,就是指不知道也不应该知道物权发生了变动的物权关系相对人,主要包括以取得所有权为目的的相对人、抵押权人、质权人和留置权人。本案中,不涉及善意第三人权益的问题,车辆已经交付给赵某,即使赵某未付清车款,并不影响赵某享有该车辆的所有权。本案中,赵某享有该车辆的所有权,基于物权可以要求高某返还车辆。

2. 车款未付清,原车主将车辆开走属于民事自助行为还是构成盗窃罪?

本案中,车辆所有权已经属于赵某,高某用私自留下的钥匙将已经卖出去的汽车开走,后又将该车辆改为红色,挂上车牌号上路行驶,说明高某主观上有非法占有该车辆的故意,客观上也实际控制了该车辆,其行为符合盗窃罪中采用秘密手段窃取他人财产的这种犯罪构成。因此,高某的行为符合盗窃的犯罪构成要件,其行为构成盗窃罪。

民事自助行为,是指行为人也就是受害人为了实现自己的民事请求权,在事情紧急或迫切而又不能及时请求国家机关提供国家保护的情况下,自行采取对他人的财产或者自由加以扣押、约束或者其他必要措施的行为。实施自助行为,应当具备四个法定条件,缺一不可:第一,保护自身的合法权益;第二,情况紧急而又无法及时获得国家公权力的救济;第三,必须采用合理的措施和手段;第四,实施措施应以"必要"为前提。为了依法保证自助行为的合法化,法律还特别强调,受害人在采取必要措施后,要立即请求国家机关处理。当晚高某将车"窃走"后,应立即通知赵某并讲明情况,要求赵某支付车款,若赵某不支付车款,高某应向法院起诉赵某,并申请法院对该车辆进行财产保全,通过正常的司法途径来追偿车款。此时,可以认为高某的行为符合民法上的自助行为系合法的,双方之间属于普通民事法律关系。但遗憾的是,高某是在赵某向公安机关报案后才和赵某联系,且在协商私了不成后,未起诉至法院请求解决,而是将车改装后上路,客观上已经将车非法占为己有,故高某的行为构成盗窃罪。

本案的法律依据请扫描二维码查看

(责任编辑:王英)

案例 4

提出异议还是对抗执行?[*]

【警情简介】

甲公司与乙公司签订了一份《项目联合开发协议》,约定双方共同建设某商务大厦,双方各占开发项目50%的股权,并按此比例投入资金、享有相应的权利、承担相应的风险及进行决算后的利润分配。此后,申请将联建项目的用地单位由"甲公司"更名为"甲公司、乙公司",规划局为甲公司和乙公司办理了建设用地规划许可证。甲公司、乙公司共投701.6万元将联建工程——某商务大厦建成,并通过了竣工验收。在履约过程中,因丙银行诉甲公司借款纠纷案申请保全,法院冻结了双方联建的某商务大厦综合楼的土地使用权及房产。乙公司发动大量员工对抗法院工作人员的查封行为,引发警情。

---

[*] 本案例来自江平、李国光主编:《物权法典型案例评析》,人民法院出版社2008年版,由王英编辑整理提供。

■ 案例解析

1. 乙公司享有诉争土地的土地使用权吗?

一般情况下,不动产物权的设立,经依法登记发生效力。但根据《民法典》第 231 条的规定,因合法建造、拆除房屋等事实行为设立或者消灭物权的,自事实行为成就时发生效力。本案中,甲公司与乙公司之间有依据合作协议建房的事实行为,自房产建成这一事实行为成就时共同取得该房产的物权,而不需要遵循不动产登记生效的公示要件。这样的规定主要是基于"谁投资,谁受益"的原则,生产和劳动是所有权取得的首要方式,建房人投资建房投入了自己的资金和劳动,即使未办理登记,建房人也应当取得产权。[1] 这样规定有利于最大限度地防止争议发生,保护建房人的利益。如果第三人侵害了该物权,建房人因已经取得了物权,可以行使物权,请求排除第三人的侵害。判断案外人是否属于权利人,对已登记的不动产,按照不动产登记簿判断;对未登记的建筑物、构筑物及其附属设施,按照土地使用权登记簿、建设用地规划许可证、施工许可证等相关证据判断。本案中的乙公司具有规划局颁发的建设用地规划许可证,可以证明其对涉案土地及房产享有产权。

2. 乙公司享有诉争财产的产权,能否对抗法院的执行?

乙公司对诉争土地享有土地使用权,但是基于事实行为取得的物权,由于缺乏法定的权利外观——不动产权属证书,所取得的物权在对抗不动产交易中的第三人的效力方面受到限制。本案中,法院对甲、乙公司联建的不动产实施查封,如果乙公司认为不合法,可

---

[1] 参见最高人民法院民法典贯彻实施工作领导小组主编:《中华人民共和国民法典物权编理解与适用》(上),人民法院出版社 2020 年版,第 171 页。

以依法向查封法院提出执行异议,请求解除对土地及房产的查封,而不是动员职工对抗法院的工作人员。

本案的法律依据请扫描二维码查看

(责任编辑:王英)

> 案例 5

走道使用权争议[*]

【警情简介】

王某与张某系邻居,两家房屋中间隔一条水渠,王某住水渠西侧,张某住水渠东侧。王某家院门前的走道和水渠上的小桥是张某家人出入的必经之路。原是因村里修水渠将张某家的走道占用了,村里出料在指定地点由张某家自己在水渠上修了一座小桥,并垫平与小桥相连水渠边的路,归其一家人使用。后来,王某家建房,为了用料方便,征得张某家同意后,王某一家也开始从该路通行,王某在使用中也对该路进行过铺垫,双方共同使用至今。现因张某清理王某家堆放在走道边的杂物,双方发生口角。张某将一辆解放牌倾卸货车倒停在王某家院门前的走道上。当晚王某将自家院门东墙推倒,将砖、土等物堆放在张某家必经的小桥头。张某向派出所报警,称走道使用权属于自己,要求王某排除妨碍,立即清理堵路的杂物。

■ **案例解析**

1. 张某是否有权提出排除妨碍?

本案的处理涉及排除妨碍请求权。排除妨碍请求权,也称物权

---

[*] 本案例由王英编辑整理提供。

保持请求权,是指物权人对他人妨害其物权行使的行为请求予以排除的权利。妨害物权或者可能妨害物权的,权利人可以请求排除妨害或者消除危险。妨碍状态应具有不正当性、缺乏合理性,既没有法律根据,也没有合同约定。轻微的妨碍是社会生活中难免的,不承担排除妨碍责任。实践中,对于妨害多采违法性的标准。是否违法,则看权利人是否承担法定相邻关系等带来的容忍义务。本案中,王某与张某系邻居,王某家院门前走道原为张某一方使用,后经双方协商,共同使用至今。王某将砖、土等物堆放在张某家必经的小桥头,妨碍了张某的正常通行,也就改变了共同使用的现状,其行为理应排除。

2. 走道或土地的使用权发生争议应找哪个部门解决?

土地所有权和使用权争议,由当事人协商解决,协商不成的应当由乡级人民政府或县级以上人民政府处理。当事人对有关人民政府的处理决定不服的,可在接到处理通知之日起 30 日内向人民法院提起诉讼。在土地所有权和使用权争议解决前,任何一方不得改变土地利用现状。民警可以告诉本案当事人,对土地使用权和所有权有争议应先找相关人民政府解决,对相关人民政府的解决结果不服的才可以在 30 日内起诉,但当事人在要求解决之前不得改变土地利用的现状,即应维持双方通行的现状,不能堵路。

本案的法律依据请扫描二维码查看

(责任编辑:王英)

案例 6

无补偿安置协议被"强拆"*

【警情简介】

2020年8月31日,某城区政府在该地区的报纸上发布了《区人民政府关于二十七区块旧城改造房屋征收范围的公告》,并公布了房屋征收范围,明确徐某在城区某巷8号、9号的房屋(以下简称涉案房屋)被纳入拆迁范围。在该区政府既未作出征收补偿决定,也未与徐某达成补偿安置协议的情况下,城市建筑公司前来徐某房产处实施强制拆除,徐某不同意拆除行为,在拆除现场向当地公安机关报警,寻求保护并要求公安机关出警制止违法强拆活动。

■ 案例解析

1. 房屋征收拆迁的一般程序是什么?

依照法律和行政法规规定,因公共利益确需征收房屋的,应先

---

* 本案例来自北京在明律师事务所:《最高院典型案例:许某某诉金华市婺城区政府行政强制及行政赔偿案》,载搜狐网2018年2月1日,https://www.sohu.com/na/220295687_130582,由王英编辑整理提供。

给予补偿,后实施搬迁。县级以上人民政府应先作出房屋征收决定并公告,然后与被征收人就补偿方式、补偿金额和支付期限等事项订立拆迁补偿协议;如双方在征收补偿方案确定的签约期限内达不成补偿协议,则市、县级人民政府应当依法单方作出补偿决定。被征收人对补偿决定不服的,可以依法申请行政复议,也可以依法提起行政诉讼;被征收人在法定期限内不申请行政复议或者不提起行政诉讼,在补偿决定规定的期限内又不搬迁的,作出房屋征收决定的市、县级人民政府可以依法申请人民法院强制执行。人民法院裁定准予执行后,一般由作出征收补偿决定的市、县级人民政府组织实施,也可以由人民法院执行。

2. 本案建筑公司及区政府的强制拆除行为合法吗?接到强拆报警公安机关应当怎么做?

按照行政法规的规定,市、县级人民政府负责本行政区域的房屋征收与补偿工作。市、县级人民政府确定的房屋征收部门组织实施本行政区域的房屋征收与补偿工作。房屋征收部门也可以委托房屋征收实施单位,承担房屋征收与补偿的具体工作。本案涉案房屋在被强制拆除前,某城区政府既未作出征收决定,也未作出补偿决定,徐某也未同意先行拆除房屋。且至案发时,双方既未达成补偿安置协议,徐某也未得到任何形式补偿,建筑公司即实施了拆除行为,属于违法强拆,严重侵犯了自然人的财产权。另外,如果建筑公司没有该区政府的委托即自行实施强制拆除,则是非法行为,应独立对徐某承担相应的赔偿责任。公安机关担负维护社会治安的职责,在接到违法强拆报警时应尽到调查处理的法定职责:首先对案发现场的涉案人员进行询问,调查了解拆迁人是否有拆迁依据,拆迁手续是否合法。对没有合法拆迁手续的拆迁行为要及时制止。其次,对被拆迁人毁损的财物的现场进行调查取证。

本案的法律依据请扫描二维码查看

(责任编辑:王英)

案例 7

酒店能拒绝政府征用吗?*

【警情简介】

2021年,某酒店负责人收到来自政府部门的《应急征用决定书》,被告知因疫情防控需要,政府将临时征用该酒店作为疫情防控工作中密切接触者集中隔离医学观察点。该负责人在收到决定书后表示同意,并积极配合政府部门工作。但是,被征用期间,有个别人员故意损坏酒店设施,且以自己被隔离并非自愿为由拒绝赔偿。与此同时,因被隔离人员使用过的很多物品需要销毁处理,酒店损耗严重。酒店经营者还有一个担心就是酒店作为传染病隔离场所,可能面临的未来经营利润的减少或租金下降的潜在风险,不愿意再被征用。

■ **案例解析**

1. 政府的征用行为合法吗?

政府的征用行为合法有据。《宪法》《传染病防治法》《突发事

---

* 本案例来自《疫情防控中,政府征用酒店合法吗?》,载陕西政法网2021年12月22日,https://www.sxzf.gov.cn/m/html/212/114003.html,由王英编辑整理提供。

件应对法》中都出现了类似:为国家公共利益需要,可以临时征用房屋、交通工具、相关设施设备和其他物资,事后予以补偿、返还的字样。《民法典》也专门增设了因疫情防控等紧急需要可以征用个人和组织财产的法律条文。这就是说,当出现类似疫情防控等牵涉公共利益的紧急情况时,相关部门可以根据法律规定的权限和程序,强制性地取得组织、个人财产的使用权,对组织、个人所有的不动产或动产进行征用。但征用毕竟是对被征用财产权利人物权的限制,因此法律对征用权力的行使作了限制,明确征用必须基于维护公共利益的紧急需要,必须在法定权限内依照法定程序行使权力,县级以上的地方,只能征用本行政区域内的物资。涉及全国范围或者跨省、市、自治区、直辖市的征用,则需要由国务院来作出决定。

2. 被征用应该给予哪些补偿?

征用由于只是对使用权的临时剥夺,征用机关的首要义务是返还原物,但政府返还被征用财产后,财产被征用或征用后毁损、灭失的,依然有针对使用权损失的补偿义务。补偿对应财产权人的损失,可以解释为两种补偿:一种是财产"被征用的补偿",对应的是财产使用权的损失,即财产被征用期间的使用权损失。另一种是财产"被征用后毁损、灭失的补偿",对应的是财产恢复原状的损失和所有权的损失,即被征用财产毁损、灭失的损失。本案中应补偿酒店:一种是被征用期间的使用费,一般参照本行政区域应急征用情况发生时租用同类物资和同类场所的市场价格,给予被征用单位或者个人补偿。但考虑到作为传染病隔离场所,酒店可能面临的未来经营利润的减少或租金下降的潜在风险,可以适当多给半个月或一个月的使用费作为补偿。另一种是酒店被征用期间设备设施损害或灭失的费用,按照同类场所的市场价格进行补偿。但案例中隔离人员故意损坏酒店财产,该行为具有明显的违法性,造成的损失应由行为人承担,而且可依据具体情节,依照《治安管理处罚法》相关规定对行为人进行行政处罚;若构成犯罪的,还将被依法追究刑事责任。

本案的法律依据请扫描二维码查看

(责任编辑:王英)

案例 8

小区监控设备更新争议[*]

【警情简介】

某小区有 600 多户业主,业主专有的建筑面积达 60,000 多平方米,此小区监控设备年久失修,失窃事件频发,亟须更换新设备、新系统。小区部分业主同意更换,部分业主不同意更换,物业公司左右为难,便搁置此事。物业公司的不作为,引起要求更换设备的业主不满,他们围堵大门,不允许物业公司工作人员进入小区工作。后物业公司报警,请求出警处置。

■ 案例解析

1. 使用公共维修资金的条件是什么?

近年来,关于小区内楼顶漏水、水管爆裂、更换视频监控系统等纠纷屡见不鲜,遇到上述问题,就需要动用房屋维修基金。然而,现实中业主大会成立难,小区维修资金启动难的问题却一直普遍存在。对于公共维修资金使用,可组织专有部分面积占比 2/3 以上的业主且人数占比 2/3 以上的业主参会表决,采取"双过半数"原则,

---

[*] 本案例由史伟丽收集整理提供。

即经参与表决专有部分面积过半数的业主且参与表决人数过半数的业主同意即可使用该公共资金,这比原《物权法》规定的"三分之二"比例有明显下降。当然,遇到管道爆裂等紧急情况的,业主大会或业主委员会可以直接申请使用维修资金,而不用召集业主开会表决。

2. 更换该小区监控设备及系统需要什么条件?

本案中的小区更换监控设备,不属于紧急情况,那就需要召集专有部分面积达40,000平方米的400户以上的业主参会,其中有占20,000平方米的200户以上业主表决同意就可以使用维修资金更换设备。

本案的法律依据请扫描二维码查看

(责任编辑:王英)

> 案例9

住宅擅改经营性用房*

【警情简介】

张先生已取得某小区1301号房的不动产权利证书,该房屋规划用途为住宅。张先生与吴先生系同一单元上下楼层邻居关系。吴先生在取得1401号房所有权后,未经有关部门审批及相邻业主同意,将该房屋改造为五间独立套房,并以旅馆公寓形式对外经营。物业公司及张先生在得悉吴先生的改造经营行为后,多次要求吴先生停止房屋改造经营行为、恢复原房屋住宅用途,其间因发生争执与推搡而报警。

■ 案例解析

1. 业主能将住宅改成经营性用房吗?

业主将住宅改变为经营性用房,其行为的合法性需要同时满足两个条件:一是遵守法律、法规以及管理规约;二是应当经有利害关系的业主同意。本案中,吴先生将住宅改作经营性用房,未经有关部门审批,也未经有利害关系的业主同意,且遭到物业公司的反对,

---

* 本案例由史伟丽收集整理提供。

故其行为不具备合法性。

2. 如何处理业主的擅自改建行为？

吴先生将住宅擅自改建作为经营性公寓,且未经有利害关系的业主同意,属于对住房的非法改建。首先,作为有利害关系的业主,张先生可以要求吴先生排除妨害、消除危险、恢复原状,或者赔偿损失。其次,该物业公司可以申请房地产行政主管部门责令吴先生改正其改建行为,恢复该房产的住宅属性。最后,该房产所在地的房地产行政主管部门可以对吴先生的改建行为加以罚款处罚。

本案的法律依据请扫描二维码查看

(责任编辑:王英)

案例 10

非法集资款被投资*

【警情简介】

王某涉嫌构成非法集资罪,侦查机关在追缴扣押的涉案财产及违法所得过程中发现:一是王某用非法集资的 200 万元赃款投资入股 A 公司,其中王某出资款占股 65%,公安机关以追赃为由直接扣划王某在甲公司的投资款 200 万元;二是王某通过自己的银行账户支付给袁某的 120 余万元也属于赃款,公安机关便冻结了袁某在银行的 120 万元资金。在人民法院对王某的刑事判决书中,判决内容第三项也写明了对已查封、扣押、冻结的涉案财物依照法律规定予以追缴和处理,其余涉案赃款继续予以追缴。判决生效后,A 公司和袁某申请公安机关解除所冻结的账户资金,并要求退回涉案财物。

■ 案例解析

1. 以违法所得的货币投资入股的,如何追赃?

对货币这种特殊的动产,民法理论上一般均认为占有人具有处

---

* 本案例由王英编辑整理提供。

分权,出资人即使通过贪污、挪用等犯罪手段取得货币,也不宜认定其构成民法上的无权处分。所以,在出资人将货币投入公司后,公司即取得货币的所有权。货币是典型的种类物,处置出资人就该货币形成的股权后,用获得的价款补偿受害人,同样可以弥补受害人的损失。根据相关司法解释的规定,以贪污、受贿、侵占、挪用等违法犯罪所得的货币出资后取得股权的,对违法犯罪行为予以追究、处罚时,应当采取拍卖或者变卖的方式处置其股权。该规定,既符合民法的一般原理,又能同时兼顾公司、公司债权人与犯罪行为受害人的利益。因此,对违法、犯罪行为进行追究、处罚时,法院应采取拍卖或者变卖的方式处置上述股权,将所得价款予以追缴。

2. 赃款、赃物用于归还借款的,是否应该被追缴?

犯罪分子违法所得的一切财物不受法律保护,应当予以追缴或责令退赔。对于仍在犯罪分子手中的赃款、赃物,司法机关有权追缴。而对一些已被犯罪分子处理掉的赃款能否追缴,首先,要明确不是犯罪嫌疑人所有的涉案财物都需要追缴,追缴的是违法所得和已经认定是赃款赃物的财物。其次,如果是第三人明知涉案财物而接受或者是以明显低于市场价格取得了涉案财物或者通过非法的债务清偿、违法犯罪活动取得涉案财物或者通过其他恶意的行为取得财物,只要符合这4种情形,法院一般都会要追缴财物的。

本案的法律依据请扫描二维码查看

(责任编辑:王英)

案例 11

涉案财产能善意取得吗?*

【警情简介】

甲与乙银行签订《借款合同》《抵押担保合同》,约定甲以其名下的某房产作抵押担保,向乙银行申请贷款 312 万元。乙银行签订抵押担保合同时,对抵押人的产权证原件和不动产登记信息进行了核实,随后银行发放了贷款 312 万元。自今年 3 月起,甲未按约归还借款,乙银行遂诉至法院,请求对涉案房产实现抵押权。审理中查明,案涉房产涉嫌诈骗所得赃物。案外人丙报案称:丙因需用钱向甲借款,按照甲指定,将丙名下案涉的房产过户到甲名下,并答应丙还钱后即将房屋还给丙。丙将钱还完后发现,甲已将该房屋作为抵押向乙银行贷款,无法归还房产,故认为房产被甲诈骗,已向公安局报案,公安局已受理。

---

* 本案例来自《金融借款合同纠纷中抵押权的善意取得与刑事追赃的关系及处理原则》,载澎湃新闻 2020 年 7 月 8 日,https://www.thepaper.cn/newsDetail_forward_8176885,由王英编辑整理提供。

案例解析

1. 乙银行能否善意取得抵押权?

根据《民法典》第311条的规定,抵押权也可以适用善意取得制度。最高人民法院《关于适用〈中华人民共和国民法典〉物权编的解释(一)》明确了不动产所有权转让中善意的认定标准为不知道转让人无权处分且无重大过失,明确善意要件的认定采取推定的方法,即推定受让人为善意,由真实权利人就受让人的非善意承担举证证明责任。参照上述规定,善意的认定标准:即抵押权人不知抵押人系无权处分、支付了合理对价、信赖不动产登记的权利外观且尽到了注意义务,无重大过失。结合本案案情,首先,乙银行与借款人甲签订借款合同、抵押担保合同时,对抵押人的产权证原件和不动产登记簿进行了核实,权利人只有债务人本人,不存在权利瑕疵,乙银行尽到了注意义务系善意且无过失的。其次,乙银行按约支付借款的行为可认定其支付了合理的对价,且进行了抵押登记。因此,乙银行可以善意取得抵押权。

2. 善意取得与刑事追赃如何协调?

依据最高人民法院《关于刑事裁判涉财产部分执行的若干规定》(法释〔2014〕13号)第11条的规定,第三人善意取得涉案财物的,执行程序中不予追缴。依据最高人民法院《关于刑事裁判涉财产部分执行的若干规定》第13条的规定,本案债权人行使抵押担保权除了不受追赃的影响,还不受退赔被害人损失的影响,抵押担保等优先受偿权的执行顺位优于退赔被害人的损失。故本案中债权人实现抵押担保权,待债务清偿后,有结余的,将结余部分作为债务人涉嫌犯罪案的赃款,移送有管辖权的司法机关。

本案的法律依据请扫描二维码查看

(责任编辑:王英)

案例 12

古宅里挖出的银元宝归谁？*

【警情简介】

李某从王某手里买下一处古宅。李某在挖掘宅院大厅地面石砖时挖出一坛银元宝，共55锭。王某闻讯后立即找到李某，称此银元宝乃其曾祖父所埋，应归其所有，但并无证据证明。李某则称，此房他已买下，是这房屋的所有人，从房屋下挖出的东西当然也归他所有。文物所听闻此事也赶来，文物所认为，银元宝属于地下埋藏的文物，是限制流通物，根据有关法律规定，应一律归国家所有，要将银元宝收回。三方争执不下，遂报案处理。

案例解析

1. 银元宝到底归谁所有？

本案涉及埋藏物的归属问题。埋藏物，是指藏于他物之中，不容易从外部发现的物。挖出贵重埋藏物，归谁所有，举证很重要。

---

* 本案例来自《地下挖出宝该归谁所有》，载光明网 2020 年 11 月 30 日，https://m.gmw.cn/baijia/2020-11/30/34412338.html，由王英编辑整理提供。

埋藏或隐藏于公民祖宅，且能够证明属于其祖产的埋藏物，在无法律明文规定禁止其拥有的情况下，应判定属于该公民私人财产。但本案中，涉案银元宝年代久远，王某称古宅系其祖宅，银元宝系其祖辈埋下，但并未拿出有效证据对其主张进行证明，其对银元宝的权利主张不能得到支持，王某无法取得银元宝的所有权。李某是继受取得古宅所有权的，地下埋藏物与李某祖先无关，李某当然也不享有地下埋藏物的所有权。《文物保护法》第6条规定，属于集体所有和私人所有的纪念建筑物、古建筑和祖传文物以及依法取得的其他文物，其所有权受法律保护。我国法律并不禁止公民个人合法拥有文物，所以，文物所提出文物一律归国家所有的观点是不正确的。此时，该银元宝的权利归属处于不确定状态，应当依据《民法典》关于发现埋藏物的规定予以确定。即由公安机关等相关部门发布对该银元宝的招领公告，权利人自公告之日起一年内对该银元宝进行认领（须对其主张进行证明），若一年期限之内无人认领，则该银元宝归国家所有。

2. 公安机关接到群众交来的遗失物、埋藏物、漂流物应该怎么处理？

处置遗失物、埋藏物、漂流物是公安机关多年来主动承担的社会责任，《民法典》颁布后上升为法定职责。在接收环节：值班民警要办理接收登记手续，登记并拍照，询问记录拾得、挖掘或发现的时间、地点、经过等情况。发还环节：经检查未发现失主或所有人的，填写保管登记表，经值班所长签字后，将该物品存放于派出所的保管专用柜，并在该公安机关的警务公示官网和官媒和报纸等相关媒体上发布招领公告，该物的所有权人看到招领公告信息后，可以到该派出所与值班民警进行信息核实，确认无误后，为其办理发还手续。保管环节：接收单位能及时发还的临时保管，需公告认领的指定单位集中保管。保管措施上，应当参照涉案财物管理要求，建立必要的制度和台账,明确管理责任人。在该物被领取前,应当确保妥善保管防止毁损、灭失,否则公安机关要承担赔偿责任。收归国有环节:公告一年内无人认领的收归国有拍卖入库。

本案的法律依据请扫描二维码查看

(责任编辑:王英)

案例 13

遗落在柜台的手机被拿走[*]

【警情简介】

甲某将手机遗落在银行柜台,手机价值2000多元,后面取钱的乙某趁无人注意,采取以球拍袋遮挡的方式,拿走了该手机。甲某走出银行后,想起未拿手机,便返回银行寻找,未找到。经调取银行监控录像,查询到乙某。派出所给乙某打电话叫他归还手机,乙某拒绝。民警辗转找到乙某的家里,乙某认为他没有犯法而民警上门影响了其声誉,故拒绝归还手机。对乙某的行为,公安机关可否处理?

案例解析

1. 顾客在银行丢失的手机系"遗忘物"还是"遗失物"?

相比较而言,遗失物的持有人因疏忽而完全丧失了对财物的实

---

[*] 本案例来自济源公安法制:《【以案释法】将他人遗忘在便利店柜台上的手机取走如何定性?》,载 https://mp.weixin.qq.com/s?__biz=MzUzMjU5NzE0NQ==&mid=2247486312&idx=3&sn=844222dcab4a79d88767ae6529 15537d&chksm=fab19b9ecdc6128870396bbe12a59efc9976f60a660c4608e9034f0419194fc40fefaf0d2bae&scene=27,由王英编辑整理提供。

际控制力,且持有人通常难以回忆起财物的确切失落地点;而遗忘物的持有人一般都能回忆起财物的确切遗失地点。本案中,甲某从出银行至回到银行柜台寻找手机前后间隔时间短暂,虽涉案手机已脱离其控制,但银行对顾客遗留在其柜台的物品负有清点、保管、退还的义务,故涉案手机并非无人控制的财物,只是此时对财物的控制占有暂时从甲某转移到银行柜员,且甲某马上又返回银行来寻找。因此,该手机属于遗忘物。

2. 拒绝归还"遗忘物"和"遗失物"法律后果有什么不同？

拾得遗忘物拒不归还的行为,在《刑法》上属于将他人的遗忘物非法占为己有,拒不交出,符合侵占罪的构成要件。此时接到报警后,公安机关依法开展调查取证工作,可以初步确定为侵占的,应告知当事人自己去法院起诉,因为根据《刑事诉讼法》的相关规定,侵占罪属于自诉罪。而《民法典》规定拾得遗失物的,应当归还失主,拾得者因此而支出的费用,应由失主偿还。对于拒不归还他人遗失物的行为,应当按照不当得利行为,追究其侵权的民事责任。《刑法》侵占罪采用遗忘物而不是遗失物的概念,主要目的在于限缩侵占罪的范围。也就是说,遗忘物的范围较窄,而遗失物的范围较宽。

需要补充说明的是,刑法理论界认为,特定关系人将他人遗忘物占为己有,构成盗窃罪而非侵占罪。例如,银行工作人员将客户遗忘的金钱占为己有,构成盗窃罪而非侵占罪。法理所以如此,是为了维护一定的社会秩序,对特定关系人科以严格的义务,以禁止此类行为发生。例如,深圳机场发生的清洁工梁某拒不返还拾得的金首饰案件,梁某作为机场的特定关系人,其明知应当返还而拒不返还的行为,被法院认定构成盗窃罪。

本案的法律依据请扫描二维码查看

(责任编辑:王英)

案例 14

装修物被拆除搬走[*]

【警情简介】

孙某报案称：经朋友介绍认识了装修行业的李某，自己将名下的房产整体承包给李某装修，先后向李某打款共计10万元。但是，近日进屋发现屋内定做的房门、衣柜柜门、地板全都被人拆走了。经公安机关调查得知，系李某带人拆走，因李某要求孙某再支付工程款2万元，而孙某认为10万元属于包干工程价款，不存在支付余款的问题。因双方无法解决争议，故李某将装修物拆除搬走，告知孙某待钱款支付到位后，便将装修物复原。如果你是民警，你会怎么解答？

案例解析

1. 装修工人能否以未足额付款为由拆走装修物？

本案装修工人擅自拆除装修物，涉及民法理论中附合物的处理问题。附合物是指两个或两个以上分属于不同的所有人的物，密切结合在一起而形成新物，而且该新物的组成部分无法分离，或者分

---

[*] 本案例由王英编辑整理提供。

离后将大大降低其价值。财产一经附合于他物,产权即发生变化。关于附合物的产权,如果当事人间有约定,按约定办理。没有约定的,如果是动产附合于不动产,则由不动产权利人取得包括动产在内的财产的所有权,但应该给予动产所有人与其动产价值相当的补偿;如果是动产附合于另一动产,则由主物的所有人或价值高的一方取得全部的财产所有权,同时给予其他人与其原物价值相当的补偿。

2. 本案如何处理?

本案中房门和衣柜柜门系定做,已附合于房间和衣柜之中,如果将其拆下,其价值和使用价值几近于零,故属于附合物。装修行为一旦完成,其所有权即发生改变,该装修财产已不为装修人所有,而转移至房屋所有人所有。李某与孙某之间属于合同关系,李某作为装修人取得的只能是债权,讨要工程款应通过合法途径(如提起民事诉讼),擅自拆除装修成果、强行取回的行为,构成侵权,因此李某应赔偿孙某的损失。

本案的法律依据请扫描二维码查看

(责任编辑:王英)

案例 15

农村土地流转"雷区"*

【警情简介】

孙某与某村委会签订《废弃虾池承包合同》,承包该村村东的 24 亩虾池进行综合开发。孙某向有关部门申请办理土地使用和准建等手续,未获得批准。此后,孙某既未经该村村委会同意,也未经土地管理部门等相关部门审批,擅自将其承包的土地划成 15 个地块对外进行转让,用于乡村旅游开发,先后与 7 人签订《转让协议》。至案发,孙某收取转让费共计 88 万元。经群众举报,市自然资源和规划局对此案立案查处,鉴于孙某涉嫌构成非法转让、倒卖土地使用权罪,依法将其移交司法机关处理。

案例解析

1. 农村集体土地合法流转的程序是什么?

农村集体所有的土地依法属于村集体所有的,由村集体经济组织或者村民委员会经营、管理。一般情况下,集体所有依法由农民集体使用的耕地、林地、草地,以及其他依法用于农业的土地,应采

---

* 本案例由史伟丽收集整理提供。

取农村集体经济组织内部的家庭承包方式承包经营;不宜采取家庭承包方式的荒山、荒沟、荒丘、荒滩等,可以采取招标、拍卖、公开协商等方式承包经营。土地承包经营权人依法对其承包经营的耕地、林地、草地等享有占有、使用和收益的权利,有权从事种植业、林业、畜牧业等农业生产,也可以将土地承包经营权互换、转让。但是,未经依法批准,不得将承包地用于非农建设。

2. 本案孙某为什么涉嫌构成非法转让、倒卖土地使用权罪?

所谓非法转让、倒卖土地使用权罪,是指以牟利为目的,违反土地管理法律法规,非法转让、倒卖土地使用权,情节严重的行为。其中非法转让土地使用权,是指以买卖以外的其他形式非法转移土地使用权的行为,即未按国家法律规定程序办理征用或者划拨手续的行为,或者未按规定权限办理审批手续的土地使用权转让的行为。倒卖土地使用权,包括毫不掩饰、明码标价地将土地卖给他人而收取价款和以某种形式掩盖其土地买卖的实质而将土地卖给他人两种行为方式。本案中,孙某的行为已经不属于合法的农村土地承包经营权的流转:首先,受转让方不属于本村村民;其次,孙某未经村委会同意和土地管理部门批准就非法转让其承包的土地,用于非农建设;最后,孙某是以牟利为目的,非法获利 88 万元。据此,孙某的行为已构成了非法转让、倒卖土地使用权罪。

本案的法律依据请扫描二维码查看

(责任编辑:王英)

案例 16

小区共有场所的使用权*

【警情简介】

某小区业主报警,要求解决小区物业公司占用小区内公共活动区域画停车位收取停车费引发的纠纷。民警出警后发现,众多业主正与物业公司负责人争吵,要求清理现场停放的车辆,归还业主的休闲活动区。部分业主情绪激动,如不及时处理,事态将进一步扩大。

案例解析

1. 物业公司是否有权改变小区共有场所的用途?

小区内的公共活动区域属于业主共有,是业主的生活休闲区域,可供全体业主共同使用。按照《民法典》第 278 条的规定,改变共有部分的用途或者利用共有部分从事经营活动,应当经参与表决专有部分面积 3/4 以上的业主且参与表决人数 3/4 以上的业主同意。因此,物业公司无权单方改变小区内共有部分的用途,无权将业主共有的公共活动区域改为经营性停车位。

---

* 本案例由史伟丽收集整理提供。

2. 业主如果想将小区内的公共活动区域改为收费停车位,应该怎么办?

改变共有部分的用途或者利用共有部分从事经营活动,由业主共同决定。应当经参与表决专有部分面积 3/4 以上的业主且参与表决人数 3/4 以上的业主同意。如果将该公共活动区域改为收费停车位,该区域仍然属于业主共有,停车费收入在扣除合理成本后,也属于业主共有。该笔收益的分配,有约定的,按约定;没有约定或者约定不明确的,按照业主专有部分面积所占比例确定。

本案的法律依据请扫描二维码查看

(责任编辑:王英)

案例 17

小区的广告收入归属[*]

【警情简介】

物业公司与花园小区的开发商签订了前期物业管理合同,约定管理期限从合同签订日起到花园小区业主委员会成立时止。合同成立后,物业公司指派其下属分公司具体实施对该小区的前期物业管理。同时,根据物价局审批标准,双方约定由物业公司按建筑面积向业主和物业使用人收取物业管理服务费。2年后,花园小区业主委员会成立,并与物业公司达成了移交协议,确认物业公司应向业主委员会返还预收的物业管理费、各类押金以及小区共有部分收益等230余万元。但是,业主委员会在查看相关清单时发现,物业公司在前期物业管理期间收取小区电梯间、外墙、地下停车库等场所的广告费收入500余万元没有被列入移交清单之中。双方交涉不成,发生对峙,引发警情。

---

[*] 本案例由史伟丽收集整理提供。

案例解析

1. 小区共有场所的广告收入属于业主共有吗?

小区的电梯间、外墙、地下停车库等场所属于业主共有。按照"谁所有,谁受益"的原则,利用共有部分所得的收益也应属于业主共有。本案中,花园小区业主委员会与物业公司协议移交的预收物业管理费、各类押金以及小区共有部分收益等230余万元,以及前期物业管理期间收取的小区电梯间、外墙、地下停车库等场所广告费收入500余万元,均属于业主共有。

2. 物业公司是否应当将共有场所的收入移交业主委员会?

建设单位、物业服务企业或者其他管理人等利用业主的共有部分产生的收入,在扣除合理成本之后,属于业主共有。对有关共有及其管理的重大事项,应由业主共同决定。业主委员会是由业主选举产生并代表业主行使权利的自治组织,其决议对业主具有约束力。因此,本案中的花园小区业主委员会与物业公司的协议,对物业公司、业主的前期事项均具有法律效力,物业公司应当将共有场所收入移交业主委员会。

本案的法律依据请扫描二维码查看

(责任编辑:王英)

案例18

楼房邻居使用"震楼器"*

【警情简介】

周某经过几年工作打拼,在某小区买下了一套89平方米的住房。可是没住多久,楼上住户的噪声过大,就导致孩子时常被惊醒、吓哭,丈人和丈母娘也因此休息不好而出现严重神经衰弱,他和老婆总是提心吊胆。后来,听说网上卖一种"震楼器",能发出一种规律的、伴随震动感的噪声,可以反击楼上的噪声。周某买来使用,被邻居报警。

■ 案例解析

1. 使用"震楼器"合法吗?

"震楼器"是一种震动马达,使用时一般是把主机固定在天花板上或其他墙体上,启动后振动马达会驱动敲击锤不断敲击墙面,邻居就能感觉到震动和声音。因"震楼器"是运用高频振动原理制造噪声,如长期使用这种大功率机器对墙体进行敲击,不仅会影响楼上居住人的生活,也会对楼房造成损坏。因此,使用"震楼器"这种

---

* 本案例由史伟丽收集整理提供。

制造噪声的行为,不仅是有损相邻关系的民事侵权行为,还属于《治安管理处罚法》处罚的行为。

2. 使用"震楼器"有什么法律后果?

楼上楼下相邻各方,应当按照有利生产、方便生活、团结互助、公平合理的原则,正确处理截水、排水、通行、通风、采光等方面的相邻关系。如果遇到噪声影响正常生活,应主动上门沟通,善意提醒,劝说邻居停止制造噪声的行为。"以噪声制噪声",是一种报复行为,不是处理邻里矛盾的正确方法。这样的行为实际上侵犯了邻里之间的相邻权,应承担一定的民事责任。违反关于社会生活噪声污染防治的法律规定,制造噪声干扰他人正常生活的人,有可能被按照《治安管理处罚法》规定处以警告;警告后不改正的,将被处 200~500 元的罚款。

本案的法律依据请扫描二维码查看

(责任编辑:王英)

> 案例 19

影响庄稼生长的树苗*

【警情简介】

田某与彭某为同一村队的村民,两家农田相邻。几年前彭某在该农田育种河北杨树苗,该批树苗一直未挖,现已成树(树木胸径 14～16 厘米),其树根和树枝都严重影响相邻田某农田的庄稼正常生长及收成,致使田某多年无法正常耕种。田某多次找彭某及其儿子协商要求尽快挖掉树木,至今未果。今年春季田某在自家农田种植了玉米,为避免庄稼再受影响,田某决定自行挖除相邻的部分树木,引发了彭某不满,双方发生冲突,报警请求处理。

案例解析

1. 相邻土地的权利人之间应注意哪些事项?

相邻关系是法定关系,应当依据法律规定正确处理相邻土地等不动产的使用行为。按照《民法典》的规定,不动产权利人因用水,排水,通行,建造、修缮建筑物以及铺设电线、电缆、水管、暖气和燃

---

* 本案例由史伟丽收集整理提供。

气管线等必须利用相邻土地、建筑物的,该土地、建筑物的权利人应当提供必要的便利。但是,建造建筑物,不得妨碍相邻建筑物的通风、采光和日照。另外,弃置固体废物,排放大气污染物、水污染物、土壤污染物、噪声、光辐射、电磁辐射等有害物质,挖掘土地、建造建筑物、铺设管线及安装设备等不得危及相邻不动产的安全。

2. 栽种树苗影响邻居庄稼生长,邻居可否请求移除?

正确处理相邻关系的原则是有利生产、方便生活、团结互助、公平合理。本案需要查明彭某栽种树木的土地是否属于基本农田,如果是,则种植树木是被禁止的;如果不是,彭某在自己的承包地里栽种树苗,也需要遵循处理相邻关系的原则。本案中,因彭某树木的根、枝已经影响相邻田某的农业收益,造成田某农业收益的减少,不利于生产。彭某作为树木的所有人如果不能证明自己没有过错,就应当承担侵权责任,理应排除妨碍、赔偿损失。应当注意的是,彭某砍伐树木,应先办理采伐审批手续。

本案的法律依据请扫描二维码查看

(责任编辑:王英)

案例 20

分割合买房产*

【警情简介】

杨某与李某两人早年合买了一套位于市区的房产,其中杨某占有16.7%的产权份额,李某占有83.3%的产权份额,李某一直居住在该房屋。今年,杨某提出只要李某按照总房价款16.7%的份额支付40万元房款,且税费由李某承担,他愿意在李某支付房款后协助其办理房屋所有权转移手续。李某承认房屋共有权情况属实,同意给付房屋价款并办理所有权转移手续,但李某声称自己无一次性履行全部义务的能力,不同意一次性支付房屋价款。此外,关于税费承担的问题,李某只同意按照83.3%的比例承担税费。双方无法达成一致,由争吵转为厮打,报警要求解决。

■ 案例解析

1. 共有房产能分割吗?

本案所涉房屋是杨某与李某的按份共有财产。按份共有人对

---

* 本案例由史伟丽收集整理提供。

共有的不动产或者动产按照其份额享有所有权。共有人对共有不动产的处分,没有约定或者约定不明确的,按份共有人可以随时请求分割。因此,杨某请求分割共有房产的价值,并协助转移房屋产权,并无不当。房屋是不可分物,属于难以分割或者会因分割减损价值,可采取折价分割方式。本案中,共有人均同意一方取得所有权,另一方获得共有份额部分的财产价值。因此,可以由评估机构对该房屋价值进行评估,按照所占份额分割其折价。

2. 分割共有财产的费用如何分担?

杨某和李某是涉案房屋的按份共有人,应当按照各自的份额享有权利、承担义务。本案中的税费,是实现共有物分割必然产生的费用,故按份共有人应按照份额承担。李某同意按照83.3%的比例承担因所有权转移产生的税费,是合法合理的。

本案的法律依据请扫描二维码查看

(责任编辑:王英)

案例21

住不进去的新购房[*]

【警情简介】

王某夫妇经房屋中介机构推荐购买了李某生名下的一套房屋,在公证处出具公证书的情况下,王某夫妇交付了相应房款,李某生也协助办理了房屋过户手续,王某夫妇取得了房屋产权证书。但此后李某生及其妻子仍然在该房屋居住,李某生妻子认为,李某生出售的是夫妻婚后共有房屋,对于房屋出售一事她不知情,故不同意腾房。王某夫妇不得已租房居住,并多次要求李某生夫妇搬离房屋,均无结果。双方因此发生激烈冲突,报警要求解决。

案例解析

1. 王某夫妇对所购房屋的产权合法吗?

首先,本案房产登记在李某生一人名下,且公证处出具了公证书,故应推定王某夫妇对交易房屋有其他共有人并不知情。其次,王某夫妇已尽到了合理的注意义务,在本案中善意且无过失,本案

---
[*] 本案例由史伟丽收集整理提供。

买卖合同应认定有效。但王某夫妇是否因此就取得了争议房屋的所有权呢？这就需要看是否符合下面两个条件：一是支付了对价；二是办理了房屋过户登记手续，且在办理过户登记手续时不知道交易房屋上有其他共有人的事实。本案王某夫妇符合上述两个条件，可按照善意取得制度取得该房屋所有权。综上所述，王某夫妇对所购房屋的产权是合法的。

2. 李某生妻子的权益如何维护？

李某生擅自将婚后财产出卖，侵犯了配偶的共有财产权，属于部分无权处分。但因本案中的房屋已办理过户，受让人已经取得不动产的所有权，且买卖行为符合《民法典》规定的善意取得条件。因此，原所有权人有权向无处分权人请求损害赔偿，即李某生妻子可以通过诉讼向李某生主张损害赔偿。

本案的法律依据请扫描二维码查看

（责任编辑：王英）

案例 22

招领的失物又丢了 *

【警情简介】

家住花园小区的孙先生在途经该小区西侧的小广场时,发现路边的绿化带里有一个女士手提包,遂将该手提包交到了附近警务室,请求民警帮助寻找失主。经查看,包内有现金118.2元、6张无记名会员卡、几样化妆品、一串钥匙等物品,无任何失主的联系方式。民警于当日通过本地的交通音乐台发布了失物招领消息,但一直无人前来认领。后来因警务室搬迁,手提包遗失。近日,张女士来到警务室,自称是手提包失主,要求取回她的手提包。警务室民警告诉张女士,失物招领公告期已满,无人认领的包已经属于国家所有,她无权取回该包及其中的财物。

案例解析

1. 警务室收到拾得物,应该如何处置?

遗失物是指非基于遗失人的意志而暂时丧失占有的物。遗失

---

* 本案例由史伟丽收集整理提供。

物只能是动产,遗失物的拾得属于事实行为,不以拾得人有行为能力为必要。遗失物不是无主财产,而是所有人或权利人暂时丧失了对物的占有、不为任何权利人占有的物。警务室收到遗失物,知道权利人的,应当及时通知其领取;不知道的,应当及时发布招领公告,公告期1年内无人认领的,归国家所有。在遗失物被领取前,应当妥善保管。因故意或者重大过失致使遗失物毁损、灭失的,应当承担民事责任。

2. 警务室的答复合法吗?

按照《民法典》的规定,拾得遗失物,应当返还权利人。但本案中的拾得人无法知道女士手提包的所有人或权利人是谁,也无法通知失主领取,只能送交公安部门。警务室在收到女士手提包后,先查找失主信息,确认无法查找到失主,警务室及时通过交通音乐台发布了失物招领消息。警务室招领启事发布1年后,该女士手提包已归国家所有。虽然此后该女士手提包已遗失,但警务室民警给张女士的答复,并无不当。

本案的法律依据请扫描二维码查看

(责任编辑:王英)

案例 23

一楼住户阻止加装电梯*

【警情简介】

某小区只有两栋居民楼,建于 2004 年前后,楼高 6 层,无电梯。该楼栋某单元内住户基于国家出台老旧小区加装电梯政策,通过投票表决,单元内全体 12 户业主均签字同意加装电梯。小区遂对《既有住宅自主增设电梯项目相关业主协议书》和《电梯增设方案图》、《既有住宅自主增设电梯告知书》等资料进行公示。但在施工过程中,单元 1 楼住户王某、周某以电梯加装影响采光和房屋价值为由反悔并阻碍施工,该单元杨某等 4 人报警后因沟通处理未果遂起诉,请求王某、周某停止阻碍安装施工的行为,要求其配合电梯施工单位加装电梯合同继续履行。

案例解析

1. 楼道加装电梯程序是否合法?

本案中,老旧小区电梯加装事宜已获得楼道全体业主同意且经

---

* 本案例来自《成都一老旧小区加装电梯,一楼不同意被告上法庭,法院判了》,载百家号"律言普法"2023 年 8 月 15 日,https://baijiahao.baidu.com/s?id = 1774291246564933831&wfr = spider&for = pc,由王英编辑整理提供。

过公示,作为底层住户王某、周某也在加装手续上亲笔签字,符合《民法典》第 278 条业主共同决定事项的表决程序,案涉电梯的加装符合法律规定的程序。王某、周某的阻止行为不具有正当性,违反《民法典》第 7 条的诚实守信原则。

2. 楼道加装电梯是否会损害底层住户的合法权益?

楼道加装电梯是否会影响底层住户的合法权益,涉及相邻关系的处理,《民法典》设置相邻权,其目的系促进权利人关系和睦,解决相邻各方因行使权利而发生的冲突,维护各方利益平衡。相邻关系本质即为不动产权利内容的扩张和限制。加装电梯既应理解高层住户需要,也不能忽视对底层住户可能产生的通风、采光等利益的影响。本案中,基于现场查看情况,案涉电梯与单元房屋之间留有足够的距离,对该单元业主的通行并没有造成妨碍;电梯宽度对底层住户的采光和通风也没有造成妨碍,电梯安装好后运行声响符合国家标准,不会产生明显噪声。另外,老旧小区加装电梯涉及广大群众的出行方便,关系到社会的和谐稳定。即便加装电梯确实给低层住户的居住环境带来一定的变化,但在整体上不妨碍采光、通行、通风等相应权利的情况下,低层住户对小区加装电梯的行为,应负有一定的容忍义务。相邻各方应互谅互让,通过友好沟通和诚信行为消除对抗。

本案的法律依据请扫描二维码查看

(责任编辑:王英)

案例 24

广场舞扰民 *

【案情简介】

甲某购买的住房卧室紧邻小区广场,该广场是小区老人、小孩主要的活动区域。甲某因刚生完小孩,神经衰弱需要多休息。但最近小区广场上有一群老年人在早晚 7:00 至 8:00 两个时段,使用高音喇叭播放音乐跳广场舞。甲某觉得声音很大且时间很长,影响了自己和宝宝的休息。甲某找过物业,物业也劝过这些老人,但这问题一直没有得到解决。于是甲某报警,想通过警察来制止噪声侵权。

案例解析

1. 民警能制止居民广场舞扰民行为吗?

目前,跳广场舞本身并不属于违法行为,公安机关无权阻止小区居民在公共场地跳广场舞的行为。但广场舞的音乐节奏感强、分

---

* 本案例来自《行政诉讼实务:公安机关虽然无权阻止小区居民在公共场地跳广场舞的行为,但可以处理广场舞噪音扰民的违法行为》,载 360 个人图书馆 2023 年 7 月 4 日,http://www.360doc.com/content/23/0704/18/1087323266_1087323266.shtml,由王英编辑整理提供。

贝大，加之早晚时间开始跳，可能会严重影响居民的正常生活。根据《环境噪声污染防治法》第45条的规定，禁止在噪声敏感建筑物集中区域内使用高音广播喇叭。在街道、广场、公园等公共场所组织或者开展娱乐、健身等活动，应当遵守公共场所管理者有关活动区域、时段、音量等规定，采取有效措施，防止噪声污染；不得违反规定使用音响器材产生过大音量。故在小区、广场、公园等场所，广场舞的参与者使用高音喇叭、音箱等音响器材产生过大音量，造成噪声污染，影响周围居民的正常生活，属于违法行为。《治安管理处罚法》第58条规定，违反关于社会生活噪声污染防治的法律规定，制造噪声干扰他人正常生活的，处警告；警告后不改正的，处200元以上500元以下罚款。所以，对于人为活动产生的社会生活噪声干扰周围生活环境的行为，既属于侵犯公民私人生活安宁权的民事侵权行为，又属于《治安管理处罚法》规定的治安违法行为。面对此种情况，老百姓可以拨打"110"报警，民警应赶到现场对肇事者的行为进行必要的处理。但公安机关只针对生活噪声侵权有权处理，针对工业噪声、建筑施工噪声、交通运输噪声扰民类警情，应当口头告知报警人此类噪声不属于公安机关管辖，可向城管、环保等部门反映。

2. 民警接到噪声侵权的报警应该怎么处理？

噪声问题在民法中按照相邻关系来处理。相邻关系是不动产权利人应遵循的最低限度的要求，应当结合具体噪声类型、噪声时长、噪声大小、噪声发生时间，判断哪些情形属于可以容忍的范围。民警接到报警后应及时赶到现场，现场查看；要询问走访相关人员，重点询问噪声产生和持续的时间、噪声源地点、投诉情况、是否对正常生活或休息造成影响等细节，判断哪些情形属于可以容忍的范围；对噪声扰民事实存在争议的，应当使用专业噪声测试仪器或委托环境监测机构对噪声进行监测，并出具噪声监测报告。要对制造或产生噪声的设备或物品进行扣押或登记保存,并录像或拍照固定。处理原则:行为人只要实施了制造噪声行为并干扰了他人正常生活,无论主观上是故意还是过失,均不影响案件的定性。对行为人进行处罚时,应当依法先作出警告处罚,经警告后仍拒不改正的,才能适用罚款处罚。对情节特别轻微,明显不构成治安违法行为的,应当依法终止案件调查,并告知报警人可就噪声扰民侵权行为提起诉讼或申请人民调解组织进行调解。

本案的法律依据请扫描二维码查看

(责任编辑:王英)

案例 25

婚前财产的婚后收益 *

【警情简介】

李某于婚前为自己全款购买了一套两居室房屋。2011年李某与卫某结婚,婚后生育一子,该两居室不能满足使用,二人又新购置了一套三居室房屋,原两居室房屋便以每月3000元租与他人。2013年李某与卫某感情破裂,离婚时,卫某要求分割两年来两居室房屋租金共计72,000元。李某认为,该租金属于婚前财产,应属于自己个人所有,不能作为夫妻共同财产进行分割。双方争执不下,发生冲突,报警要求处理。

■ 案例解析

1. 婚前财产的婚后收益,是否属于夫妻共同财产?

财产性收益一般包含孳息、投资性经营收益及自然增值三类。孳息指的是从原物中所出的收益,通常分为天然孳息与法定孳息两种。依照物的自然性质而产生的收益物为天然孳息,如植物结出的果实、动物的产物(如鸡蛋、羊毛);依照法律关系而产生的收益为法定孳息,如存款利

---

* 本案例由王英编辑整理提供。

息、有价证券收益、股权分红等。房屋租金属于法定孳息,但由于在房屋出租的过程中可能凝聚了夫妻双方共同的心血,如房屋修缮、维护和管理等,所以即便房屋所有权是一方在婚前所取得的,关于所获取的租金收益也不能一概判定为属于一方个人所有。这主要是因为房屋租金的获取与房屋平时的管理存在紧密的联系,也需适当考虑夫妻另一方的劳动贡献,才能体现出婚姻家庭协作关系与民法的公平合理原则。对于房屋租金的收益属性,目前实务界的倾向性观点认为,房屋租金与存款利息不同,前者是由市场的供求规律决定的,并且与房屋本身的管理状况紧密相连,其获得收益往往需要投入更多的管理或劳务,因此可以将租金作为经营性收益看待,应当根据法律规定认定为夫妻共同财产。

2. 如果婚前贷款购买房屋婚后以租养贷,能否认定该房屋部分为夫妻共同财产?

按照最高人民法院的司法解释,婚前购置房产,婚后共同还贷的,离婚时房产分割由当事人协商处理,协商不成的,归婚前购房人所有。婚后共同还贷及对应的增值作为共同财产,由双方分配。不能达成协议的,人民法院可以判决该不动产归产权登记一方,尚未归还的贷款为产权登记一方的个人债务。双方婚后共同还贷支付的款项及其相对应财产增值部分,离婚时应由产权登记一方对另一方进行补偿。本案房产仍归婚前购房人个人所有,但婚后用房屋租金还贷,因房屋租金属于夫妻共有财产,故这部分用租金还贷部分对应的增值部分应作为共同财产,由双方分配。

本案的法律依据请扫描二维码查看

(责任编辑:王英)

案例 26

房屋共有部分被占改怎么办？*

【警情简介】

原告系房屋606室的权利人，被告住于505室，系上下楼邻居关系。被告与某置业有限公司签订《住房转让协议书》取得506室房屋的所有权。被告进行房屋装修时，擅自破墙开门开窗，将五层共用平台（四层屋顶）占为私用，在上面种植花草，放置石桌、石凳等。还在通往五层共用平台的五层共用走道上安装铁门，将铁门之内的共用走道占用作厨房，妨碍原告及其他居民进出五层共用平台。区房屋土地管理局（以下简称房地局）向被告发出《行政处罚决定书》，该决定书认定被告擅自在房屋东墙开窗及占用共用部位，安装铁门和水泥栏杆，擅自门改窗，破墙开门，要求其限期改正，恢复原状。因被告逾期未履行，房地局向法院申请执行。被告才履行了部分拆违义务。但是，2016年年底，被告又擅自在五层共用平台上搭建阳光房，该阳光房房顶距原告窗户仅90厘米，严重影响原告安全。为此，原告多次与被告交涉，但被告置之不理，给原告人身安全及身心健康均造成严重影响，形成纠纷。

---

* 本案例来自蔡婷：《区分所有建筑物中共有部分侵权案例分析》，载中国法院网2017年3月21日，https://www.chinacourt.org/article/detail/2017/03/id/2629169.shtml，由史伟丽编辑整理提供。

案例解析

1. 本案应如何处理?

不动产的相邻方应当按照有利于物业使用、安全、方便、合理的原则,正确处理相邻关系。给相邻方造成妨碍的,应当停止侵害、排除妨碍。行为人擅自占用业主共有部分、改变其使用功能,权利人请求排除妨碍、恢复原状,应予支持。本案中四层屋顶及五层走道均系业主共有部分,被告擅自将五层走道改作厨房占为己用,应移走走道上的厨房设备及放置的所有物品,恢复走道原状;被告擅自在四层屋顶搭建阳光房,客观上影响原告的居住安全,应予拆除。

2. 本案应适用哪种法律制度来分析?

本案中涉及的法律关系较为复杂,原、被告既是同一栋建筑物区分所有的区分所有人,又系上下楼邻居关系,可以适用建筑物区分所有权制度来解决他们之间的纠纷,也可以运用相邻关系来化解他们之间产生的矛盾冲突。建筑物区分所有权制度和相邻关系两项制度存在性质、主体、客体、内容及其所解决的问题等多方面的区别,本案中涉及争议的平台和走道都属于区分建筑物的共有部分,被告作为建筑物区分所有人之一对争议的平台及走道同样享有权利。四层楼顶平台以及五层共用走道,无论是构造上,还是使用上均不具有独立性,不属于专有部分,应属于全体共有权人必须共同使用的共有部分。因此,适用建筑物区分所有权制度,原告的权利才能得到最大限度的救济。

本案的法律依据请扫描二维码查看

(责任编辑:王英)

案例 27

在他人土地上擅自建房*

【警情简介】

刘某的国有土地使用权证,由某县人民政府颁发,载明的土地用途是商业、住宅的使用权。陈某未经刘某许可,陆续在刘某所属的土地上搭建简易房屋长期居住。后来,陈某拆除了部分在案涉土地上搭建的简易房,开始修建砖房,并与其子赵某在房屋内居住至今。最近,刘某要求陈某、赵某拆除其修建的砖房,遭到拒绝。刘某还与陈某、赵某二人发生肢体冲突,随即报警,要求处理。

■ 案例解析

根据《民法典》第 344 条的规定,建设用地使用权人依法对国家所有的土地享有占有、使用和收益的权利,有权利用该土地建造建筑物、构筑物及其附属设施。本案中,刘某享有国有土地使用权。但是,陈某、赵某既不是该建设用地的使用权人,也未经权利人的准

---

* 本案例来自杨立新主编:《〈中华人民共和国民法典〉条文精释与实案全析》,中国人民大学出版社 2020 年版,由丁芳编辑整理提供。

许,却长期占用他人的建设用地建房子使用,其行为侵犯了刘某的建设用地使用权。

本案的法律依据请扫描二维码查看

(责任编辑:王英)

案例 28

城里人能买农村房吗？*

【警情简介】

北京市通州区潮白河畔的宋庄镇小堡村一带因画家聚居在此而得名画家村。这里聚集了海内外 1500 余名艺术家,拥有很多农民房改建的艺术家工作室、商店,以及造型各异的美术馆、画廊等,成为中国最大的、国内外知名的画家聚居地,并于 2006 年被规划为北京市十大文化创意产业集聚区之一。而目前定居的 1500 余名艺术家中,有 200 多人买了农民房。由于近年来北京房价上涨迅猛,农民马某很后悔 2002 年签订的《买卖房协议书》,根据该协议以 45,000 元的价格将房屋及院落卖给了画家李某,故要求确认《买卖房协议书》无效。画家村农民讨房诉讼案件至今已经发生了 10 多起,起诉基本都是依据"城里居民不得买卖农村集体经济组织成员住房"的政策,农民要求确认双方房屋买卖协议无效。

---

* 本案例来自《北京宋庄画家村农宅交易案终审宣判 宅基地流转困境未破》,载百度文库 2022 年 4 月 17 日,https://wenku.baidu.com/view/3977611df211f18583d049649b6648d7c1c708a9.html?_wkts_=1731286135222&bdQuery,由丁芳编辑整理提供。

案例解析

1. 什么是小产权房，城里人可以购买小产权房吗？

小产权房是指在农村集体土地上建设的房屋，没有缴纳土地出让金等费用，其产权证不是由国家房管部门颁发，而是由乡政府或村委会颁发，或根本就没有产权证，亦称"乡产权房"。严格意义上说，"小产权房"并不是法律概念，这只是人们在社会实践中形成的一种约定俗成的称谓。该类房没有国家发放的土地使用证和预售许可证，仅凭买卖双方之间的购房合同在房管部门那里是不会给予备案的。《民法典》中将在农村集体土地上享有的建设房屋的权利称为宅基地使用权，是指农村居民对集体所有的土地占有和使用，自主利用该土地建造住房及其附属设施，以供居住的用益物权。宅基地使用权人依法享有对集体所有的土地占有和使用的权利，有权依法利用该土地建造住房及其附属设施。宅基地使用权是我国特有的一种用益物权。宅基地使用权与农村集体经济组织成员的资格和福利不可分离。我国的农村宅基地是与农村集体经济组织成员的成员权联系在一起的，从而使农村宅基地具有一定的福利性质。这种福利体现为农民可以无偿取得宅基地以获取最基本的生活条件，而集体经济组织以外的人员则不能享有这种权利。故基于法律对宅基地使用权的规定，"城里人"是不可以购买"小产权房"的。

2. 购买小产权房的合同具有法律效力吗？

对于宅基地使用权的取得、行使和转让，《民法典》并无具体的规定，而是规定准用土地管理的法律和国家有关规定。我国为保障农民建设住宅的基本需求，维护社会稳定，目前对宅基地使用仍采取严格限制政策。依照我国现行土地管理法规，宅基地使用权为农村集体经济组织成员所特有,与享有者特定的身份相联系,非本集体经济组织成员无权取得或变相取得。依据"地随房走"原则,本案中,马某与李某所签的《买卖房协议书》的买卖标的物,不仅是房屋,还包含相应的宅基地使用权,且诉争院落的集体土地建设用地使用证至今未由原土地登记机关依法变更登记至李某名下。李某不是宋庄镇小堡村村民,不具备在该区域内购房的权利,因此,根据"城市居民不得买卖农村集体经济组织成员的住房"规定,该合同无效。

本案的法律依据请扫描二维码查看

(责任编辑:王英)

案例 29

如何通过设立居住权保障老年人的居住需求？*

【警情简介】

对老李来说,儿子能干、儿媳孝顺,孙子也考上了大学,前途光明。原本一家人生活平淡安稳,夫妻俩可以携手老去,尽享天伦之乐。但变故突然来临,老李的儿子李某在为所属村社安装天井玻璃时不慎坠落地面,当场死亡。老李夫妇白发人送黑发人,痛苦难当。李某的妻子杨某和儿子小李骤失家庭支柱,亦是痛苦万分。李某去世,留有一套房产、两辆汽车,村社给予赔偿款145万元。两位老人要求享有儿子遗留房屋的居住权,因此与儿媳妇、孙子产生激烈冲突,报警请求派出所出面调解。

---

* 本案例来自《遗产分不清,爷爷奶奶告了孙子求"居住权"》,载澎湃新闻2020年9月24日,https://www.thepaper.cn/newsDetail_forward_9323546,由丁芳编辑整理提供。

案例解析

1. 可否设立居住权解决该纠纷?

居住权,是指居住权人对他人所有住宅的全部或者部分及其附属设施,享有占有、使用的权利。该权利不得继承和转让。居住权是居住权人在他人所有的住宅上设立的物权,是一种用益物权,居住权人对他人所有的住宅的全部或者部分及其附属设施享有占有、使用的权利,以满足生活居住的需要。应特别注意的是,当事人之间基于抚养、扶养、赡养、租赁、借用、继承等关系而居住他人住宅的,不属于居住权范畴。

本案中,老李夫妇老年丧子,担忧晚年生活没有保障,可以设立居住权安其心。经派出所调解,双方当事人一致同意李某名下的房产由小李继承,但约定由两位老人居住至去世,两辆汽车(价值约8万元)由李某的妻子继承,双方还对赔偿款进行了分割。

2. 生活中哪些情形可以约定居住权?

生活中,住房的所有权人还可以在如下情况下为其他符合条件的非所有权人设定居住权:一是独居老人,其可以通过与子女签订设立居住权的合同,约定将房屋过户给子女,之后仍能够在其有生之年享有对房屋的居住权,同时,应办理居住权登记,以对抗第三人。二是离婚时,可以约定房产归一方所有,在其付清折价补偿款之前,另一方对房屋享有居住权。三是悉心照料老人的保姆,老人可在立遗嘱时,在遗嘱中明确在该房屋上为其设立居住权及其期间。

本案的法律依据请扫描二维码查看

(责任编辑:王英)

案例 30

幼儿园的地役权*

> 【警情简介】
>
> 启翔幼儿园的股东与贝贝幼儿园的股东协商,启翔幼儿园以320万元受让取得贝贝幼儿园的所有权、使用权以及地役权。在转让过程中,为了确保师生及校车进出通畅,贝贝幼儿园股东高某与李某达成协议,并签订了《地役权合同》,该合同约定,贝贝幼儿园支付人民币8.4万元,取得从贝贝幼儿园门前至李某屋前长26米、宽6米的院坝作为进出的通道。随后,贝贝幼儿园经该县教委批准并入启翔幼儿园,启翔幼儿园支付给了李某人民币8.4万元的使用费。2020年4月,李某利用新冠疫情期间、学校未开学之际,私自在原贝贝幼儿园大门前修建了约4平方米的水泥砖棚,严重影响了师生及校车进出,给其行使地役权造成了妨碍,双方发生冲突,报警请求处理。

案例解析

1. 本案纠纷属于地役权纠纷还是相邻权纠纷?

地役权,是指在他人的不动产之上设立的供自己的不动产便利

---

* 本案例由王英编辑整理提供。

使用,以提高自己的不动产效益的他物权。地役权的设立,必须以增加需役地的利用价值和提高其效益为前提。此种"效益"既包括生活上得到的便利,也包括经营上获得的效益。通常通过约定有偿或无偿获得使用权,性质上属于用益物权。而相邻权不是一个独立的物权,是不动产所有权人或者占有人因相邻而依照法律的规定取得的,是相邻关系的一方有权对相邻的另一方提出提供便利的最低要求。性质上仍属于所有权,属于法定权利,可以无偿获得。本案的通行权系双方通过合同约定有偿使用取得的权利,故本案纠纷属于地役权纠纷。

2. 本案的《地役权合同》有什么效力?

本案系当事人双方因地役权引发的排除妨碍纠纷。贝贝幼儿园股东与李某之间签订《地役权合同》,约定由幼儿园支付人民币8.4万元的使用费后取得李某的院坝(长26米、宽6米)作为幼儿园进出通道的使用权,同时还约定了幼儿园转让或转租时该项协议一并生效。虽然该幼儿园权利主体有变更,但其原有的权利义务由变更后的法人享有和承担,且幼儿园也如数交付了使用费,因此,李某应允许幼儿园使用院坝,即行使地役权。李某在幼儿园校门前通道上修建的水泥砖棚,给幼儿园师生及校车的通行造成了妨碍,并存在安全隐患,应当予以拆除。

本案的法律依据请扫描二维码查看

(责任编辑:王英)

案例 31

能开走债务人的汽车吗？*

【警情简介】

许某与巢某某于1987年4月7日登记结婚,2006年9月两人购买了一辆别克汽车,2021年9月11日两人登记离婚。2021年7月12日,巢某某向朱某借款2万元,约定以该别克汽车作为抵押物。巢某某将诉争车辆钥匙、行驶证、产权证及其身份证复印件、结婚证复印件交给朱某。2021年8月16日,朱某前往许某居住地找寻巢某某未果后,留下便条就将别克汽车开走了。许某认为朱某应立即返还别克汽车,朱某则抗辩称,其系该汽车的质权人,在巢某某未偿还欠款时有权占有该汽车。二人对此发生争执,向派出所报警。

■ **案例解析**

1. 怎样设立动产质权？

质权,是指债务人或第三人将特定的财产交由债权人占有,或

---

* 本案例来自杨立新主编:《〈中华人民共和国民法典〉条文精释与实案全析》,中国人民大学出版社2020年版,由丁芳编辑整理提供。

者以财产权利为标的,作为债权的担保,在债务人不履行债务或者发生当事人约定的实现质权的情形时,债权人有权以该财产折价或以拍卖、变卖所得价款优先受偿。根据标的的不同,质权分为动产质权与权利质权。动产质权自出质人将质物交付于质权人时设立,质权人是否切实占有质物是动产质权设立的关键。在本案中,标的物为汽车,出质人仅将汽车钥匙交付于质权人,汽车钥匙只是汽车的从物,汽车本身仍在出质人的管理控制之下,故而质权人并未切实占有汽车,涉案质权未设立。

2. 本案应该如何处理?

本案的起因是 2021 年 7 月 12 日巢某某向朱某借款 2 万元,约定以该别克汽车作为抵押物。巢某某将诉争车辆钥匙、行驶证、产权证及其身份证复印件、结婚证复印件交给朱某,但未交付作为担保的汽车,可见,该担保方式不属于质押。因原约定为抵押,标的为别克汽车(动产),则自抵押合同生效时抵押权设定。虽然未办理抵押登记,但本案不涉及第三人,故对约定的双方都有约束力。因抵押人巢某某不履行主债务,所以,抵押权人朱某有权要求以巢某某的汽车作价、变价的价款优先受偿。

本案的法律依据请扫描二维码查看

(责任编辑:王英)

案例 32

债权转让,抵押权还存在吗?*

【警情简介】

原债权人东郊工行与借款人小鸭股份公司先后签订了4份流动资金借款合同和5份抵押合同,均办理了抵押登记手续。同年,中国重型汽车集团有限公司(以下简称重汽集团)并购重组小鸭股份公司,东郊工行出具确认函并签订了5份协议,确认其债权随同小鸭股份公司被购回资产转至新组建的小鸭电器有限公司。次年,东郊工行转让给长城公司其对债务人小鸭股份公司所欠东郊工行的贷款本息的债权。长城公司和东郊工行公告了债权转让和催收。后债务未如约偿还,长城公司起诉,主张应由小鸭电器有限公司承担偿还债务责任,确认其对抵押物享有优先受偿权。

■ **案例解析**

1. 抵押权是什么?本案中如何实现抵押权?

抵押权,是指债权人对于债务人或者第三人不转移占有而为债

---

* 本案例来自杨立新主编:《〈中华人民共和国民法典〉条文精释与实案全析》,中国人民大学出版社2020年版,由丁芳编辑整理提供。

权提供担保的抵押财产,于债务人不履行到期债务或者发生当事人约定的实现抵押权的情形时,依法享有的就该物作价、变价优先受偿的担保物权。在抵押权法律关系中,提供担保财产的债务人或者第三人为抵押人;享有抵押权的债权人为抵押权人;抵押人提供的担保财产为抵押财产,也叫作抵押物。抵押权是最重要的担保类型,被赋予最高的担保地位。其价值功能,就在于被担保债权的优先受偿性。

本案中,依据《民法典》第67条的规定,法人合并的,其权利和义务由合并后的法人享有和承担。小鸭股份公司被重汽集团并购重组,故小鸭股份公司对东郊工行的债务已转由小鸭电器有限公司法定承担。小鸭股份公司是本案抵押担保物权设定时的抵押人,但因法定承担,抵押担保法律关系中的抵押人现应为小鸭电器有限公司。根据《民法典》规定,在债务人不履行到期债务或者发生当事人约定的实现抵押权的情形时,债权人有权就该财产优先受偿。故长城公司对相应抵押物折价或拍卖、变卖后的价款在小鸭电器有限公司不能清偿相关债务范围内享有优先受偿权。

2. 债权转让,抵押权也转让吗?是否受未移转登记的影响?

抵押权作为债的担保具有从属性,在主债权发生转移时,担保该债权的抵押权随同主债权的转移而转移给新债权人。在本案中,长城公司作为债权的受让人,因受让债权而成为新的抵押权人,债务人、抵押人是并购重组后的小鸭电器有限公司。虽在债权转让中,东郊工行未就其对小鸭电器有限公司的抵押权向长城公司办理抵押移转登记,但根据《民法典》第547条第2款"受让人取得从权利不因该从权利未办理移转登记手续或者未转移占有而受到影响"的规定,长城公司享有抵押权不受影响。

本案的法律依据请扫描二维码查看

(责任编辑:王英)

案例 33

扣留债务人的汽车合法吗?[*]

【警情简介】

2020年12月,白某与刘某结识,约定利用刘某经营的某安防有限公司的人力资源,为白某公司销售智能锁。为安置员工及支付前期费用,白某前后转款60,000元。2021年2月12日,刘某以某安防有限公司名义向白某出具了收到预付款60,000元的收条。后因其二人未能就合作达成一致,白某多次向刘某索要预支的款项,未果。2021年4月7日,白某在某市地下停车场,将刘某驾驶的车牌号为鄂B×××××的面包车拦住并强行进入车辆将车辆开走,刘某向"110"报警。

■ **案例解析**

为追债扣留债务人的车辆属于合法行使留置权吗?

留置权是法律规定的,债权人依债权占有属于债务人的动产,在债务人未按照约定的期限履行债务时,债权人有权依法留置该财产,以该财产折价或者以拍卖、变卖的价款优先受偿的法定担保物

---

[*] 本案例由丁芳编辑整理提供。

权。留置权适用的积极条件:(1)须债权人合法占有债务人的动产;(2)债权人占有的债务人的动产与债权属于同一法律关系;(3)须债权已届清偿期且债务人未履行债务。消极条件(只要具备其中之一,即发生否定留置权的效果):(1)须当事人事先无不得留置的约定;(2)须留置债务人的财产不违反公共秩序或善良风俗;(3)须留置财产与债权人所承担的义务不相抵触;(4)须留置财产与对方交付财产时所为的指示不相抵触;(5)须对动产的占有非因侵权行为而取得。

本案中,债权人白某未基于运输、承揽、保管等合同关系合法占有刘某的汽车,留置的汽车与其所享债权不属于同一法律关系;同时,本案中白某与刘某所经营的某安防有限公司之间因合作产生债权债务,而涉案标的物不属于合作产生的债权债务关系的标的物,不存在牵连关系,故白某不能对该汽车主张行使留置权,其为索债而扣留债务人的车不合法。

本案的法律依据请扫描二维码查看

(责任编辑:王英)

案例 34

并存的质押权和留置权*

> **【警情简介】**
>
> 2020年2月1日,浩冉公司以4万吨精煤作为借款质物,向工商银行借款1400万元,借款用途为购煤。质物4万吨精煤交由中外运物流公司监管,监管费由浩冉公司负担。之后,浩冉公司既未归还工商银行的借款本息,也未支付中外运物流公司监管费,现工商银行与中外运物流公司同时就4万吨精煤主张实现债权,双方工作人员发生冲突,报警要求处理。

■ 案例解析

1. 同一物上设立质押权和留置权哪个应优先实现?

《民法典》第456条规定,同一动产上已经设立抵押权或者质权,该动产又被留置的,留置权人优先受偿。可见,留置权优先于抵押权与质权。法律之所以规定留置权优先于抵押权、质权,其理由在于:一方面,留置权人为标的物提供了材料或劳务,并使标的物的

---

* 本案例来自杨立新主编:《〈中华人民共和国民法典〉条文精释与实案全析》,中国人民大学出版社2020年版,由丁芳编辑整理提供。

价值得以增加,为保证留置权人投入的材料及劳务价值能收回,应当承认留置权优先;另一方面,如果赋予抵押权或质权优先于留置权的效力,将导致承揽人、承运人、保管人、仓储人等处于不利地位,他们会因为害怕自己投入的材料及劳务得不到补偿,而拒绝提供加工、承揽等服务,这最终会损害社会的经济秩序。本案中,涉案标的物上同时存在贷款人的质权和监管人就监管费用产生的留置权,此时,留置权优先于质权受偿,即优先实现物流公司的留置权。

2. 同一财产上既设立抵押权又设立质权的哪个权利应优先实现?

同一财产上既设立抵押权又设立质权的,拍卖、变卖该财产所得的价款按照登记、交付的时间先后确定清偿顺序。这是《民法典》的一项新规定,明确了抵押权与质权竞存时的清偿顺序,即以权利公示的时间先后来决定清偿顺序。

本案的法律依据请扫描二维码查看

(责任编辑:王英)

案例 35

未过户的住房也受法律保护*

> **【案情简介】**
>
> 王某与张某为同村村民。2021年3月,王某购买张某名下的坐落于该村的59.27平方米砖瓦结构房屋,房产所有权证为村房字第××号,并签订了《卖房契约》,约定四至为:东至张某房山墙,西至同村刘某(以张某建筑物为两家分界线),南至道路,北至同村王某才(张某原墙并有协议书为证)。《卖房契约》签订后,买卖双方各自履行了交付义务,王某也居住在该房屋,但王某尚未办理房屋过户手续。2021年4月末,王某将该房屋的外墙加盖了保温层,花费1600元。2021年8月,同村王某某将王某加盖的东山墙保温层拆掉。王某要求王某某将房屋东山墙加盖的保温层参照没损失部分的厚度、材料恢复原状,恢复的费用由王某某承担,王某某拒不接受。经多次调解无果。

■ 案例解析

1. 未办理过户的房产受法律保护吗?

《民法典》第462条第1款规定:"占有的不动产或者动产被侵

---

* 本案例由史伟丽编辑整理提供。

占的,占有人有权请求返还原物;对妨害占有的行为,占有人有权请求排除妨害或者消除危险;因侵占或者妨害造成损害的,占有人有权依法请求损害赔偿。"本案中,王某在张某处购买房屋,虽未办理房屋过户手续,但双方已实际履行了交付义务,且王某已实际居住,王某对该房屋享有占有保护权。王某在房屋外墙加盖保温层,其行为不违反相关法律规定。王某某将王某房屋加盖的保温层拆除,侵犯了王某的合法权益,依法应当承担相应民事责任。王某要求王某某对房屋的东墙保温层参照没损坏部分保温层的材料及厚度恢复原状,符合相关法律规定,应予以支持。

2. 未取得房产所有权的购房人对房屋的占有效力有哪些?

《民法典》承认占有这个法律事实。占有是基于占有的意思而对于物的事实上的控制和支配状态。占有,既包括所有权人对自己之物的占有,也包括非所有权人的占有。在现代民法中,占有是独立于所有权和其他物权的一项制度,其主要作用是维护物的存在秩序,防止其他人通过私力加以破坏。一般来说,占有具有权利推定、善意取得、占有物的使用收益、占有人对返还原物请求人的权利义务、占有人的物上请求权五个方面的法律效力。

本案的法律依据请扫描二维码查看

(责任编辑:王英)

案例 36

质押物何时可变现?[*]

【警情简介】

2020年7月3日,马某与林某某签订质押借款合同,约定马某将150幅《三国人物故事》玉屏风质押给林某某,并向其借款人民币950万元整,之后林某某依约发放借款,马某也将玉屏交付给了林某某。2021年7月,林某某告知马某,其未能按期偿还借款已构成违约,若马某不进行协商解决,林某某将单方处置质押物。之后,林某某自行变卖该质押物,共得价款150万元。马某报警,认为林某某私自变卖质押物,侵害他的合法权益。

■ **案例解析**

根据《民法典》第436条的规定,在债权已届清偿期而未受偿或者发生当事人约定的实现质权的情形时,质权人有权以质押财产的价值优先实现其债权。根据该条规定,动产质权的实现方法有三

---

[*] 本案例来自杨立新主编:《〈中华人民共和国民法典〉条文精释与实案全析》,中国人民大学出版社2020年版,由丁芳编辑整理提供。

种:(1)以质押财产折价,即质权人与出质人协议,由质权人出价购买质押财产,取得质押财产的所有权,以代替债务的履行。(2)拍卖质押财产,即质权人与出质人协议拍卖质押财产,或在协议不成时,质权人依法拍卖质押财产。(3)变卖质押财产,质权人应先与出质人达成变卖协议,协议不成时,质权人可依法变卖质押财产。这三种质权实现的方式并无使用顺序,质权人可视具体情况进行选择。本案中,质权人既然无法与出质人就质权的实现达成协议,有权依法自行变卖质物以实现质权。

本案的法律依据请扫描二维码查看

(责任编辑:王英)

案例 37

能拿欠债人的关系人的财产抵债吗?*

【警情简介】

杨某将自建房屋工程发包给王某。随后,王某将该工程中的基础砌砖、墙体砌砖等劳务分包给侯某,承包方式为包清工。侯某入场施工时,携带自己的 300 型号液压上料搅拌机 1 台、液化气灶 1 个、液化气罐 1 个、不锈钢电热水桶 1 个、水桶 5 个和餐具 1 套等设备及物品。在施工中,杨某的儿子联系侯某,称不再让王某施工,因王某欠其款项,也不同意侯某带走搅拌机。而侯某则表示,搅拌机是自己的,不是王某的,不同意留下。各方争执不下,报警要求处理。经查,杨某曾向王某支付工程款 40,000 元,后来王某向杨某妻子出具欠条,承诺退还超付的工程款 15,000 元。

■■ 案例解析

1. 有欠款,就能留置债务人的关系人财产吗?

根据留置权的相关规定,债权人可以留置的标的物应是债权人

---

* 本案例由史伟丽收集整理提供。

在留置事由成立前已经合法占有的债务人财产。也就是债权人占有债务人财产在先,而债务人欠债不偿还事实发生在其后。如果债权人直接从第三人处扣留第三人所有的财产迫使债务人还债,留置权是不能成立的。本案中,杨某将自建房屋工程发包给王某,王某将工程中部分劳务分包给侯某,侯某携带搅拌机等设备入场施工,杨某儿子以王某应返还超付工程款为由扣留该搅拌机,但该搅拌机既非王某所有,亦非杨某合法占有的王某财产。因此,该搅拌机不能成为杨某行使留置权的标的物,杨某不能就该搅拌机主张留置权。杨某与王某的债权债务关系,可另行主张权利。

2. 对无权占有他人动产的行为人,应该如何处理?

权利人可以请求无权占有人返还原物。对拒不返还的,可诉至人民法院,请求审理执行。对涉案财产价值较大的,有可能构成侵占罪。

本案的法律依据请扫描二维码查看

(责任编辑:王英)

案例 38

卖货抵运费行吗？*

【警情简介】

李某某在郑州智慧农产品配送中心经营水果批发。2021年11月26日,李某某通过物流平台雇用刘某某驾驶鲁R5××××号货车运输其所采购的橘子308件,约定运费为1900元。2021年11月27日下午,刘某某将橘子运抵李某某的摊位。2021年11月28日,李某某批发销售一天未全部售出,李某某剩余的橘子未卸车,也未向刘某某支付运费。2021年11月28日23时左右,刘某某与李某某因剩余的橘子压车费用协商未果,刘某某将鲁R5××××号货车驶离销售摊位,将车上剩余的120件橘子拉走。刘某某到达巨野县大谢集镇后告知李某某橘子所在地,要求李某某付清运费、压车费拉走橘子,李某某未与刘某某协商处理,刘某某进行了销售。双方发生冲突,报警请求处理。

---

* 本案例来自山东省巨野县人民法院(2022)鲁1724民初909号民事判决书,由丁芳收集整理提供。

案例解析

1. 刘某某是否有权行使留置权将橘子拉走?

李某某与刘某某通过物流平台达成运输橘子的协议,双方形成运输合同关系,刘某某将橘子运至李某某指定的地点后,运输义务已履行完毕,李某某应当当即向刘某某支付运费1900元。刘某某与李某某因剩余橘子压车费用发生争执,刘某某将剩余的橘子拉走。根据《民法典》第836条"托运人或者收货人不支付运费、保管费或者其他费用的,承运人对相应的运输货物享有留置权,但是当事人另有约定的除外"之规定,李某某不予支付运费,刘某某有权就合法占有的橘子行使留置权。

2. 刘某某能否将所有变卖橘子的价款占为己有?

《民法典》第450条规定:"留置财产为可分物的,留置财产的价值应当相当于债务的金额。"第453条规定:"留置权人与债务人应当约定留置财产后的债务履行期限;没有约定或者约定不明确的,留置权人应当给债务人六十日以上履行债务的期限,但是鲜活易腐等不易保管的动产除外。债务人逾期未履行的,留置权人可以与债务人协议以留置财产折价,也可以就拍卖、变卖留置财产所得的价款优先受偿。留置财产折价或者变卖的,应当参照市场价格。"本案橘子属于鲜活易腐产品,刘某某在行使留置权3天后将橘子进行了变卖,共销售5200元,扣除李某某应当向刘某某支付的1900元运费,刘某某应当将剩余的3300元橘子款返还给李某某。

本案的法律依据请扫描二维码查看

(责任编辑:王英)

案例 39

占有的车辆被扣留*

【警情简介】

陈某某借用潘某某的轿车并出具借条,至今未还。后陈某某失联,潘某某无法取回。2 年后,潘某某偶然得知陈某某因欠单某某债务,已将上述车辆私下抵押给单某某,被单某某扣押。潘某某要求单某某返还车辆被拒绝,遂报警处理,要求单某某与陈某某共同承担返还车辆的责任,若不能返还,则连带赔偿其车辆折价款人民币 12 万元。

案例解析

1. 什么是占有?

占有,是指对于物具有事实上的管领力的一种状态。在占有中,对物为管领的人是占有人,是占有法律关系的主体;被管领的物,为占有物,是占有法律关系的客体。占有在法律上的功能是:(1)保护功能;(2)公示功能;(3)持续功能。

---

* 本案例来自杨立新主编:《〈中华人民共和国民法典〉条文精释与实案全析》,中国人民大学出版社 2020 年版,由丁芳编辑整理提供。

2. 占有的不动产或者动产毁损、灭失时,可请求赔偿的范围包括?

占有的不动产或者动产毁损、灭失的,无论是不可抗力,还是被遗失或者盗窃,其责任规则为:若该不动产或者动产即占有物的权利人请求赔偿,则占有人应当将因毁损、灭失取得的保险金、赔偿金或者补偿金等代位物如数返还给权利人,不区分善意占有人、恶意占有人,均负有此责任;若占有物因毁损、灭失取得的保险金、赔偿金或者补偿金全部返还给权利人,权利人的损害未得到足够弥补的,恶意占有人应当承担赔偿损失的责任,善意占有人不负此责任。上述潘某某与陈某某为无偿借用关系,车辆自购置之日至警情出现期间的折旧应由原告自行承担,在车辆不能返还情形下陈某某、单某某的赔偿责任应仅限于车辆扣除折旧后的现值损失。按通常使用情况下折旧对车辆价值的影响,潘某某主张的损失赔偿款人民币12万元,并未明显高于正常使用情形下案涉车辆的现有价值,故其请求应予以支持。

本案的法律依据请扫描二维码查看

(责任编辑:丁芳)

案例 40

家中被盗能拒缴物业费吗?[*]

【警情简介】

刘某系高新区某小区一楼业主,2020年该房屋被人撬开窗户入室盗窃,失窃价值5万余元财物,因小区监控覆盖率不高,加大了侦破难度,案件一直在努力侦办中。事件发生后,刘某以物业公司安保措施不到位、监控覆盖率过低、造成其巨额财产损失且难以破案追损为由,未再缴纳此后2年的物业费,物业公司将刘某诉至法院,要求其支付物业费12,000元及违约金800元。法院审理后,以两者系两种不同的法律关系为由,未采纳刘某的意见,判决刘某支付物业费8000元,对物业公司主张的违约金未支持。

■ 案例解析

1. 物业服务企业的安全管理义务是什么?

物业公司对小区的安全管理义务包含两个层次的内容:其一,

---

[*] 本案例来自大庆高新法院《转作风·提能力·优环境│高新法院公布物业服务合同纠纷十起典型案例》案例6,载澎湃政务 2022年8月1日,https://m.thepaper.cn/baijiahao_19271482,由王英编辑整理提供。

安全防范义务,即执行门卫值班制度、保安巡逻制度、检查进出小区的车辆及维护停放顺序。其二,辅助型处理义务,即及时制止妨害小区公共安全秩序的行为,并向有关行政管理部门报告。第三人侵权行为发生时,如业主的财产被盗或人身在小区遭受损失,如果物业公司未完成上述义务,应在相应范围内承担法律责任。实践中,小区发生偷盗事件后,物业公司应向有关行政部门报告,提供小区监控录像、安保巡检记录等,协助有关行政部门处理偷盗事件。如果物业公司能提供证据证明其已经尽到上述义务,业主则不能以小区发生偷盗事件为由拒付物业费。本案中,刘某仅抗辩因小区监控覆盖率不高,物业公司安全保障措施不到位有过错。这要具体看物业合同的规定,在物业服务企业接管小区时,如果小区规划有监控设备或者已经存在监控设备,且物业合同中对此做了描述,那么物业公司只要及时维护使用好摄像头就可以了。如果原来没有监控设备,业主可以要求物业公司进行加装,但费用需要业主来承担,同时,以后的维护成本也要增加到管理费当中,即物业费可能会上涨。故本案中,小区监控设备不到位需要增加的问题,若物业合同没有特别规定,则不属于物业公司的义务。

2. 业主家中被盗导致财产损失如何救济?

物业服务的内容主要针对共用部位的维修养护管理,而案涉房屋被盗涉及刑事责任追究、退赔或财产损害民事赔偿责任问题,与物业服务合同纠纷的责任承担主体、责任性质等存在明显区别,不属于同一法律关系,应依照有关规定通过刑事程序追返赃或其他民事程序对财产损害的索赔途径进行救济,不宜作为抗辩拒交物业服务费用的理由。物业公司起诉主张物业费是基于物业合同关系,而业主作为民事财产权利受侵害一方,一旦主张物业公司民事赔偿,财产损害结果如与物业服务企业的管理存在侵权法上的因果关系,则是依《民法典》之侵权责任编的规定判定各方责任,故两者属于不同的法律关系。本案中,刘某应提起反诉或另行起诉主张物业公司赔偿损失。

本案的法律依据请扫描二维码查看

(责任编辑:王英)

案例 41

空置住房要交物业费吗？*

【警情简介】

在县城工作的老李，购买了位于省会城市的一套新房子，因各种原因一直没有装修，也没有居住，多年空置。物业公司多次打电话催老李交物业费，老李都以未居住过该处房子、不需要物业服务为由，拒不缴纳。近来，物业公司每日多次不分时段地给老李发信息、打电话。老李觉得不胜其烦，以物业公司骚扰其个人生活为由报警，请求派出所处理。

案例解析

1. 业主能否以未居住房屋为由拒交物业费？

房子建好了，开发商也交房了，业主却因为各种原因未居住。这种情况下就产生了一个问题，物业费要不要交？一般情况下，交房时，物业公司会与业主签订《物业服务合同》，当年的物业费等费用会在交房时一次性收取。但是，对于收房后数年未装修、未居住的房子，可否不交物业费？这个问题并不是个别业主的问题，而是

---

* 本案例由史伟丽收集整理提供。

很多人都存有的疑问。实际上,《民法典》第944条对此做了明确规定,物业公司如果已经按照约定在该房屋所在小区提供了服务,业主就不能以未居住该房屋、未享受物业服务为由拒付物业费。

2. 物业公司向业主频繁发信息、打电话追讨物业费,是否构成侵权?

物业服务合同是证明物业公司与业主之间关系的法律文书,是物业服务人在物业服务区域内,为业主提供建筑物及其附属设施的维修养护、环境卫生和相关秩序的管理维护等物业服务,业主支付物业费的合同。物业服务人即物业公司只要提供了约定的服务,业主就应该支付物业费。业主拒交物业费的,物业公司有权催告其在合理期间内支付。

任何权利,都应该以合理的方式行使,不得滥用,不得侵犯他人的合法权益。物业公司向欠费业主发信息或打电话催要是行使权利的表现。但是,如果物业公司不分时段频繁向业主发信息、打电话,进而影响其个人生活安宁的,则有可能侵犯业主的隐私权。

本案的法律依据请扫描二维码查看

(责任编辑:王英)

第一编
总 则

第二编
物 权

第三编
合 同
167—244

第四编
人格权

第五编
婚姻家庭

第六编
继 承

第七编
侵权责任

民 法 典
CIVIL CODE

案例 1

被取消的网络订单*

【警情简介】

某旅游产品网站开展"住一晚赠一晚"的促销活动,消费者张先生在规定的时间通过手机 App 抢到该网站上的北京某酒店买一赠一的产品,张先生随即付款,手机显示订购成功。张先生和家人随后一起去北京旅游,到达该酒店向前台登记出示手机订单,但前台告之此订单已经取消。时值旅游旺季,各酒店价格普遍上涨,张先生坚持要求该酒店提供已在网络下单订购的房间,遭到拒绝。张先生与酒店工作人员发生争执,引起围观,酒店因此报警。

案例解析

1. 网络订单如何判断是否成立?

本案中,卖家通过网络发布"住一晚赠一晚"的促销信息视为要约邀请,张先生抢到该房券并付款为要约,卖家在网上确认该订单付款成功则为承诺,双方订立的电子合同即成立。

---

* 本案例由李素敏编辑整理提供。

2. 酒店是否应该履行张先生的网络订单?

依法成立的合同受法律保护,任何一方不得擅自变更或解除。张先生与网站的卖家依法达成了买卖合同,卖家应当按照约定履行自己的义务,不得擅自变更或者解除合同。合同成立并生效后,卖家擅自取消订单则构成违约,张先生可以要求卖家承担继续履行、采取补救措施或者赔偿损失等违约责任。

本案的法律依据请扫描二维码查看

(责任编辑:王慧)

案例 2

欠条丢了,怎么办?*

【警情简介】

某派出所接到市民刘某电话称,张某经常从自己经营的小超市中购入食品、饮品,年底结算时对账发现,张某尚欠刘某 1500 元。张某写了一张欠条,答应一周后支付。一周后,张某在支付欠款前要求刘某归还欠条,刘某却怎么也找不到欠条了。张某据此不愿支付欠款。刘某扭住张某不放,并报警。

案例解析

本案中,张某经常在刘某经营的超市买东西,双方形成的是买卖合同关系,双方的意思表示真实合法,在不违反法律、法规强制性规定下,该合同为有效合同。因此,张某在取得食品、饮品后,应当支付相应的款项,该支付义务不以交还欠条为前提。所以,即使刘某无法找到欠条,张某仍应当履行支付义务。当然,在日常生活中

---

* 本案例来自《欠条丢了怎么向对方要钱》,载百度经验 2020 年 6 月 6 日, https://jingyan.baidu.com/article/ad310e8083bab45948f49e49.html,由李素敏编辑整理提供。

还是应当妥善保管好经济往来的凭证。

本案的法律依据请扫描二维码查看

（责任编辑：王慧）

案例3

美容院搬太远能申请退费吗？*

【警情简介】

吴女士在自家小区附近的美容院进行皮肤护理，感觉效果不错，就办理了一张VIP会员卡，卡里储值1万余元。吴女士陆续消费了2000元后，再次去美容院，发现店铺已经关门停业，门口张贴着店铺搬迁的通知。吴女士辗转找到新店，新店距离自己的住处十几公里，吴女士觉得再去新店进行皮肤护理十分麻烦，希望商家退还会员卡里的余额，但商家予以拒绝。吴女士以受骗为由，向派出所报警。

案例解析

本案中，因吴女士办理了会员储值卡并预先储值，美容院为其提供皮肤护理服务。所以，吴女士与美容院形成了服务合同关系，美容院应当在合同履行期间按照约定全面履行自己的义务。根据《民法典》的规定，双方在履行合同时都应当按照合同的约定，如变

---

* 本案例来自《美发店"搬家"，想退费？不可能》，载百家号"扬子晚报"2023年2月7日，https：//baijiahao.baidu.com/s？id＝1757179083691401523&wfr＝spider&for＝pc，由李素敏编辑整理提供。

更合同履行价格、地址等重要内容需双方协商一致。现美容院擅自变更营业地址,无法按照原约定向吴女士提供服务,属于合同重大变更,在双方无法达成一致的情况下,美容院构成违约,吴女士可以要求解除合同并退还会员卡里的剩余费用。

本案的法律依据请扫描二维码查看

(责任编辑:王慧)

案例 4

劳务费被拖欠怎么办？*

【警情简介】

2021年5月，党某经案外人刘某介绍，到雷某所承包的工程工地修补瓷砖。同年6月22日，经双方结算，雷某尚欠党某4300元，并向党某出具欠条一份，其上载明："欠条/今欠党某补瓷砖款肆仟叁佰元整/(￥4300元)/欠款人：雷某/2021年6月22日。"此后，经党某多次催要，雷某仍未给付。党某到当地派出所咨询劳务费拖欠等问题，值班民警接待了党某。

■ 案例解析

本案中，党某和雷某之间是否存在合同关系呢？根据《民法典》第469条第1款的规定，当事人订立合同，可以采用书面形式、口头形式或者其他形式。本案中，根据欠条可以证明雷某和党某之间存在事实上的劳务合同关系，且雷某拖欠劳务费成为该纠纷中的债务人。

---

* 本案例来自陕西省澄城县人民法院(2023)陕0525民初1264号民事判决书，由刘桂丽、马吉宽编辑整理提供。

《民法典》第 465 条第 1 款规定,依法成立的合同,受法律保护。第 509 条第 1、2 款规定,当事人应当按照约定全面履行自己的义务。当事人应当遵循诚信原则,根据合同的性质、目的和交易习惯履行通知、协助、保密等义务。本案中,合同关系已经成立并受法律保护,雷某应当按照事前约定好的款项支付党某的劳务费。

本案的法律依据请扫描二维码查看

(责任编辑:王慧)

案例 5

口头约定算数吗?[*]

【警情简介】

赵某因工作需要,想在公司附近购买房屋。在买房过程中认识房屋中介马某,马某告诉赵某,如果通过马某买房并且全款付清后可以一次性返给赵某 2 万元。于是,赵某通过马某介绍与某房主达成房屋买卖协议,并一次性付清房款 45 万元。赵某要求马某按之前说定的条件返佣金 2 万元,但马某认为,当时是口头约定又没有签订任何合同,所以不需支付 2 万元。

■ 案例解析

本案中,马某向赵某口头承诺,经马某购买房屋且一次性付清房款可返佣金,赵某同意。可见,双方自愿以口头形式订立了"买房返佣"合同。虽然双方没有签订书面合同,但依据《民法典》的规定,口头形式在法律上也是合同订立的一种方式。从合同履行情况看,

---

[*] 本案例来自《签过"居间"后 Q 房网中介口头承诺的减免佣金食言,买家毁约还要付中介费?》,载周到上海 2018 年 4 月 27 日,https://www.shxwcb.com/163863.html,由李素敏编辑整理提供。

赵某已按照约定购买房屋且一次性支付房款。因此,马某也应当按照双方的约定返还 2 万元给赵某。

需要注意的是,口头形式的合同需要当事人证明其口头约定是真实存在的。因此,为了避免纠纷,在大额交易时应当签订书面合同,确保各方的合法权益。

本案的法律依据请扫描二维码查看

（责任编辑:王慧）

案例 6

违反预约合同的后果[*]

【警情简介】

某地鹿鸣山出产一种名贵中草药材,甲制药厂联系此地的鹿鸣山村委会,商量由村委会组织村民栽培种植此种中草药材,并称如果栽培种植成功,甲制药厂将会联手村委会建造大规模种植基地,并保证全部收购所种药材,为此该村委会与甲制药厂签订了意向认购书。此后,村委会联系有关技术人员组织村民进行栽培试验种植,经过多次试验,搞清此种中草药材的生长周期及土质气候等条件后,试种终于获得成功,可以大规模种植。但村委会联系甲制药厂时,却被甲制药厂以资金紧张无力建设种植基地为由拒绝,引起村民极大的愤慨。为此,村委会干部及村民多人聚集甲制药厂,要求其依据意向认购书订立合同并赔偿村民损失。甲制药厂报警,要求派出所处理。

---

[*] 本案例来自张迪圣、张素:《身边的民法典》,法律出版社 2020 年版,由王慧编辑整理提供。

案例解析

预约合同具有法律效力吗?

预约合同的基本含义是当事人就将来一定期限内订立合同达成的合意,而将来应当订立的合同称为本约合同。预约合同的标的为将来一定期限内订立本约合同,当事人就此项标的达成合意,预约合同即成立。是否要另行订立合同,是预约合同与本约合同最显著的区别;预约合同的目的在于订立本约合同,订立本约合同是预约合同得到履行的结果。能够体现预约合同本质内涵的认购书、订购书、预订书等为预约合同的常见表现形式。依法成立的预约合同,对当事人具有法律约束力。当事人一方不履行预约合同约定的订立合同义务的,对方可以请求其承担预约合同的违约责任,即赔偿村民损失。

本案的法律依据请扫描二维码查看

(责任编辑:王慧)

案例 7

免责的格式条款有效吗?*

【警情简介】

甲保健器材公司生产的红外线治疗仪在市场上销量一直供不应求,在与众多客户签订合同时都用自己公司预先拟定的格式条款予以订立。乙贸易公司也在此格式条款合同上签字,购买甲公司某种型号治疗仪 100 台。乙公司提货后予以销售,其中有 5 台治疗仪被消费者反映有质量问题,要求乙公司退货并赔偿损失。乙公司针对产品质量问题给予消费者退货赔偿处理,随后向甲公司提出办理退货并赔偿损失的请求。甲公司不予办理,理由是双方在前述共同签订的格式条款合同中有明确规定:出卖方在供货后不再承担任何责任。乙公司提出退货是在甲公司供货后,故甲公司不应当承担退货责任。双方发生争议。

案例解析

格式条款是当事人一方为了重复使用而预先拟定,并在订立合

---

* 本案例来自杜万华主编:《合同法精解与案例评析》,法律出版社 1999 年版,由王慧编辑整理提供。

同时未与对方协商的条款。应用格式条款签订合同时,因为双方法律地位不完全平等,所以法律对提供格式条款的一方当事人给予如下限制:(1)须遵循公平原则确定当事人之间的权利义务;(2)有提请对方注意的义务;(3)有给予对方说明的义务。所以,如果提供格式条款一方不合理地免除其责任、加重对方责任、限制对方主要权利或者排除对方主要权利的,该条款无效。

本案中,甲公司在事先拟定的格式条款中规定"出卖方在供货后不再承担任何责任"的条款无效。因为该条款实际上剥夺了乙公司在甲公司不按合同约定履行义务时的索赔权,同时也单方面免除了甲公司自己的产品质量责任。乙公司可以主张该条款无效。

本案的法律依据请扫描二维码查看

(责任编辑:王慧)

> 案例 8

电子合同有法律效力吗?*

【警情简介】

宁夏 A 公司与杭州 B 公司达成电子设备产品买卖合同意向,双方通过 B 公司的电商平台签订了产品购销合同。双方在履行合同过程中,A 公司未足额支付货款,B 公司遂以合同订单为依据,要求 A 公司支付货款。但 A 公司认为合同落款处的电子印章并非自己公司刻制的印章,合同不成立。无奈 B 公司向法院起诉,主张 A 公司支付货款并承担违约金。同时,B 公司以 A 公司诈骗为由向公安机关报警。

■ 案例解析

1. 电子印章具有盖章的法律效果吗?

本案 A、B 公司之间通过电商平台购销商品,属于典型的电子商务合同。B 公司在电商平台发布商品信息,A 公司选择该商品并成功提交订单,合同即为成立。B 公司按照订单内容通过物流发货,且 A 公司已签收,B 公司已履行了合同义务。但是,A 公司仅以合同落

---

* 本案例由吕学军编辑整理提供。

款处的电子印章并非自己公司刻制的印章为由而不足额支付货款。电子商务当事人使用自动信息系统订立或者履行合同的行为对使用该系统的当事人具有法律效力。本案中的电子印章也叫作"电子签名",属于识别签名人身份并表明签名人认可其中内容的电子数据,按照法律规定,可靠的电子签名与手写签名或者盖章具有同等的法律效力。因此,电子印章与纸质合同的盖章具有一样的法律效力,A公司拒不支付余款的理由不成立。

2. 不支付余款构成诈骗罪吗?

合同诈骗,是指以非法占有为目的,在签订、履行合同过程中,通过虚构事实、隐瞒真相、设定陷阱等手段骗取对方当事人数额较大财产的行为。A公司在收取货物后,已支付了部分货款,仅以合同落款处的电子印章并非自己公司刻制的印章为由而没有足额支付货款,系认识上的错误,不影响合同的效力,且无虚构事实、隐瞒真相、设定陷阱等行为来非法占有B公司货物的目的,不构成诈骗罪。

本案的法律依据请扫描二维码查看

(责任编辑:王慧)

案例 9

悬赏人"不赏"怎么办？*

【警情简介】

李女士花高价买了一只宠物狗，经常在傍晚带这只狗在小区附近散步。一天，因为狗绳没有拴牢，李女士的宠物狗走失。李女士迅速在小区附近张贴寻物启事，表示愿意以3000元作为报酬，支付给找到宠物狗的好心人。放学的路上，小雨发现一只小狗一直跟着她，就带回了家。小雨父母经过多方打听后，和小雨一起把狗还给了李女士。几天后，小雨父母在小区听说李女士曾经发布有酬寻物启事之事，便联系李女士，希望李女士兑现报酬。李女士以寻物启事过期为由拒绝支付，双方发生争执。物业劝解无果，随即报警。

案例解析

李女士公开张贴有报酬的寻物启事，是一种发布"悬赏广告"的行为。悬赏广告是对不特定人的要约，必须与完成指定行为相结合，其契约才能成立。完成广告行为的人享有报酬请求权，悬赏人

---

* 本案例由李素敏编辑整理提供。

负有按照悬赏广告的约定支付报酬的义务。本案中，小雨以及她的父母虽然当时不知道该寻物启事，但捡到宠物狗后积极寻找狗的主人并主动将狗还给李女士，作为完成"悬赏广告"中特定行为的行为人，其有权要求李女士支付3000元报酬。而李女士以公开方式向公众表明其愿意支付3000元给找到宠物狗的人，在领取遗失物时应按照承诺履行支付义务。因此，李女士以寻物启事过期为由拒绝小雨父母的支付请求没有法律依据，小雨及其父母有权获得3000元报酬。

本案的法律依据请扫描二维码查看

（责任编辑：王慧）

案例 10

悬赏公告可以要求兑现吗?*

【警情简介】

某省公安机关发布悬赏广告:"某省公安机关正在侦办一起重大经济类系列案件,主要犯罪嫌疑人吴某在逃(吴某……),请社会各界踊跃提供线索,积极配合公安机关,发现线索积极通报公安机关,对于缉捕有功的单位及个人,将根据本省公安厅发布的《关于公开奖励群众举报违法犯罪通告》的要求给予人民币 5 万元奖励。"刘某看到通告后向公安机关邮寄举报材料,证明该犯罪嫌疑人吴某构成犯罪。其后,刘某一直未收到公安机关奖励,欲以此提起民事诉讼,请求公安机关支付报酬。

■ 案例解析

悬赏广告是特定的悬赏人,以广而告之的形式要求不特定的对象完成某一行为,不特定行为人按照悬赏人的要求实施某一行为后,即取得向悬赏人请求支付报酬的权利。悬赏广告的法律性质,

---

* 本案例来自中国审判理论研究会民事审判理论专业委员会编著:《民法典合同编条文理解与司法适用》,法律出版社 2020 年版,由王慧编辑整理提供。

根据《民法典》的规定为要约,完成特定行为的人其行为即是承诺,双方形成合同关系。

本案中,某省公安厅发布的《关于公开奖励群众举报违法犯罪通告》的要求举报人获得奖励的前提必须是:(1)提供违法犯罪事实、线索或证据,对案件破获或处置起到实际作用的;(2)提供的证据或线索事先未被公安机关掌握的;(3)举报违法犯罪被查证属实的。上述条件的达成需要公安机关行使公权力为前提,即需要公安机关侦查核实;核实后是否支付奖金,则属于悬赏广告要约承诺成立的合同关系所调整的范围。刘某所主张的诉讼请求,实际上需要公安机关行使侦查权为前提,该事实和理由并非《民事诉讼法》规定的作为起诉条件的"事实和理由",不属于人民法院受理民事诉讼的范围。《民法典》第499条规定:"悬赏人以公开方式声明对完成特定行为的人支付报酬的,完成该行为的人可以请求其支付。"因此,可以依法认定公安机关的悬赏广告为要约,完成要约中声明行为即构成承诺,刘某即可请求公安机关支付报酬。

本案的法律依据请扫描二维码查看

(责任编辑:王慧)

案例 11

买卖违章二手车的损失如何承担?[*]

> **【警情简介】**
>
> 黄某在二手车市场从徐某处购得一辆二手车,黄某在办理车辆过户手续时才得知该车有大量违章需要处理,黄某要求徐某处理。但徐某认为,车已经给黄某了与自己无关,让黄某自行处理。双方争执不下,引发警情。

■ 案例解析

《民法典》第 7 条规定,民事主体从事民事活动,应当遵循诚信原则,秉持诚实,恪守承诺。诚信作为我国社会主义核心价值观的重要内容,也是民法典确定的民事活动的基本原则,所有民事主体在行使民事权利、履行民事义务、承担民事责任时,都应该秉持这一原则。

本案中,徐某明知自己出售的车辆有大量违章的情况,却隐瞒事实,将车辆卖给黄某,致使黄某无法办理车辆过户手续,无法使用此车。徐某的做法属于订立合同过程中背离民法典的诚信原则,给

---

[*] 本案例由李素敏编辑整理提供。

对方造成损失,应当承担缔约过失责任。同时依据《民法典》的规定,在订立合同过程中,任何一方隐瞒事实,造成对方权益损害的,都要依法承担赔偿责任。本案中,应当由徐某承担缔约过失责任,赔偿由此给黄某带来的损失。

本案的法律依据请扫描二维码查看

(责任编辑:王慧)

案例 12

是缔约过失还是违约？*

【警情简介】

甲公司准备从外地购买一批冷冻牛羊肉以供应市场。由于该公司冷冻仓库容量有限，便与乙厂协商租用乙厂冷冻仓库并签订租赁合同，交付部分租金。在甲公司从外地提运已购的50吨冷冻肉准备送往乙厂冷冻仓库储存时，发现此处仓库已被丙厂在先租用。原来因乙厂管理混乱，该冷冻仓库被租用的情况未及时告知有关领导，使该仓库又被重复租赁给甲公司。现在丙公司正租用，致使甲公司的冷冻肉不能入库，遍寻其他冷冻仓库未果的情况下，甲公司只好大幅度降价将冷冻肉卖给个体商贩，损失巨大。为此，甲公司要求乙厂赔偿全部损失，而乙厂只同意退还租金，为此双方发生争议和冲突，引发警情。

案例解析

乙厂承担缔约过失责任还是违约责任？

缔约过失责任，是指缔约当事人因故意或过失，违背诚实信用

---

* 本案例来自杜万华主编：《合同法精解与案例评析》，法律出版社1999年版，由王慧编辑整理提供。

原则,给对方当事人的利益造成损失所应当承担的责任。缔约过失责任与违约责任的区别在于:首先,缔约过失责任以违反诚实信用原则为前提,违约责任是以合同债务成立为前提。其次,缔约过失责任是以在订立合同过程中出现过错为成立条件,其结果是合同没有成立或者缔结的合同无效或者成立的合同被撤销等;违约责任是在合同成立并有效的情况下,债务人不履行合同或履行合同不符合约定,适用"严格责任原则"。再次,缔约过失责任是法定之债,违约责任是约定之债。最后,缔约过失责任中权利人所能请求赔偿的是信赖利益损失,违约责任中权利人请求赔偿的是履行利益损失。

本案中,乙厂在本厂冷冻仓库已经出租给丙厂的情况下,已经丧失再与甲公司签订出租冷冻仓库的缔约能力,但该厂又与甲公司签订出租同一冷冻仓库的合同,对此乙厂属于违反诚实信用原则的过失行为,造成甲公司可信赖利益的损失,应当承担缔约过失责任,赔偿甲公司的全部直接损失。

本案的法律依据请扫描二维码查看

(责任编辑:王慧)

案例 13

过高的违约金受法律保护吗？[*]

【警情简介】

> 张先生和王先生签订房屋租赁合同,合同约定:"租期一年租金 5 万元,合同签订 10 日内付清,如不能及时付清款项,按每日千分之五加收违约金。"合同签订后,张先生尚欠王先生租金 30,000 元一直未付。王先生认为张先生共违约 300 天,应付违约金 45,000 元。张先生对王先生所述的事实及所欠款数额没有异议,对合同约定的违约责任亦没有异议,但认为双方约定的违约金过高,希望减少违约金。双方协商不成,发生纠纷。

■ **案例解析**

本案中双方签订的合同属合法有效合同,对双方均具有法律约束力。王先生按合同约定将房屋交与张先生使用,张先生却未按合同约定支付房租,属于违约行为,应承担违约责任。但违约责任的基本性质为补偿性,其本质是对因违约而遭受损失的当事人以补偿。因此,在本案中如果任由王先生收取 45,000 元高额违约金而不

---

[*] 本案例由王慧编辑整理提供。

加干预,就等于是鼓励当事人通过不正当的方式获取暴利。因此,应当根据实际情况减少违约金。

本案的法律依据请扫描二维码查看

(责任编辑:王慧)

案例 14

亏损的订单可以解除吗?*

【警情简介】

某公司与当地玩具厂签订购买一批玩具的合同,但由于新冠疫情期间实施的相关措施,某一原料价格突然暴涨,如果玩具厂继续生产将导致严重亏损。玩具厂与该公司协商解除合同,遭到拒绝。玩具厂职工抵制该订单继续生产,围堵玩具厂大门,引发警情。

案例解析

本案中玩具厂在履行合同的过程中,发生了新冠疫情这一不可预料的情形,导致原材料价格暴涨,玩具厂如果继续履行合同会显失公平,玩具厂可以请求变更合同的内容或者解除合同。这里适用的是民法典中的情势变更条款,但是需要注意的是,情势变更的适用是非常严格的。首先,情势变更出现在合同履行完毕之前;其次,此情势变更是当事人无法预测的情形;再次,如果继续履行合同会

---

* 本案例由王慧编辑整理提供。

导致当事人一方显失公平;最后,是否为情势变更要由人民法院认定。

本案的法律依据请扫描二维码查看

（责任编辑:王慧）

案例 15

欠债者能出赠财产吗？*

【警情简介】

苏某从于某处借款500万元，借款期限到期后苏某未能清偿全部借款本息，经诉讼调解达成民事调解书，履行期限是民事调解书生效后1个月内清偿全部欠款本息。由于苏某未能在法定期限内履行还款义务，于某申请强制执行。执行过程中于某发现苏某与妻子叶某将其近期实际出资购买的位于该市某小区第一幢3单元的两套房屋赠与了第三人苏小某（为苏某、叶某之子）。于某认为苏某在借款未能清偿的情况下，花费近百万元购置房产赠与他人，显然侵犯了于某的合法权益，并且有理由相信其恶意串通。于某为此向法院提起诉讼，请求撤销苏某、叶某对第三人的房屋赠与。

案例解析

《民法典》设置了保护债权人的权利——撤销权。债权人的撤

---

* 本案例来自杜万华主编：《合同法精解与案例评析》（上），法律出版社1999年版，由王慧编辑整理。

销权,是指债权人对于债务人不当减少财产以致危害债权的行为,请求法院予以撤销的权利。债权人行使撤销权是通过撤销债务人积极减少财产的不当行为来达到债权保全的目的。债务人实施的可能损害债权人债权的行为可以分为有偿行为和无偿行为,两种行为对债权的损害程度有所不同,法律对两种情形下债权人撤销权成立的条件作出了不同的规定。债务人实施无偿行为的情形下,债权人行使撤销权应当满足的条件是:(1)债权人的债权在损害行为发生前成立;(2)债务人实施了无偿处分财产的行为;(3)债务人行为损害债权的实现并且主观出于恶意。

  本案中,苏某在偿还债务期间,未能积极履行还款义务,并无偿将其所有的房屋赠与其子即本案第三人苏小某,其行为属于无偿赠与行为,对债权人造成损害,该赠与行为属于《民法典》规定的可撤销民事行为,于某可以依法请求人民法院予以撤销。

本案的法律依据请扫描二维码查看

(责任编辑:王慧)

案例 16

小饭桌换老板,能退费吗?*

【警情简介】

张某小区附近新开了一个小饭桌,为中午无法接送孩子的家长提供接送及午饭服务。开办小饭桌的王某邀请张某及其他家长参观体验,张某对小饭桌的服务比较满意,便在这家新开的小饭桌一次性交纳了一学期的托管费。张某的孩子去小饭桌一个月后告诉张某,现在的小饭桌无论是管理人员还是上课的老师全部与之前的人员不同。张某经多方了解之后,发现王某已经将小饭桌转让给他人。张某对现在的小饭桌的卫生状况及服务均不满意,要求王某退还未消费的托管费。王某认为,张某之子一直正常在小饭桌接受服务,所以,不予退款。双方争执之下,引发警情。

■ **案例解析**

本案中张某向王某交纳了一学期的托管费,双方形成接送服务

---

* 本案例来自齐鲁网:《维权在行动 | 济南一小饭桌突然更换管理方,家长多次要求退费无果》,载闪电新闻 2021 年 3 月 14 日,https://sdxw.iqilu.com/share/YS0yMS03NTk4MTcw.html,由李素敏编辑整理提供。

合同关系,王某有义务对张某提供约定服务,王某在未全部履行此义务之时就将店铺连同托管费一起转让给他人的行为,这是债务转移行为。

依据《民法典》的规定。债务转移应当经债权人同意,未经债权人同意的对债权人不发生法律效力。本案中王某转让店铺没有经过张某同意,所以王某的转让行为对张某不发生效力,也就是说,张某有权要求王某退还未消费的托管费。对于王某来说,如果的确存在客观原因需要转让店铺,应当提前告知交纳托管费的消费者,消费者可以选择接受新的商家服务或者退款。

本案的法律依据请扫描二维码查看

(责任编辑:王慧)

案例 17

教练辞职,课程费能退吗?*

【警情简介】

李女士经常在小区附近的健身中心健身,在健身过程中认识了健身中心的瑜伽教练张某,张某一对一指导李女士之后,李女士决定购买张某私教课程,随后李女士与该健身中心的张某签订私人健身私教服务协议,李女士以 8000 元购买私人教练张某 30 课时的私教服务。刚开始李女士去健身房都由张某一对一进行瑜伽私教服务,但进行了 10 课时后,李女士在健身房再无法找到张某,健身中心答复张某已经辞职可以安排其他教练,但李女士要求健身房退还剩余课时的私教费用。双方在健身房发生激烈争吵,引发警情。

案例解析

李女士与该健身中心的张某签订的瑜伽私教服务协议是以张

---

* 本案例来自《更换私教教练 学员起诉健身房退费获支持》,载西安新闻网 2023 年 3 月 15 日,https://www.xiancn.com/content/2023-03/15/content_6700279.htm,由李素敏编辑整理提供。

某提供个人服务为合同标的,是一个以张某提供教学服务为主的合同。该合同的成立以李女士对张某教学、服务的认可为前提。在张某已经辞职的情形下,显然李女士期待张某继续提供瑜伽教学服务的目的不能实现。因此,李女士可以依据《民法典》的规定以服务协议无法继续履行为由提出解除该合同。作为健身中心,虽然安排给李女士更换其他教练,但私教课程的前提是学习者对教学者的认可。所以,在李女士作为消费者对健身中心提出更换教练的建议不接受,双方无法达成一致意见的情形下,健身中心不得强行安排其他教练完成剩余的课时。因为,李女士与健身中心是平等的民事主体,任何一方不得将自己的意志强加于另一方。现双方无法就更换教练达成一致,李女士可以要求解除此私教服务协议,健身中心应当退还剩余课时的私教费用。

本案的法律依据请扫描二维码查看

(责任编辑:王慧)

第三编 合 同

案例 18

承租车被收回怎么办?*

【警情简介】

2023年3月2日,王某、李某签订租车合同一份,约定王某向李某租赁沪A××××××荣威纯电汽车一辆,车辆押金10,000元,每月租金7500元。王某于2023年3月1日、2日向李某指定的付款码支付了14,500元(其中押金10,000元、租金4500元)。2023年3月10日,李某以车辆检修为由,要求王某将车辆驶至李某处,之后李某未将上述车辆交还给王某。王某向李某办理退车申请,李某同意退还王某12,000元,但至今未退。王某遂报警。

■ 案例解析

根据《民法典》第465条第1款的规定,依法成立的合同,受法律保护。本案中,王某和李某之间签订了租车合同,二者存在合同关系,应当按照合同规定履行义务。

---

* 本案例来自上海市金山区人民法院(2023)沪0116民初11822号民事判决书,由刘桂丽、马吉宽编辑整理提供。

根据《民法典》第 577 条的规定,当事人一方不履行合同义务或者履行合同义务不符合约定的,应当承担继续履行、采取补救措施或者赔偿损失等违约责任。本案中,李某以车辆检修为由,要求王某将车辆驶至李某处,之后李某未将上述车辆交还给王某。李某的行为违背了合同约定,应当承担违约责任。若双方协商不成,王某可以向人民法院起诉。

本案的法律依据请扫描二维码查看

(责任编辑:王慧)

案例 19

挂名人应清偿车贷吗？*

【警情简介】

郑某、吴某于 2020 年 9 月共同分期付款（某振汇融资担保有限公司提供担保）购买了一辆凯迪拉克 ATS 轿车。2021 年 1 月 5 日郑某、吴某离婚。因吴某征信不良，协商将车辆挂名在郑某名下。郑某、吴某签订了车辆挂名协议书，约定该车辆购买款、月供、保险费等所有涉及车辆的支出和费用均由吴某承担，与郑某无关。吴某于 2021 年 6 月 5 日书面承诺："陕 A×××××× 车辆一个月内完成过户，不抵押及干一切违法事，如有违背自愿承担一切法律责任。"该车辆遂过户登记在郑某名下，吴某为实际使用人。由于吴某的失信，未及时清偿购车款，2022 年 7 月 12 日郑某作为车主被某振汇融资担保有限公司起诉，郑某为此支付车辆拖欠款及利息 16,705.52 元、律师费 2800 元、诉讼费 150 元，合计 19,655.52 元。事后，郑某多次向吴某催要无果，遂到派出所谈合同的效力等问题。

案例解析

根据《民法典》第 509 条第 1、2 款的规定，当事人应当按照约定

---

* 本案例来自陕西省澄城县人民法院（2023）陕 0525 民初 988 号民事判决书，由刘桂丽、马吉宽编辑整理提供。

全面履行自己的义务。当事人应当遵循诚信原则,根据合同的性质、目的和交易习惯履行通知、协助、保密等义务。本案中,郑某、吴某签订了车辆挂名协议书,约定该车辆购买款、月供、保险费等所有涉及车辆的支出和费用均由吴某承担,与郑某无关。二者存在合同关系,应当按照合同约定履行义务。

根据《民法典》第 577 条的规定,当事人一方不履行合同义务或者履行合同义务不符合约定的,应当承担继续履行、采取补救措施或者赔偿损失等违约责任。本案中,由于吴某的失信没有及时清偿购车款,导致郑某被某振汇融资担保有限公司起诉。吴某应当承担继续履行合同的义务,并应当承担相应的违约责任。

本案的法律依据请扫描二维码查看

(责任编辑:王慧)

案例 20

公益性养老机构的保证有效吗?*

【警情简介】

2021年1月21日,周某向梁某借款30万元,双方签订了借款合同,约定:借款期限1个月,月利率为2%。周某的朋友关某是某公益性养老机构的负责人,关某利用职权以该养老机构的名义为周某的借款提供保证,与梁某签订了保证合同。2021年2月21日,借款到期,周某无力清偿借款本息,梁某请求关某所在的公益性养老机构承担保证责任,该养老机构以保证合同无效为由拒绝。已知:2021年1月1年期贷款市场报价利率为3.85%。

案例解析

根据最高人民法院《关于审理民间借贷案件适用法律若干问题的规定》,在民间借贷中,出借人请求借款人按照合同约定利率支付利息的,人民法院应予支持,但是双方约定的利率超过合同成立时1年期贷款市场报价利率(LPR)4倍的除外。在本案中,月利率2% =

---

* 本案例由王慧编辑整理提供。

年利率 24% > 3.85% ×4,超过 3.85% ×4 部分的利息不能得到人民法院支持,梁某的请求不能得到人民法院的全额支持。

养老机构有权拒绝承担保证责任。根据《民法典》的规定,除法定特殊情形外,以公益为目的的非营利性学校、幼儿园、医疗机构、养老机构等提供担保的,人民法院应当认定担保合同无效。

本案的法律依据请扫描二维码查看

(责任编辑:王慧)

案例 21

合同解除后定金和违约金怎样算？[*]

【警情简介】

2021年1月1日，王某向李某购买一套二手房，双方签订买卖合同约定：房屋总价款200万元；合同签订当日，王某须向李某交付定金40万元；合同签订后15天内，王某交付购房款30万元，剩余款项在2021年1月31日前付清，任何一方违约致使合同目的不能实现，须按合同总价款的20%向对方支付违约金。合同签订当日，王某将30万元作为定金交付给李某。2021年1月10日，王某向李某交付购房款30万元。2021年1月20日，李某告知王某，其3日前和陈某签订了该房屋的买卖合同，并已将房屋转移登记给陈某。因违约赔偿纠纷，王某前往派出所，请求处理事项如下：(1)解除与李某签订的房屋买卖合同；(2)李某返还30万元购房款及其利息；(3)李某双倍返还定金80万元；(4)李某支付违约金40万元。

---

[*] 本案例来自杜万华主编：《合同法精解与案例评析》，法律出版社1999年版，由王慧编辑整理提供。

▰▰▰ 案例解析

根据《民法典》第 563 条第 1 款第 4 项的规定,当事人一方有违约行为致使不能实现合同目的,对方当事人可以解除合同。在本案中,李某已经将房屋过户给陈某。王某购买该房屋、取得房屋产权的合同目的根本实现不了,可以要求与李某解除房屋买卖合同。但是,王某要求李某双倍返还定金的请求不能得到全额支持。根据《民法典》第 586 条第 2 款的规定,实际交付的定金数额多于或者少于约定数额的,视为变更约定的定金数额。在本案中,定金数额视作变更为 30 万元,王某只能要求双倍返还定金 60 万元。另外,根据《民法典》第 588 条第 1 款的规定,当事人既约定违约金,又约定定金的,一方违约时,对方可以选择适用违约金或者定金条款。故,王某不能同时要求双倍返还定金和支付违约金。

本案的法律依据请扫描二维码查看

(责任编辑:王慧)

案例22

第三人不履约怎么办?*

【警情简介】

甲公司拟购买一台大型生产设备,于2020年6月1日与乙公司签订了一份价值为80万元的生产设备买卖合同。合同约定:(1)设备直接由乙公司的特约生产服务商丙机械厂于9月1日交付给甲公司;(2)甲公司于6月10日向乙公司交付定金16万元;(3)甲公司于设备交付之日起10日内付清货款。9月1日,丙机械厂未向甲公司交付设备。甲公司催告丙机械厂,限其在9月20日之前交付设备,并将履约情况告知乙公司。至9月20日,丙机械厂仍未能交付设备。因生产任务紧急,甲公司于9月30日另行购买了功能相同的替代设备并于当天通知乙公司解除合同,要求乙公司双倍返还定金32万元,同时赔偿其他损失。乙公司以丙机械厂未能按期交付设备,致使合同不能履行,应由丙机械厂承担违约责任为由,拒绝了甲公司的要求。

---

* 本案例由王慧编辑整理提供。

案例解析

1. 甲公司能要求解除合同吗?

根据《民法典》第563条第1款第3项的规定,当事人一方迟延履行主要债务,经催告后在合理期限内仍未履行的,可以解除合同。本案中,丙机械厂未按期交付设备,经甲公司催告后,在合理期限内仍未交付,因此,甲公司可以解除合同。

根据《民法典》第523条的规定,当事人约定由第三人向债权人履行债务,第三人不履行债务或者履行债务不符合约定的,债务人应当向债权人承担违约责任。本案中,丙机械厂未向甲公司交付设备,应当由债务人(乙公司)向债权人(甲公司)承担违约责任。

2. 本案中的定金约定有效吗?

根据《民法典》第586条第2款的规定,定金的数额由当事人约定;但是,不得超过主合同标的额的20%,超过部分不产生定金的效力。在本案中,主合同标的额为80万元,约定的定金为16万元,未超过主合同标的额的20%,故定金约定有效。

本案的法律依据请扫描二维码查看

(责任编辑:王慧)

案例 23

不可抗力能免责吗？*

【警情简介】

2022年年初，甲公司陷入了3件合同纠纷：

(1) 1月初，甲公司从乙公司处订购一批办公用品，约定1月10日交货。1月10日乙公司未能按期交货，甲公司多次催告无果。3月初，乙公司通知甲公司准备收货，甲公司表示收货可以，但乙公司应当承担迟延交货的违约责任。乙公司以受新冠疫情影响为由主张免除迟延交货的违约责任。

(2) 2月25日，丁公司通知甲公司春节前订购的防疫用品因被政府征收无法供货，甲公司通知丁公司解除合同，但要求丁公司赔偿因迟延通知无法履行给甲公司造成的损失。

(3) 3月10日，丙公司通知甲公司解除2021年1月开始为期3年的房屋租约，称其受新冠疫情影响无法使用该房屋已1月有余，其房屋租赁合同的目的无法实现。

已知，新冠疫情对各方当事人履行合同存在实质影响的期间为2022年1月20日至2月28日。甲公司不知怎样解决，特到派出所咨询。

---

* 本案例由王慧编辑整理提供。

■ **案例解析**

根据《民法典》第 590 条的规定,当事人一方因不可抗力不能履行合同的,应当及时通知对方,以减轻可能给对方造成的损失,并应当在合理期限内提供证明。当事人迟延履行后发生不可抗力的,不能免除违约责任。根据《民法典》第 563 条第 1 款第 1 项的规定,因不可抗力致使不能实现合同目的,当事人可以解除合同。首先,甲公司有权通知丁公司解释合同并要求丁公司赔偿迟延通知造成的损失。其次,乙公司不能免除迟延交货的违约责任。最后,本案租赁合同期限 3 年,而受新冠疫情影响的期间仅月余,无迹象表明丙公司租赁合同目的无法实现,丙公司无权通知甲公司解除租赁合同。

本案的法律依据请扫描二维码查看

(责任编辑:王慧)

案例 24

行政罚款是违约损失吗?*

【警情简介】

甲超市向乙批发部购进总价款1500元的"玫瑰牌大头菜",共5箱用于销售,该批大头菜系乙批发部向丙食品厂购进。A市B区市场监督管理局(以下简称市场监督局)对甲超市销售的商品进行抽样检查。经检测,所抽检的"玫瑰牌大头菜"所含的食品添加剂苯甲酸项目不符合有关标准,属于不合格食品。市场监督局将检测报告送达甲超市,甲超市未在规定期限内申请复检。为此,市场监督局依法作出行政处罚决定书,对甲超市没收违法所得110元和罚款50,500元的处罚。甲超市收到处罚决定书后,将罚没款50,610元缴纳至国家财政指定银行账户。甲超市被处罚后,其经营者李某与乙批发部进行交涉,要求赔偿因行政处罚受到的损失,乙批发部不同意,双方发生冲突报警。

案例解析

在通过买卖合同确定的经济活动中,如果出卖方的货物不合格

---

* 本案例来自杨永清主编:《买卖合同案件裁判要点与观点》,法律出版社2016年版,由王慧编辑整理提供。

给买受人造成损失的,出卖人应当承担质量不合格的违约责任。本案中,买受人甲超市的损失并非产生于其商事活动,而是由行政机关的执法行为所致。甲超市进货时未注意查验该批次产品的合格证明文件,即进行销售,未履行其作为销售者应当履行的进货查验义务。行政处罚是针对甲超市的违法销售行为所作,并且受处分的主体亦是甲超市。故甲超市受到的行政处罚是因其自身的违法行为而应当承担的行政责任,不能通过合同违约责任予以弥补。乙批发部应承担对甲超市出售货物质量不合格的违约责任,赔偿甲超市货款损失 1500 元及其利息,对甲超市其他损失不予赔偿。

本案的法律依据请扫描二维码查看

（责任编辑:王慧）

案例 25

房主不签买卖合同怎么办?*

【警情简介】

某日某派出所接到这样的求助电话:王先生通过中介好不容易找到一个各方面自己都满意的房子并且与房主签订了定金协议,协议约定由王先生先行支付 2 万元的定金,之后 15 日内双方签订正式的买卖合同。按照约定支付定金后,王先生和中介一起前往约定地点等待房主签订房屋买卖合同,房主多次找理由拒绝。现在王先生和中介均无法和房主取得联系。

案例解析

王先生作为购房者,首先应当要明确自己签订的合同性质。王先生和房主签订了定金协议,并且向房主支付了 2 万元定金。依据《民法典》第 586 条第 1 款的规定,定金合同自实际交付定金时成立。所以王先生和房主签订的定金合同已经成立。因为王先生与房主没有签订房屋买卖合同,所以不能要求房主履行相应的交房义

---

* 本案例由李素敏编辑整理提供。

务。王先生与房主签订了定金合同,且已经交付了定金,由此可以要求房主双倍返还定金。如果只是签了定金协议还没有实际支付定金,定金协议是还没有成立的,这种情况下,不能要求对方双倍返还定金,但如果房主存在恶意磋商,可以要求他赔偿相应损失。

本案的法律依据请扫描二维码查看

(责任编辑:王慧)

案例 26

卖出去的电脑能要回来吗?*

【警情简介】

小李想把自己的电脑卖了,再买一台新电脑。小张想要小李的电脑,于是,两人商议以 8000 元的价格成交。但小张无法一次性付清 8000 元,就和小李达成分期付款购买电脑的协议,协议约定小张分 4 期,每期支付 2000 元每月 1 日支付,直至付清。可小张支付 2 个月共 4000 元后,就一直不再支付余款。小李找小张协商,但小张既不愿意支付剩余价款,也不愿意退还电脑。小李很生气,与小张发生严重争执,引起警情。

■ 案例解析

本案中,小李与小张签订分 4 次付款购买电脑的协议,属于"分期付款买卖合同"。分期付款的买卖合同是出卖人转移标的物的所有权与买受人,买受人在一定期限内分多次支付价款的合同。小李已将电脑交付小张,完成了该财产及其所有权的转移义务。但是,小张在支付了总价款的 1/2 后,一直未交付余款。按照《民法典》第

---
* 本案例由王慧编辑整理提供。

634 条第 1 款的规定,分期付款的买受人未支付到期价款的数额达到全部价款的 1/5,经催告后在合理期限内仍未支付到期价款的,出卖人可以请求买受人支付全部价款或者解除合同。本案中,小张逾期付款已达合同总价的 1/2,小李可以先催告其继续履行。如果小张仍拒不支付,小李可以提出解除合同,要求其退还电脑,并可以从已支付的价款中扣除电脑使用费。

本案的法律依据请扫描二维码查看

(责任编辑:王慧)

第三编 合同

案例 27

债务人与担保人都不想担责怎么办？[*]

> 【警情简介】
>
> 甲实业公司向乙茶叶销售公司采购某种品牌茉莉花茶1000千克，总货款800万元。双方约定甲公司先提货销售，以后采取一个月回款一次的付款方式支付货款给乙公司。乙公司要求甲公司提供担保，甲公司以丙公司做担保，并由丙公司向乙公司出具保证书。甲公司提货后只给乙公司回款两次40万元，以后再无回款。乙公司多次催款，甲公司以茶叶不好销售为由拒绝回款。乙公司遂找到丙公司，要求丙公司承担保证责任，但丙公司认为保证合同中未约定担保方式，所以不承担保证责任。三方因此发生冲突，引起警情。

■ 案例解析

担保方式约定不明时，如何清偿债务？

保证的方式有两种，一般保证和连带责任保证。两者的区别在

---

[*] 本案例来自杨永清主编：《买卖合同案件裁判要点与观点》，法律出版社2016年版，由王慧编辑整理提供。

于约定的内容不同:债务人不能履行债务时,由保证人承担保证责任的,为一般保证;债务人不履行到期债务或者发生当事人约定的情形时,保证人和债务人对债务承担连带责任的,为连带责任保证。一般保证的保证人享有先诉抗辩权,连带责任保证的保证人和债务人不分先后均有清偿债务的义务。当事人在保证合同中对保证方式没有约定或者约定不明确的,按照一般保证承担保证责任。

  本案当事人虽然约定了由丙公司作为保证人,但未约定保证方式,因此,丙公司应承担一般保证责任。即乙公司应首先请求甲公司承担债务清偿责任,当甲公司经人民法院强制执行后,确无清偿能力的,可以请求丙公司承担清偿责任。需要说明的是,一般保证的债权人未在保证期间对债务人提起诉讼或者申请仲裁的,保证人不再承担保证责任。

本案的法律依据请扫描二维码查看

(责任编辑:王慧)

案例 28

保证人必须承担连带责任吗?*

【警情简介】

徐某向梁某借款 10 万元,因没有其他财产作抵押就找到他的朋友马某作为保证人为自己提供担保,马某在合同上签字确认。借款到期后,徐某没有按时还本付息。梁某要求徐某还钱,马某作为保证人承担连带责任。马某认为,虽然自己在此借款合同上签字但并未约定自己的保证责任是连带责任,因此他只承担一般保证责任,只有在徐某的财产强制执行后仍不能履行债务时,自己才承担责任。三方发生严重争执,引发警情。

案例解析

保证方式分为一般保证和连带责任保证两种。相对于连带责任保证而言,一般保证人享有先诉抗辩权。这里的先诉抗辩权指一般保证的保证人在主合同纠纷未经审判或者仲裁,并就债务人财产依法强制执行仍不能履行债务前,对债权人可以拒绝承担保证责任。《民法典》没有实施之前,按照《担保法》(已失效)第 19 条的规

---

* 本案例由王慧编辑整理提供。

— 223 —

定,当事人对保证方式没有约定或者约定不明的,按照连带责任承担保证责任。但《民法典》实施后,依据《民法典》第 686 条第 2 款的规定,当事人在保证合同中对保证方式没有约定或者约定不明确的,按照一般保证承担保证责任。本案中,马某作为担保人在借款合同中的保证方式约定不明。马某承担的是一般保证人责任,在徐某的财产没有完全清偿之前可以拒绝承担保证责任。

本案的法律依据请扫描二维码查看

(责任编辑:王慧)

案例 29

租赁物维修费由谁承担？*

【警情简介】

2021年1月10日,甲、乙口头约定,甲将一套生产设备出租给乙,租期3年,双方对租赁物的维修义务未作约定。1月20日,乙在正常使用该设备时,设备出现故障,无法工作,乙要求甲维修,甲拒绝。乙遂自行维修,花去维修费3万元。乙要求甲支付该笔维修费,未果。2月2日,甲电话通知乙该租赁合同为不定期租赁合同,按照法律规定可以随时解除,要求乙在15日内返还生产设备。乙拒绝返还。甲不承认双方口头约定租期3年,乙亦未提供证据证明该约定存在。

案例解析

根据《民法典》的规定,出租人应当履行租赁物的维修义务,但当事人另有约定或者因承租人的过错致使租赁物需要维修的除外。出租人未履行维修义务的,承租人可以自行维修,维修费用由出租人负担。本案中,甲、乙对租赁物的维修义务未作约定,生产设备的

---

* 本案例由王慧编辑整理提供。

维修义务应当由甲承担。甲拒绝维修,乙自行维修后有权要求甲支付维修费用。《民法典》第 707 条规定,租赁期限 6 个月以上的,合同应当采用书面形式。当事人未采用书面形式,无法确定租赁期限的,视为不定期租赁。本案中的租赁合同采用的是口头约定形式,故应属于不定期租赁合同。

本案的法律依据请扫描二维码查看

(责任编辑:王慧)

案例 30

承租房屋损毁谁担责？*

【警情简介】

某种子公司与李某签订房屋租赁合同，约定将种子公司坐落在该镇的和平种子仓库出租给李某使用，用途为仓储，租期一年。合同签订后种子公司按约将仓库交付李某使用。近日，和平种子仓库发生一场大火，仓库的屋顶、门、窗户等被烧毁。事故发生后，有关部门尚未对火灾事故的原因及责任作出认定。种子公司多次找李某协商，要求李某恢复被损毁部分的原状或赔偿损失，均遭拒绝，双方发生冲突，报警要求解决。

案例解析

承租人在租赁期间妥善保管租赁物，既是合同之约定，也是法定之义务。《民法典》第714条规定，承租人应当妥善保管租赁物，因保管不善造成租赁物毁损、灭失的，应当承担赔偿责任。《民法典》第729条规定，因不可归责于承租人的事由，致使租赁物部分或者全部毁损、灭失的，承租人可以请求减少租金或者不支付租金；因

---

* 本案例由吕学军编辑整理提供。

租赁物部分或者全部毁损、灭失,致使不能实现合同目的的,承租人可以解除合同。

  本案首先需要查清火灾的原因是否属于承租人的过错。如李某未能举证证明自己尽到妥善保管好租赁物之义务,则应承担不利的法律后果,即承担不能按照合同约定妥善保管好租赁物致租赁物毁损的赔偿责任。

本案的法律依据请扫描二维码查看

(责任编辑:王慧)

案例 31

不安抗辩权怎么行使?*

【警情简介】

甲轴承有限公司与乙钢材有限公司签订买卖合同,甲方向乙方购买钢材 10 吨,总价款 500 万元。合同约定:甲方在合同签订后一个月内预先支付货款 200 万元到乙方账户,乙方予以发货。在支付货款期限到期前,甲方得知乙方已被多家债权人起诉至法院,且银行账户也被冻结的消息,甲方遂要求乙方提供担保,乙方一直没有回应,甲方担心预先支付货款会导致损失,前往派出所进行咨询。

■ 案例解析

甲方作为具有先给付义务的一方当事人,在有证据证明对方缔约后财产状况明显恶化,极具无法给付对价的现实危险,又不能提供担保时,可以依据《民法典》的规定主张不安抗辩权,中止合同履行以保护自己的债权得以实现。

---

* 本案例来自中国审判理论研究会民事审判理论专业委员会编著:《民法典合同编条文理解与司法适用》,法律出版社 2020 年版,由王慧编辑整理提供。

不安抗辩权,是指双务合同成立后,应当先履行义务的一方当事人有确切证据证明对方有丧失或者可能丧失履行能力而不能履行义务时,在对方恢复履行能力或者提供担保之前,享有的暂时中止履行合同的能力。行使不安抗辩权应当具备以下条件:(1)合同确立的债务合法有效;(2)双方当事人因同一双务合同互负债务且有先后履行顺序;(3)后履行一方当事人有丧失或者可能丧失履行债务的情形。这些情形包括经营状况严重恶化,转移财产、抽逃资金以逃避债务,丧失商业信誉和其他丧失或可能丧失履行债务能力的情形。对此,先履行义务的一方当事人必须要有确切的证据证明,否则属于违约行为。

本案的法律依据请扫描二维码查看

(责任编辑:王慧)

案例 32

出租屋被装修怎么办？*

【警情简介】

2015年3月，甲公司与乙公司签订的租赁合同约定：甲公司将其面积为500平方米的办公用房出租给乙公司，租期25年，租金每月1万元，以每年官方公布的通货膨胀率为标准逐年调整，乙公司应一次性预付2年的租金。合同签订后，乙公司依约预付了2年租金，甲公司依约交付了该房屋。2020年6月，乙公司未经甲公司同意，在该房屋内改建了一间休息室，并安装了整体橱柜等设施。甲公司得知后要求乙公司拆除该休息室及设施，乙公司拒绝。其后该地区房屋价格飙升，租金大涨，甲公司要求参照周边房屋租金标准提高租金，乙公司拒绝。甲公司遂欲出售该房屋，并通知了乙公司，乙公司表示不购买。甲公司于2021年1月将该房屋出售给丙公司，并办理了所有权转移登记手续。

■ 案例解析

本案中，甲公司有权要求乙公司拆除休息室及设施。根据《民

---

* 本案例由王慧编辑整理提供。

法典》第 715 条第 2 款的规定,承租人未经出租人同意,对租赁物进行改善或者增设他物的,出租人可以请求承租人恢复原状或者赔偿损失。同时租赁合同继续有效。《民法典》第 725 条规定,租赁物在承租人按照租赁合同占有期限内发生所有权变动的,不影响租赁合同的效力。根据《民法典》第 705 条第 1 款的规定,租赁合同期限不得超过 20 年。超过 20 年的,超过部分无效。因此,本案中租赁合同 20 年之内的部分有效,超过的 5 年无效。

本案的法律依据请扫描二维码查看

(责任编辑:王慧)

案例 33

谁承担融资租赁物的维修义务?[*]

【警情简介】

2021年1月,甲公司与乙公司签订融资租赁合同。甲公司根据乙公司的选择,向丙公司购买了1台大型设备,出租给乙公司使用。设备保修期过后,该设备不能正常运行,且在某次事故中造成员工李某受伤。乙公司要求甲公司履行维修义务,承担设备不符合约定的违约责任,并对李某所受损害承担赔偿责任。甲公司表示拒绝,乙公司遂以此为由拒绝支付租金。

案例解析

根据《民法典》第750条第2款的规定,在融资租赁合同中,承租人应当履行占有租赁物期间的维修义务。故,本案中甲公司无须履行维修义务。根据《民法典》第747条的规定,融资租赁物不符合约定或者不符合使用目的的,出租人不承担责任。但是,承租人依赖出租人的技能确定租赁物或者出租人干预选择租赁物的除外。

---

[*] 本案例由王慧编辑整理提供。

本案中，甲公司是根据乙公司的选择向丙公司购买的设备，故甲公司无须承担设备不符合约定的违约责任。根据《民法典》第749条的规定，承租人占有融资租赁物期间，租赁物造成第三人的人身损害或者财产损失的，出租人不承担赔偿责任。故，本案中甲公司无须对李某所受损害承担赔偿责任。

本案的法律依据请扫描二维码查看

（责任编辑：王慧）

> 案例 34

约定不明引发的争议[*]

【警情简介】

某甲为 A 县销售服装的个体工商户,每星期一乘坐司机某乙所承包的本地汽车运输公司的大巴前往 B 市进货。甲每次到达 B 市服装批发市场后,都先采购一批货物打包后放到大巴上,接着再去采购,下午就乘大巴车人货同返。这样的进货方式已经持续了一年。第二年在一次进货时,甲在下午坐车返回时发现上午放在大巴车上的一大包货物没有了,遍寻不着,要求司机某乙赔偿。某乙以自己对包裹不知情,也没有看管义务为由予以拒绝。

■ 案例解析

交易习惯可否作为确定合同权利义务的依据?

本案争议的焦点在于司机有无看管乘客所携带的货物的义务。某甲作为乘客与某乙之间存在事实上的合同运输关系,这是没有异

---

[*] 本案例来自张迪圣、张素:《身边的民法典》,法律出版社 2020 年版,由王慧编辑整理提供。

议的。但对于司机某乙是否有给乘客看货的义务,没有约定。根据《民法典》的规定,合同生效后,对于没有约定或者约定不明确的内容,看双方是否可以达成补充协议,如果不能达成补充协议,又没有相关条款可供参考,则依据交易习惯确定。本案中,司机本来没有看货的义务,但事实上司机一直都在看货,给乘客造成信赖,司机在先的习惯行为给自己设定了看货的义务,如果不愿继续看货,应当事先有明确的意思表示予以说明。承运人负有将旅客或货物运输至约定地点的义务,根据《民法典》第824条第1款的规定,在运输过程中旅客随身携带的物品毁损、灭失,承运人有过错的,应当承担赔偿责任。本案中,司机某乙长期允许乘客带货上车,形成了运输习惯。因此,虽无明确约定,但是交易习惯同样具有法律效力,某乙对某甲的货物丢失应当负责赔偿。

本案的法律依据请扫描二维码查看

(责任编辑:王慧)

案例 35

前期物业合同的效力如何?*

【警情简介】

某市 A 小区建成后,由于入住率不高,由甲置业有限公司(建设单位)与乙物业服务企业签订前期物业合同,约定合同期限自签订之日起至 A 小区业主委员会成立时止。同时约定在前期物业服务合同期限内,在业主委员会代表全体业主与物业服务企业签订的物业服务合同生效时,前期物业服务合同自动终止。随着入住率的提高,A 小区成立了业主大会及业主委员会,该业主委员会与公开招标中标的丙物业服务企业签订物业服务合同,约定自次月起,由丙物业服务企业收取物业费并负责 A 小区物业服务。该合同已在该市住房保障和房产管理部门备案。但乙物业服务企业则认为,其原来与甲置业有限公司签订的合同仍然有效,也有权继续收取 A 小区业主的物业费,为此发生纠纷。

■ **案例解析**

物业服务合同是《民法典》合同编新增的一种有名合同。物业

---

* 本案例由王慧编辑整理提供。

服务合同是物业服务人在物业服务区域内,为业主提供建筑物及其附属设施的维修养护、环境卫生和相关秩序的管理维护等物业服务,业主支付物业费的合同。物业服务合同分为两类,即前期由建设单位与物业服务人订立的前期物业服务合同以及后期业主大会或者业主委员会与物业服务人订立的物业服务合同。

建设单位依法与物业服务人订立的前期物业服务合同,以及业主委员会与业主大会依法选聘的物业服务人订立的物业服务合同,对业主具有法律约束力。根据《民法典》第940条的规定,在前期物业服务合同约定的服务期限届满前,业主委员会或者业主与新物业服务人订立的物业服务合同生效的,前期物业服务合同终止。本案中,A小区业主委员会与丙物业服务企业签订的物业服务合同系当事人真实意思表示,签订程序合法并已履行备案程序,前期物业服务合同应当自A小区业主委员会与丙物业企业签订的物业合同实施之日起终止。因此,乙物业服务企业继续对A小区进行物业服务并收费无事实与法律依据。

本案的法律依据请扫描二维码查看

(责任编辑:王慧)

案例 36

中介合同的性质*

【警情简介】

甲房地产经纪有限公司(以下简称甲公司)接受胡某委托为其寻找合适的房屋以购买居住。李某在甲公司登记要出售住房,房屋情况符合胡某的要求,但是,李某房屋因抵押贷款,房屋产权证书原件不能提供。甲公司未如实向胡某说明真实情况,为获得报酬,积极促使买卖双方订立合同,最终因出卖人李某不能如期交付房屋,导致胡某受到损失。胡某要求甲公司承担损失赔偿责任,甲公司工作人员与其发生冲突,报警要求解决。

■ 案例解析

中介方的主要义务是什么?

《民法典》第961条规定,中介合同是中介人向委托人报告订立合同的机会或者为提供订立合同的媒介服务,委托人支付报酬的合同。中介人的报告义务是中介人在中介合同中的主要义务,该义务

---

* 本案例由王慧编辑整理提供。

的履行应当严格遵循诚实信用原则。《民法典》第 962 条规定,中介人应当就有关订立合同的事项向委托人如实报告。中介人故意隐瞒与订立合同有关的重要事实或者提供虚假情况,损害委托人利益的,不得请求支付报酬并应当承担相应的赔偿责任。本案中,甲公司作为专业房产中介公司,应当知道出卖人未提供房屋产权证原件,可能导致买卖合同无法履行的后果,在此情况下未积极履行如实报告义务,反而促成双方当事人签订买卖合同,有违诚实信用原则和如实报告义务。因此,甲公司依法不能请求支付报酬,还要承担胡某的损失赔偿责任。

本案的法律依据请扫描二维码查看

(责任编辑:王慧)

> 案例 37

退伙后还要承担合伙债务吗？*

【警情简介】

赵某、钱某、孙某、李某共同出资设立了甲合伙企业。在订立的合伙协议中约定：由赵某执行合伙事务，合伙人向合伙人以外的人转让其在甲合伙企业的全部或者部分财产份额时，须经所有合伙人参与表决并一致同意。在甲合伙企业经营期间，钱某发生车祸瘫痪，退出甲合伙企业。后来甲合伙企业经营亏损，债权人要求钱某承担甲合伙企业的债务，钱某以其已退出甲合伙企业为由，拒绝承担。债权人与钱某家人发生冲突，报警要求解决。

■ 案例解析

合伙合同是《民法典》合同编新增的一种有名合同。《民法典》第 967 条规定，合伙合同是两个以上合伙人为了共同的事业目的，订立的共享利益、共担风险的协议。合伙合同的成立基于合伙人之间的互相信任，合伙人之间可以互为代理人，且全体合伙人对合伙债

---

* 本案例由王慧编辑整理提供。

务承担连带责任。清偿合伙债务超过自己应当承担份额的合伙人，有权向其他合伙人追偿。因此，合伙人对外承担连带责任之债，合伙人相互之间的债务则是按份之债。本案中，甲合伙企业的债务如果是发生在钱某退出合伙企业之前，且合伙企业债务是基于退伙人退伙前的原因发生的，则钱某承担无限连带责任；如果是基于退伙之后的原因发生的，则钱某不承担该合伙企业的债务。

本案的法律依据请扫描二维码查看

（责任编辑：王慧）

案例 38

违反物业服务合同的责任承担问题[*]

【警情简介】

郑某是某市某小区一处单元房的所有人和居住人。2021年6月,某物业公司与该房屋所在业主委员会签订了《物业服务合同》,负责郑某居住小区的物业服务等相关事宜。根据合同约定,物业公司的服务既包括小区内共用部位和共用设施设备的日常维修、养护、运行和管理,也包括雨、污水管道的疏通。2022年8月9日,因小区内雨水管道堵塞,雨水倒灌入郑某家中,积水深度近10厘米,室内地板、家具及生活用品被严重浸泡和毁损,地下一层顶棚渗漏、室内墙壁表面多处开裂,郑某损失巨大。事发后,郑某多次要求物业公司尽快疏通雨水管道,但物业公司并未进行有效治理。8月12日再遇大雨,郑某家中再次被淹。郑某要求物业公司赔偿财产损失、疏通雨水管道,但该公司只协调保险公司给予郑某少量赔付,却始终拒不履行疏通雨水管道的物业服务义务,双方由此发生冲突,郑某遂报警。

---

[*] 本案例来自北京市海淀区人民法院(2021)京0108民初39566号民事判决书,由刘桂丽、马吉宽编辑整理提供。

案例解析

根据《民法典》第119条的规定，依法成立的合同，对当事人具有法律约束力。本案中，某物业公司应当按照《物业服务合同》的约定履行义务，根据该合同第6条之约定，物业公司提供的物业服务既包括小区内共用部位和共用设施设备的日常维修、养护、运行和管理，也包括雨、污水管道的疏通，因此，某物业公司应当按照合同约定履行疏通雨水管道的义务。

根据《民法典》第1165条的规定，行为人因过错侵害他人民事权益造成损害的，应当承担侵权责任。依照法律规定推定行为人有过错，其不能证明自己没有过错的，应当承担侵权责任。本案中，业主要求某物业公司尽快疏通小区内的雨水管道，但某物业公司并未进行有效治理，导致了2022年8月12日大雨时，郑某家中再次被淹，致使损害进一步扩大。某物业公司主观上存在过错，应当赔偿郑某因管道堵塞问题造成的损失。

本案的法律依据请扫描二维码查看

（责任编辑：王慧）

第一编
总　则

第二编
物　权

第三编
合　同

第四编
人格权
245—310

第五编
婚姻家庭

第六编
继　承

第七编
侵权责任

民　法　典
CIVIL CODE

案例 1

烈士名誉被侵害[*]

【警情简介】

江苏省淮安某小区一高层住宅发生火灾,消防战士谢勇在解救被困群众时坠楼壮烈牺牲,公安部和江苏省有关部门追认谢勇同志"革命烈士"称号,追记一等功以及追授"灭火救援勇士"荣誉称号。被告曾某对谢勇烈士救火牺牲一事在微信群中公然发表"不死是狗熊,死了就是英雄""自己操作失误掉下来死了能怪谁,真不知道部队平时是怎么训练的"等侮辱性言论,歪曲烈士谢勇英勇牺牲的事实。谢勇的近亲属要求检察机关提起诉讼追究曾某侵权责任。江苏省淮安市人民检察院遂向淮安市中级人民法院提起民事公益诉讼,请求判令曾某通过媒体公开赔礼道歉、消除影响。

---

[*] 本案例来自《人民法院大力弘扬社会主义核心价值观十大典型民事案例》,载最高人民法院网 2020 年 5 月 13 日,https://www.court.gov.cn/zixun/xiangqing/229041.html,由马建荣编辑整理。

案例解析

在成员众多、易于传播的微信群中发布诋毁烈士名誉的言论，应否承担法律责任呢？

本案是《英雄烈士保护法》实施后全国首例适用该法进行审判的案件，是以检察机关提起公益诉讼方式保护当代消防英烈名誉、维护社会公共利益的典型案例。本案中，谢勇烈士的英雄事迹和精神为国家所褒扬，成为全社会、全民族宝贵的精神遗产，其名誉、荣誉等人格权益已经上升为社会公共利益，不容亵渎。曾某利用成员众多、易于传播的微信群，故意发表带有侮辱性质的不实言论，歪曲烈士谢勇英勇牺牲的事实，诋毁烈士形象，已经超出了言论自由的范畴，侵害了谢勇烈士人格权益和社会公共利益，应承担相应的法律责任。

本案的法律依据请扫描二维码查看

（责任编辑：马建荣）

案例 2

被精神病人辱骂怎么办?*

【警情简介】

周某与王某是同村邻居。王某几年前经过两家共用通道时捡取一张 50 元人民币,当天周某到派出所反映自己丢失 90 元钱被王某捡取。王某称自己只捡取了 50 元且愿意归还,周某坚持要求王某归还 90 元。因无证据表明王某所捡取的钱财数额,经派出所调解双方达成一致,王某给予周某共计 70 元。调解后,周某妻子就王某捡钱一事,时常在王某家门前大声辱骂,并多次在不同场合向村里人散布王某品德败坏捡钱不予归还,造成同村人对王某品德产生怀疑。王某苦于无处说理,求助于派出所。经查,周某妻子患有间歇性精神病,周某表示无法约束其妻子的行为。

案例解析

1. 辱骂是否侵害名誉权?

名誉权是民事主体享有的具体人格权之一,受法律保护。名誉

---

* 本案例由陆静收集整理提供。

是对民事主体的品德、声望、才能、信用等的社会评价。判断是否构成侵犯名誉权,需要满足传播虚假事实以及造成受害人的社会评价降低两个条件。名誉权受到了侵害,可以到法院通过诉讼的途径,要求对方停止侵害、消除影响、赔礼道歉、恢复名誉。行为人拒不承担责任的,人民法院可以通过广播、报刊、网络等媒体发布公告或公布裁判文书的方式执行,产生的费用由拒不执行人承担。本案中,周某妻子在没有证据证明王某捡到的钱到底是90元还是50元的情况下,用辱骂的方式散播王某不诚实的信息,符合侵害名誉权的要件。因此,周某妻子的行为构成侵害名誉权。

2. 侵害人是精神病人,如何承担责任?

间歇性精神病人在清醒时所做出的行为由自己承担民事责任。在发病期间做出的侵害他人的行为由其监护人承担侵权责任。成年的精神病人的监护人按配偶、父母、子女、其他近亲属等的顺序确定。本案中周某妻子是间歇性精神病人,根据侵害名誉权时的精神状况,应由其本人或周某承担侵权责任。

本案的法律依据请扫描二维码查看

(责任编辑:陆静)

第四编 人格权

案例 3

遭遇地域歧视*

【警情简介】

某公司通过某招聘平台向社会发布了一批公司人员招聘信息。闫某某投递了求职简历,其投递的求职简历中,户籍所在地填写为"××省××市"。某公司查阅其投递的简历后,认为闫某某不适合招聘岗位,原因为闫某某系××省人。闫某某认为,某公司上述地域歧视行为,违反《就业促进法》的相关规定,严重侵犯了其人格权,遂提起诉讼,请求判令:某公司向其口头道歉、登报道歉、支付精神抚慰金6万余元。

■ **案例解析**

劳动者依法享有平等就业权。对平等就业权的侵害会损害劳动者的人格尊严,受害人有权依照民事法律规定,请求用人单位承担民事责任。就业歧视的本质特征是没有正当理由地差别对待劳

---

* 本案例来自《第二批人民法院大力弘扬社会主义核心价值观十大典型民事案例》案例四《遭遇就业地域歧视可请求赔偿精神抚慰金——闫××诉×公司平等就业权纠纷案》,载最高人民法院网,https://www.court.gov.cn/zixun/xiangqing/229041.html,由马建荣编辑整理提供。

动者。用人单位招用人员,不得实施就业歧视。本案中,某公司在案涉招聘活动中因"××省人"这一地域事由对闫某某实施了不合理差别对待,损害了闫某某平等获得就业机会和就业待遇的权利,构成对闫某某平等就业权的侵害,主观上具有明显过错,应向闫某某支付一定数额的精神抚慰金,向闫某某口头道歉并在国家级媒体登报道歉。

本案的法律依据请扫描二维码查看

(责任编辑:马建荣)

案例 4

"女查男"涉嫌猥亵吗?*

> 【案情简介】
>
> 张先生乘地铁时遇到女安检员,他称对方安检时有用手触摸其胸部行为,张先生认为女安检员行为不当,且没有提前告知,双方为此发生纠纷。随后他以"女安检员有明显的猥亵侮辱行为"为由报了警,民警将当事双方带回派出所调查。经过调查,民警认为女安检员的行为不构成猥亵。

■ 案例解析

目前,国内安检行业大多遵循"男不可检女,女可检男"的惯例,很多安检通道女安检员所占的比例通常较高。采用这种方式通常是出于安检成本、安检效率和安检通道设置等方面的考虑。作为安检人员,检查进站人员是否携带违禁物品,保障地铁安全,是履行职责的行为。从男乘客的角度考虑,乘坐公共交通工具出发,其有义务配合安检人员检查,但是其也有权利保护自己的合法权益不受侵

---

* 本案例来自《过安检"女可检男"涉嫌性别歧视?》,载搜狐网 2016 年 9 月 21 日,https://www.sohu.com/a/114772634_445283,由马建荣编辑整理提供。

犯。女安检员的行为是否能够上升到法律层面的侵权,关键在于女安检员的行为是否过当。

本案的法律依据请扫描二维码查看

(责任编辑:马建荣)

案例 5

逃避债务意外身亡*

【警情简介】

陈某欠陈丁合法债务若干一直未清偿。陈丁欲催要,但是联系不上陈某。后陈丁在某KTV发现陈某,遂上前要求陈某还款,陈某称不欠陈丁钱款。陈丁先后联系执行案件的承办人和派出所后,与陈某商定等到天亮一同到法院解决,陈某表示愿意配合陈丁解决债务问题。在等待天亮的过程中,陈某两次到旁边的某医院上卫生间。陈丁的朋友吴某某和李某某跟随陈某一起,并在卫生间外等候。陈某为摆脱陈丁的朋友翻墙欲逃走,不幸坠落身亡。陈某家属随即向派出所报警。

案例解析

1. 欠债人逃避债务中意外身亡,追债人需要承担法律责任吗?

如果追债人的行为虽然合法,但给欠债人造成了精神压力和痛苦,导致其自杀,追债人可能需要承担民事赔偿责任。

---

* 本案例来自《民法典普法读本——百姓身边那些事》,中国民主法制出版社2020年版,由高海洋收集整理提供。

陈某拖欠陈丁的债务,为了达到逃避债务的目的,利用上卫生间的机会翻墙逃跑,在此过程中陈某没有受到陈丁及他人的不法侵害,翻墙逃跑的行为完全为陈某主观行为,而陈某作为成年人应当明知翻墙逃跑具有一定的危险性,却放任这种危险的发生,最终导致坠落身亡。整个过程中陈丁及其朋友吴某某和李某某并没有明显的过错。陈丁与陈某的债务属于合法债务,并且已经法院判决和执行均未得到实际清偿。陈某自身行为过错明显,应自行承担责任。综上,陈丁及其朋友的行为不构成生命权侵权。

2. 如果构成生命权侵权,应当承担哪些赔偿责任?

生命权是人类固有的、第一位的人格权,是其他一切权利的基础和前提。生命权的内涵是"自然人的生命安全和生命尊严受法律保护",这强调了生命安全和生命尊严同等程度地受到法律的关注和保障。根据《民法典》第1179条的规定,侵害他人造成人身损害的,应当赔偿医疗费、护理费、交通费、营养费、住院伙食补助费等为治疗和康复支出的合理费用,以及因误工减少的收入。造成残疾的,还应当赔偿辅助器具费和残疾赔偿金;造成死亡的,还应当赔偿丧葬费和死亡赔偿金。本案中陈丁及其朋友的行为不构成生命权侵权,故无须承担这些赔偿责任。

本案的法律依据请扫描二维码查看

(责任编辑:高海洋)

案例 6

不给力的婚庆公司[*]

【警情简介】

甲聘请某婚庆公司提供"婚庆一条龙服务",包括在约定时间内将6辆奥迪彩车开至女方家,并提供录像、新娘盘头、化妆等服务。甲支付了全部服务费用。婚礼当天,该婚庆公司只到了5辆彩车,且比预订时间晚到1小时,新娘只得另请他人化妆、盘头;婚礼仪式举行时,该婚庆公司录像机突然因故障无法工作,致使"过门""拜天地""闹洞房"等重要场景未能录制。甲认为,婚庆公司存在违约,且对其造成极大的精神损害,要求退还部分服务费用、赔偿精神损失费。

案例解析

1. 违反婚庆服务合同,是否既承担违约责任又承担精神损害赔偿责任?

违约责任原则上不适用精神损害赔偿。但随着合同法的发展,

---

[*] 本案例来自《违约与精神损害赔偿》,载网易 2021 年 10 月 18 日,https://m.163.com/dy/article/GMIGUDGS052182R1.html? referFrom = sogou&isFromOtherWeb = true,由朱敏编辑整理提供。

违约行为与侵权行为出现竞合,违约责任与精神损害赔偿责任也出现竞合的情形。在《民法典》颁行前,我国法律规定对违约责任与精神损害赔偿的并行适用一直有所限制。而《民法典》第996条突破了这一一般原则。依据该条规定,因当事人一方的违约行为,损害对方人格权并造成严重精神损害,受损害方选择请求其承担违约责任的,不影响受损害方请求精神损害赔偿。因此,甲的请求符合法律规定,应予支持。

2. 承担违约精神损害赔偿的条件有哪些?

违约精神损害赔偿的适合条件:第一,主要适用于侵害人格权的情形,因违约行为侵害对方人格权的,造成非违约一方的损失通常为非金钱损失,难以通过市场价值准确衡量。本案就属于此种情况。第二,以违约责任与侵权责任竞合为前提,具体来说,违约方的违约行为同时侵害了受害人的人格权和财产权,既符合违约责任的构成要件,也符合侵权责任的构成要件。第三,违约行为造成非违约方严重精神损害。违约精神损害赔偿包括的合同类型:遗体、骨灰等人格物保管合同;医疗服务合同;旅游服务合同;婚礼服务合同;其他可能造成严重精神损害的合同。

本案的法律依据请扫描二维码查看

(责任编辑:朱敏)

案例 7

媒体侵犯名誉权*

【警情简介】

《某某青年报》报社举办"青年金秋文艺晚会",邀请徐某参加演出。该文艺晚会系营利性质,报社说明可给演员一定报酬。徐某表示:"给多少都无所谓,你们看着办。"当时双方都未明确约定演出报酬数额。徐某参加演出后,《某某青年报》报社自行决定给付了徐某演出报酬。上海《某某的生活》记者赵某,听到有关徐某来沪演出要价问题的信息后,撰写了《索价》一文,投给《某艺术报》,将其表述成"这位英模人开价3000元,少一分也不行"。徐某诉至法院。法院查明并认定:赵某对无事实依据的传闻不作调查核实即撰文给《某艺术报》,《某艺术报》报社在编稿时,预料到该文发表后会给徐某的名誉带来侵害,但未经有关单位调查核实,仅将文章题目中的徐某姓名删掉,把文中徐某改为"某某英模"。文章发表后给徐某造成了极大的不良影响,侵害了徐某的名誉权。

---

* 本案例来自《民法典普法读本——百姓身边那些事》,中国民主法制出版社2020年版,由高海洋收集整理提供。

案例解析

1. 新闻报道、舆论监督的哪些行为构成侵权?

《民法典》第1025条规定:"行为人为公共利益实施新闻报道、舆论监督等行为,影响他人名誉的,不承担民事责任,但是有下列情形之一的除外:(一)捏造、歪曲事实;(二)对他人提供的严重失实内容未尽到合理核实义务;(三)使用侮辱性言辞等贬损他人名誉。"本案中记者赵某将徐某部分行为动态写成文章发表于《某艺术报》的行为,属于新闻报道的范畴,但其没有根据事情真实情况撰写文章,其中有捏造、歪曲事实的内容,构成不实新闻报道,属于侵害名誉权的行为。《某艺术报》属于新闻媒体,对于在其报纸上发表的文章具有审核的义务,而《某艺术报》并没有对文章的表述与真实情况进行比对核实,导致文章发表以后对徐某造成了不良影响。本案中,赵某、《某艺术报》需要承担民事责任。

2. 新闻报道、舆论监督影响他人名誉的,承担何种责任?

本案中,记者赵某对传闻不作审查核实即撰文交稿,而《某艺术报》报社在编稿时,预料到该文发表后会给徐某的名誉带来侵害,却未向有关单位调查核实即发表,给徐某造成了极大的不良影响,侵害了徐某的名誉权,因此,赵某、《某艺术报》应及时采取更正或者删除等必要措施。

本案的法律依据请扫描二维码查看

(责任编辑:高海洋)

案例 8

网民之间的侮辱诽谤[*]

> 【警情简介】
>
> 张某以"红太阳"为网名、李某某以"赤壁周瑜"为网名,在同一网站登记上网。"红太阳""赤壁周瑜"都是该网站实名认证的网络用户。通过线下聚会,二人相识且互相知道了对方上网使用的网名。李某某另有网名为"青苹果"的"小号"。后二人在网络上发生纠纷,李某某以"青苹果"账号多次对"红太阳"进行侮辱、诽谤。张某无奈报警。

案例解析

1. 对网民的侮辱、诽谤是否构成侵权?

人格权即指法律赋予权利主体为维护自己的生存和尊严所必须具备的人身权利,名誉权是人格权的一种。张某、李某某虽然各自以虚拟的网名登录网站并参与网站的活动,但在现实生活中通过聚会已经相互认识并且相互知道网名所对应的人,且张某的"红太

---

[*] 本案例来自《民法典百姓普法读本——百姓身边那些事》,中国民主法制出版社 2020 年版,由高海洋收集整理提供。

阳"网名及真实身份还被其他网友知悉,"红太阳"不再仅是网络上的虚拟身份。李某某通过某网站的公开讨论版,以"青苹果"的网名多次使用侮辱性语言贬低"红太阳"的人格,主观上具有对张某的名誉进行毁损的恶意,客观上实施了侵害他人名誉权的行为,不可避免地影响了他人对张某的公正评价,构成侵权。

2. 发生网络名誉权侵权事件,怎么办?

民事主体享有名誉权。任何组织或者个人不得以侮辱、诽谤等方式侵害他人的名誉权。网络不是法外之地,任何人在网络上的行为同样受到现行法律的约束。李某某在网络上公开发表侮辱性言语贬低"红太阳"即张某的人格,应为该行为承担民事侵权责任。同时,张某有权请求该网站及时采取更正或者删除等必要措施,如果该网站未及时删帖造成权利人损害,还应当承担损害赔偿责任等民事责任。

本案的法律依据请扫描二维码查看

(责任编辑:高海洋)

案例 9

"小饭桌"甲醛超标遭投诉[*]

【警情简介】

赵某在兴庆区某小学旁经营一家"小饭桌",提供孩子接送、午饭、午休和辅导作业服务。张某的儿子小张在赵某经营的"小饭桌"就餐并午休已达三个月有余。一日,张某接儿子回家后发现儿子咳嗽不止,就医后医生询问是否家中新装修,张某表示没有。之后,张某怀疑是"小饭桌"室内甲醛超标导致儿子咳嗽,遂要求"小饭桌"检测甲醛。赵某表示自己开店已三年有余,中途并未装修,不可能还有甲醛。即便"小饭桌"甲醛超标也无法证明就是"小饭桌"导致的小张咳嗽。双方发生争执,报警求助。

案例解析

1. 学生在"小饭桌"发生人身损害的,责任如何划分?

"小饭桌"因承载功能的多样性,被认为具有教育机构性质,又兼有群众性活动组织者性质,同时也是法定监护人转移监管权责的

---

[*] 本案例由陆静收集整理提供。

受托方。无论是以上哪一种功能的"小饭桌"都对未成年人负有安全保障义务,若其场所不安全则需承担相应的责任。因此,"小饭桌"应提交有关室内甲醛符合标准的检测报告,若甲醛超标则"小饭桌"对儿童身体健康受到的损害应负赔偿责任。

2. 如果健康权受到侵害,侵权人应该承担哪些赔偿责任?

根据《民法典》第1179条的规定,侵害他人造成人身损害的,应当赔偿医疗费、护理费、交通费、营养费、住院伙食补助费等为治疗和康复支出的合理费用,以及因误工减少的收入。本案中,张某怀疑小张的咳嗽是"小饭桌"室内甲醛超标所致。对此,应首先请专业机构进行甲醛检测,如果确实超标,"小饭桌"应消除甲醛或者提供环境质量合格的服务环境;同时如果小张的咳嗽确实因甲醛超标所致,"小饭桌"也应承担医疗费等人身损害赔偿费用。

本案的法律依据请扫描二维码查看

(责任编辑:陆静)

第四编 人格权

案例 10

遗体能买卖吗?*

【警情简介】

李某与张某系夫妻关系。2015 年李某之女李女因交通事故死亡。案发后,李某以自己的名义将女儿的遗体出售给他人,收取费用 1.6 万元。同时,李某以自己的名义起诉肇事者,获赔李女因本次事故致死产生的各项赔偿费共计 56 万余元。现张某与李某离婚,张某提出分割出卖遗体所得款及交通事故所获赔偿款,遭到李某拒绝。张某不满,向公安机关报警,反映李某买卖遗体之事。

案例解析

1. 买卖遗体受法律保护吗?

《民法典》第 1007 条第 1 款规定,禁止以任何形式买卖人体细胞、人体组织、人体器官、遗体。本案中,李某虽为死者李女之父,但其买卖死者李女之遗体的行为属违法行为,其收入为违法所得,张

---

* 本案例来自《民法典普法读本——百姓身边那些事》,中国民主法制出版社 2020 年版,由高海洋收集整理提供。

某要求李某给付买卖李女之遗体违法所得的请求,得不到法律支持。

2. 自然人遗体捐赠,法律是如何规定的?

《民法典》第1006条规定,完全民事行为能力人有权依法自主决定无偿捐献其人体细胞、人体组织、人体器官、遗体。任何组织或者个人不得强迫、欺骗、利诱其捐献。完全民事行为能力人依据前款规定同意捐献的,应当采用书面形式,也可以订立遗嘱。自然人生前未表示不同意捐献的,该自然人死亡后,其配偶、成年子女、父母可以共同决定捐献,决定捐献应当采用书面形式。

本案的法律依据请扫描二维码查看

(责任编辑:高海洋)

案例 11

代孕合同有效吗?*

【警情简介】

2018年,盼子心切的刘某作为甲方与乙方某健康咨询公司签订了一份《医疗健康咨询及生育互助管理委托协议书》(以下简称涉案合同),约定乙方为甲方提供试管婴儿全程的医疗咨询服务。签订协议后,某健康咨询公司着手联系供卵者并为代孕妈妈移植胚胎,两次尝试后均以失败告终。刘某因此将某健康咨询公司告上法庭,要求确认涉案合同无效、某健康咨询公司返还已支付的20万元并赔偿损失3万元。

案例解析

1. 代孕合同受法律保护吗?

代孕是指有生育能力的女性借助现代医疗技术,为他人妊娠、分娩的行为。根据《民法典》第1009条的规定,从事与人体胚胎等

---

* 本案例来自《关注民法典丨我们为什么要反对代孕?——从法律的视角看代孕行为之法律风险》,载 https://www.qyrb.com/detailArticle/15096548_18499_qyrb.html,由马建荣收集整理提供。

有关的医学和科研活动,应当遵守法律、行政法规和国家的有关规定。我国《人类辅助生殖技术管理办法》和《人类辅助生殖技术规范》均明确规定,禁止相关医疗机构和技术人员提供代孕相关服务。本案从表面上看,涉案合同仅约定由某健康咨询公司为刘某提供试管婴儿的医疗咨询等服务,但其内容实质上均系代孕事宜。据此可以认定,涉案合同系以医疗健康咨询及生育互助之名,行协助实施代孕之实,属于无效合同,不应给予保护。

2. 无效行为的法律后果是什么?

《民法典》第 157 条规定,民事法律行为无效、被撤销或者确定不发生效力后,行为人因该行为取得的财产,应当予以返还;不能返还或者没有必要返还的,应当折价补偿。有过错的一方应当赔偿对方由此所受到的损失;各方都有过错的,应当各自承担相应的责任。法律另有规定的,依照其规定。本案中,涉案合同因违反国家有关规定而无效,故某健康咨询公司应返还刘某已支付的 20 万元;同时,某健康咨询公司明知国家禁止代孕而实施该服务,应承担赔偿损失的责任。

本案的法律依据请扫描二维码查看

(责任编辑:马建荣)

案例 12

嫌疑人就能被辱骂吗?[*]

【警情简介】

一天,李老太的子女带着老人前往派出所报案,称一大早李老太像往常一样在唐徕渠畔遛弯儿,忽然被两男一女拦住去路,一阵攀谈后李老太感觉有些发晕,稀里糊涂中金戒指和金耳环就被这几人摘走,并且李老太称对其中女性嫌疑人样貌还有印象。在报警后的一天,李老太突然在自己所住的小区门口看到一位极像嫌疑人的女士正进入小区,李老太遂尾随该女士,默默记下了该女士所住单元楼号,并告知了家人。当天下午,李老太及其家人前往该女士家中,不问青红皂白即要求该女士退回财物。该女士感到莫名其妙,双方发生激烈争吵,李老太家人再次报警,警方将被指认的女士带回派出所讯问,随后因证据不足让该女士回家。但是李老太坚称该女士即为那天骗她的几人之一,遂不断在小区拦截、辱骂该女士,并在小区居民中散播该女士是"大骗子",导致该女士及家人承受巨大压力。该女士遂向派出所反映此事,要求处理。

---

[*] 本案例由马建荣收集整理提供。

■ 案例解析

1. 受害人辱骂他人构成侵权吗?

自然人因人身财产权益受到不法侵害,有权向公安机关报案,并有权将嫌疑人扭送公安机关。同时,自然人也有配合公安机关侦查的义务。但是,任何权利均有边界,受害人的举报权同样需在合法前提下行使,并不得侵害他人包括嫌疑人的合法权益。本案中,受害人李老太已向警方报案,其若发现了犯罪嫌疑人线索,应第一时间向公安机关反映,由公安机关依法采取相应措施。案中,李老太对其自认为的嫌疑人进行拦截、辱骂,散布不实信息,此种行为无疑侵害了对方的名誉权,李老太理应承担向对方赔礼道歉、消除影响等侵权责任。

2. 疑似侵权人有名誉权吗?

名誉权是民事主体享有的人格权,是每个民事主体固有的人身权利,任何组织或者个人不得以侮辱、诽谤等方式侵害他人的名誉权。本案中的"该女士"是否为侵权嫌疑人还有待查证,而且即使是侵权嫌疑人,也不得以辱骂的方式侵害其名誉。

本案的法律依据请扫描二维码查看

(责任编辑:马建荣)

第四编 人格权

案例 13

安装可视门铃侵犯隐私权吗？[*]

【警情简介】

廖某某系某小区某栋某层 02 室业主，储某某系同栋同层 03 室业主。03 室业主储某某在其入户门上安装了可视门铃摄像头，该摄像头具有摄像存储功能，可通过手机远程操控。02 室入户门与 03 室入户门相隔距离 60 厘米左右，摄像头监控范围包括 02 室人员进出入户门前的走道区域。02 室业主廖某某认为，该摄像头会监控其个人隐私，影响其生活，便报警要求拆除。

案例解析

在自家门上安装可视门铃是否侵犯邻居隐私？从本案看，可视门铃摄像头的监控范围可以覆盖 02 室人员进出入户门前的走道区域，可能拍摄到 02 室人员的日常进出信息，包括出行人员及其出行规律、访客情况等私人活动，与其人身、财产安全直接关联，属个人

---

[*] 本案例来自《在自家门上安装可视门铃是否侵犯邻居隐私？法院判了！》，载百家号"北青网"2023 年 5 月 29 日，https://baijiahao.baidu.com/s?id=1767220060243150432&wfr=spider&for=pc，由马建荣编辑整理提供。

— 271 —

隐私范畴,应受法律保护。03 室业主安装可视门铃摄像头的初衷,虽出于保护自身安全,并无意窥探他人隐私,但可视门铃摄像头所具有的录像和存储视频的功能,已对 02 室人员的隐私及其个人信息保护构成现实妨碍。因此,安装可视门铃摄像头系侵犯邻居隐私权的行为。

本案的法律依据请扫描二维码查看

(责任编辑:马建荣)

案例 14

被前夫施暴怎么办？*

【警情简介】

周某(女)与颜某经调解离婚后,三名未成年子女均随周某生活。然而每当颜某心情不好的时候,便不管不顾地到周某家中骚扰、恐吓甚至殴打周某和三个孩子,不仅干扰了母子四人的正常生活,还给他们的身心造成了极大的伤害。周某多次报警,派出所民警对颜某行为予以制止并严厉批评教育,然而颜某依旧我行我素,甚至变本加厉地侵害母子四人的人身安全。周某无奈之下带着三名子女再次到派出所,请求派出所责令颜某禁止殴打、威胁、骚扰、跟踪母子四人及其近亲属。

案例解析

1. 前夫对前妻及其子女实施暴力行为属于家庭暴力吗？

家庭暴力,是指家庭成员之间以殴打、捆绑、残害、限制人身自由以及经常性谩骂、恐吓等方式实施的身体、精神等侵害行为,是发生于共同生活的家庭成员之间的身体或精神的暴力行为,包含因监

---

* 本案例由马建荣收集整理提供。

护、寄养、同居而共同生活的人之间的行为。本案中,颜某与周某已经离婚,且不在一起共同生活,不属于家庭成员关系。颜某虽然是周某孩子的父亲,属于近亲属,但是未与孩子共同生活。本案颜某的行为属于故意伤害行为,而不属于家庭暴力,公安机关可以根据伤害后果采取行政或刑事措施。

2. 人身保护令的申请条件和措施有哪些?

人身安全保护令是我国《反家庭暴力法》确立的一种民事强制措施,是法院为了保护家庭暴力受害人及其子女和特定亲属的人身安全或确保婚姻案件诉讼程序的正常进行而作出的民事裁定。作出人身安全保护令,应当具备下列条件:(1)有明确的被申请人;(2)有具体的请求;(3)有遭受家庭暴力或者面临家庭暴力现实危险的情形。人身安全保护令可以包括下列措施:(1)禁止被申请人实施家庭暴力;(2)禁止被申请人骚扰、跟踪、接触申请人及其相关近亲属;(3)责令被申请人迁出申请人住所;(4)保护申请人人身安全的其他措施。

本案的法律依据请扫描二维码查看

(责任编辑:马建荣)

案例 15

开房记录能随便调取吗?*

【警情简介】

傅某与他人共同入住某市一酒店。其丈夫汪某发现其与他人关系暧昧后,前往该酒店获取了傅某与他人的开房记录与入住时的监控视频,并向法院提起离婚诉讼。傅某认为,汪某从该酒店获取了其开房记录和视频,侵害了自己的隐私权,向法院提起侵权之诉。

案例解析

1. 开房记录及其视频是否属于个人隐私?

隐私是自然人的私人生活安宁和不愿为他人知晓的私密空间、私密活动、私密信息。开房记录及其视频属于个人隐私,除法律另有规定或者权利人明确同意外,任何组织和个人不得获取。如果当事人通过不正当途径查询开房记录和获取相关视频,可能构成证据来源不合法。

---

* 本案例由马建荣收集整理提供。

2. 谁有权调取自然人的开房记录及其视频？

公安机关因办案需要有权调取开房记录及其视频。若非因合法程序调取查询，一经查实，涉及人员将被追责。

本案的法律依据请扫描二维码查看

（责任编辑：马建荣）

案例 16

冒名不实举报担责吗?*

【警情简介】

徐某曾被某市招生办派往下属某区招生办协助进行中专、技校的招生工作。李某以"徐某"的名义,向省招生办公室写检举信,声称考生张某"在入学考试时,系他人冒名顶替参加",并在信中称"我是市招生办干部,现协助某区招生办进行本年度中专、技校招生工作,我有责任也有义务对此事予以反映,本着对国家、对学校、对张某本人负责的精神,恳请省招生办领导查处此事"。省招生办接信后认真对此事进行了调查核实,并进行了考卷笔迹鉴定。之后,省招生办复信"徐某",说明"参加考试系张某本人所为,无冒名顶替现象"。徐某接信后,感到莫名其妙,就向市招生办及公安机关反映此事,要求调查事实真相。在调查取证及进行鉴定的7个月内,徐某精神压力巨大,受到一定的精神损害。

---

* 本案例来自不挂科网,https://easylearn.baidu.com/edu-page/tiangong/bgkdetail?id=606ecf2bbcd126fff7050bef&fr=search,由马建荣收集整理提供。

案例解析

1. 冒名实施不实举报,侵犯他人的哪些民事权利?

本案中,李某冒用徐某的名义,不实举报张某,涉及侵犯自然人的姓名权和名誉权。其中姓名权是指自然人依法决定、使用、变更或者许可他人使用自己的姓名的权利,禁止任何人及组织干涉、盗用、假冒他人的姓名。所谓名誉权,是人们依法享有的对自己所获得的客观社会评价、排除他人侵害的权利,禁止任何组织或者个人以侮辱、诽谤等方式侵害他人的名誉权。因此,李某侵犯了徐某的姓名权、张某的名誉权。

2. 如何处理不实举报?

首先需要确定举报人的不实举报是恶意陷害还是证据不足。如果是主观恶意陷害,可能涉嫌诬告陷害罪,情节严重的需要追究不实举报人的刑事责任;如果是因证据不足或者无主观恶意,只是行使了公民监督权利的,则一般做批评教育。

本案的法律依据请扫描二维码查看

(责任编辑:马建荣)

案例 17

发文字图片算性骚扰吗？*

【警情简介】

小袁单身，年轻漂亮、温柔大方，工作时与同事相处融洽。同一工作组的小张对小袁格外照顾，经常帮忙处理各种工作事务。小张向小袁表白喜爱之情被拒后，就经常发一些不堪入目的照片，还会编辑很多让人难以启齿的文字发给小袁。小袁不堪忍受，要求其停止发送骚扰信息。小张认为自己又没做什么，只是发些图片文字而已，依然我行我素。小袁无奈之下，只好报警。

案例解析

1. 如何认定性骚扰行为？

性骚扰行为，是指具有性暗示的行为，不仅是通常理解上的肢体行为，还包括以言语、文字、图片等各种形式实施，给受害人造成了严重困扰的行为。性骚扰应当符合三个特征：(1) 侵权人实施了

---

* 本案例来自杨立新主编：《〈中华人民共和国民法典〉条文精释与实案全析》，中国人民大学出版社 2020 年版，由陆静收集整理提供。

与性有关的骚扰行为,可以是以言语、文字、图像、肢体行为等方式实施;(2)必须针对特定人,没有特定的人就可能没有受害人;(3)违背受害人的意愿,受害人对侵权人的性骚扰行为是不愿意或者明确拒绝的。本案中,小张给小袁发送了带有强烈性暗示的图片、文字,而小袁已要求其停止发送,小张的行为已给小袁造成了严重的心理困扰,已构成性骚扰。

2. 发生性骚扰,怎么办?

一方面,机关、企业、学校等单位应当采取合理的预防、受理投诉、调查处置等措施,防止和制止利用职权、从属关系等实施性骚扰。另一方面,受害人有权依法请求行为人承担民事责任。本案中,小袁可以保留聊天记录,若小张继续其性骚扰行为,小袁可以要求单位调查处置,或者提起诉讼,要求小张停止侵权行为,并承担相应的民事责任。

本案的法律依据请扫描二维码查看

(责任编辑:陆静)

案例 18

遭遇职场性骚扰怎么办?*

【警情简介】

王某就职于某技术公司,公司员工李某在王某入职后,经常当着王某的面讲黄色笑话,后发展为向王某发送挑逗短信和暴露照片。公司经调查,确认李某有上述行为,多次找其谈话,但李某拒不承认错误。然而,公司内部制度和聘用合同中均无职场性骚扰的相关规定。于是,公司和王某请求派出所民警出面处理。

案例解析

1. 用人单位缺乏性骚扰规定和合同约定,可否处置性骚扰问题?

本案是一起典型的职场性骚扰案件。职场性骚扰行为既损害了员工的人身权又损害了其劳动权,也对用人单位产生不利影响。《民法典》首次明确规定预防和制止性骚扰的相关规定,对违背他人意愿以言语、文字、图像、肢体行为等方式对他人实施性骚扰的,用人单位应当采取合理的预防、受理投诉甚至调查处置等措施。这是

---

* 本案例由马建荣收集整理提供。

法律赋予用人单位的法定义务。也就是说,公司即便此前在劳动合同或规章制度中未有此类规定,也可以采取修改或制定内部预防处置性骚扰管理制度、解除劳动合同等处置措施。

2. 遭受性骚扰侵害的,可以要求侵权人承担何种法律责任?

人格权受到侵害的,受害人可以依法请求行为人承担民事责任,可以根据具体案情,要求停止侵害、排除妨碍、消除危险、消除影响、恢复名誉、赔礼道歉,还可以提出精神损害赔偿。需要说明的是,受害人的停止侵害、排除妨碍、消除危险、消除影响、恢复名誉、赔礼道歉请求权,任何时候均可以提出,不适用诉讼时效的规定。

本案的法律依据请扫描二维码查看

(责任编辑:马建荣)

案例 19

被手机广告短信骚扰怎么办？[*]

【警情简介】

王某在某通信公司办理了一张新手机卡。在使用的一年中，某通信公司累计向王某发送了356条短信，其中大部分短信是广告短信。王某不堪其扰，认为某通信公司干扰其正常生活，遂报警请求帮助。

案例解析

1. 频繁收到广告短信，是否构成侵害隐私权？

自然人享有隐私权，其中的隐私是自然人的私人生活安宁和不愿为他人知晓的私密空间、私密活动、私密信息。任何组织或者个人不得以刺探、侵扰、泄漏、公开等方式侵害他人的隐私权。本案中，某通信公司未经王某同意，擅自向王某推送广告短信，致使王某不断收到此类短信，并占用大量时间阅读、删除，造成对王某生活安宁的侵害，构成了对其隐私权的侵害。

---

[*] 本案例来自杨立新主编：《〈中华人民共和国民法典〉条文精释与实案全析》，中国人民大学出版社2020年版，由陆静收集整理提供。

2. 如何理解手机用户与某通信公司之间的法律关系?

从本案情况看,手机用户收到的仅是某通信公司发来的广告短信,而不是第三方的,不构成泄漏用户个人信息。他们之间的关系,可以适用《民法典》合同编或《消费者权益保护法》的相关规定来加以保护。消费者在接受服务时,有权获得质量保证、价格合理、计量正确等公平交易条件,有权拒绝经营者的强制交易行为。消费者因接受服务受到人身、财产损害,有获赔的权利。同时,消费者认为经营者的产品侵犯其人身权,可以要求侵权人承担包括停止侵害、赔礼道歉等民事责任。本案中的王某可以依法要求某通信公司停止侵害,如有严重精神损害的,也可以要求精神损害赔偿。

本案的法律依据请扫描二维码查看

(责任编辑:陆静)

案例 20

网购信息被泄漏怎么办?*

【警情简介】

陈某于 2019 年 3 月 6 日网购两包尿不湿,收货三天后陈某接到一电话,声称其购买的尿不湿制作环节出现了问题,致使婴儿使用时过敏,因此要回收尿不湿,并向陈某退费。陈某按照对方提示提供了个人信息和一个短信验证码,紧接着陈某发现卡上的 3 万余元被转走,遂意识到被诈骗。陈某随后报警,经查是平台卖方泄漏了其信息。

案例解析

1. 网络购物个人信息是否受到法律保护?

本案是网络购物引发的涉及卖方、网络购物平台侵犯自然人个人信息保护权的纠纷。自然人的姓名、电话号码及购物信息等属于民法规定的个人信息。基于合理事由掌握个人信息的组织或个人应持积极和谨慎态度并采取有效措施保护信息防止泄漏,未经权利人允许,不得扩散和不当利用个人信息,否则构成侵犯个人信息或

---

* 本案例由陆静收集整理提供。

隐私权。

2. 侵犯个人信息的救济措施有哪些?

自然人发现信息处理者违反法律、行政法规的规定或者双方的约定处理其个人信息的,有权请求信息处理者及时删除。信息处理者应当采取技术措施和其他必要措施,确保其收集、存储的个人信息安全,防止信息泄漏、篡改、丢失;发生或者可能发生个人信息泄漏、篡改、丢失的,应当及时采取补救措施,按照规定告知自然人并向有关主管部门报告。本案的陈某可以向平台反映信息泄漏的情况,要求平台加强管理,采取补救措施,要求平台卖方删除泄漏的信息。同时,陈某可以请求公安机关追究诈骗者的刑事责任、追回被骗的 3 万余元。

本案的法律依据请扫描二维码查看

(责任编辑:陆静)

案例 21

莫名的信用不良记录*

【警情简介】

赵某从未在某银行办理过信用卡,某日赵某因购房到此银行办理手续,银行称赵某因信用卡逾期不还款,已被列入银行不良信用记录中,因此无法成功申请到贷款。经查,银行的贷款申请信息不全,除去姓名之外其他信息均与赵某不符。赵某觉得很冤枉,向当地公安机关报案,认为银行在信息审核过程中存在问题,不能通过贷款审批从而给其造成了损失,要求银行承担责任。

■ 案例解析

1. 银行信用记录属于名誉权还是个人信息?

在《民法典》生效之前,审判实践中将错误记录个人信用的行为以侵犯名誉权或姓名权的形式予以裁判。《民法典》将个人信用信

---

* 本案例来自《他人以自己的身份办了信用卡,产生不良记录,该怎么办》,载百家号"公众普法"2020 年 7 月 22 日, https://baijiahao. baidu. com/s?id = 1672898173676698117&wfr = spider&for = pcl,由马建荣收集整理提供。

息作为个人信息保护予以规定。

2. 发现信用记录错误,怎么办?

民事主体发现信用评价不当的,有权提出异议,并请求采取更正、删除等必要措施。信用评价人应当及时核查,经核查属实的,应当及时采取必要措施。造成损失的,还应当承担相应的民事责任。因此,本案赵某可以向该银行提出异议,银行应及时核查,发现确有错误的,应当删除该错误信息。赵某的损失如确实因信用信息错误而导致,也可以向该银行提出赔偿请求。

本案的法律依据请扫描二维码查看

(责任编辑:马建荣)

案例 22

未成年人醉酒发病谁之过？*

【警情简介】

未成年人刘某某与另两名未成年人来到某酒吧饮酒,后刘某某因饮酒过度而发生醉酒,于当日 20 时被送至某医科大学附属医院急救,被诊断为急性酒精中毒、吸入性肺炎、代谢性酸中毒、窦性心动过速、低钾血症。经治疗,刘某某出院。刘某某父母报警称,刘某某事发时年仅 12 周岁,尚未成年,是在某酒吧服务员的诱导下,连续饮酒 18 杯后不省人事,该事件给刘某某带来了极大的身心损害,同时刘某某家人也因此承受了巨大的精神痛苦。因此,刘某某父母要求某酒吧承担赔偿责任,要求公安机关制裁某酒吧。

案例解析

1. 未成年人在酒吧醉酒致病,经营者有无法律责任?

未成年人身心正处于发育成长期,享有的健康权受到法律特别

---

* 本案例来自《12 岁男孩在酒吧醉酒中毒,谁的责任?》,载百家号"菏泽网警"2021 年 3 月 8 日,https://baijiahao.baidu.com/s?id = 1693636529490780332&wfv = spider&fov = pc,由朱敏编辑整理提供。

保护。比如《未成年人保护法》规定,禁止向未成年人出售烟酒,经营者应当在显著位置设置不向未成年人出售烟酒的标志,对难以判明是否是未成年人的,应当要求其出示身份证件。本案中,某酒吧作为经营者,向未成年人刘某某等人提供酒精度数极高的烈性酒,导致其醉酒,对刘某某因此造成的合理损失,应当承担相应的赔偿责任。

2. 刘某某的父母或者其他监护人是否承担相应责任?

受害人父母或者其监护人应当关注未成年人的生理、心理状况和行为习惯,以健康的思想、良好的品行和适当的方法教育和影响未成年人,引导未成年人进行有益身心健康的活动,预防和制止未成年人吸烟、酗酒等行为。本案中,刘某某的父母存在监护不力的情况,对未尽的监护职责,应承担责任。

本案的法律依据请扫描二维码查看

(责任编辑:朱敏)

案例 23

人体器官能买卖吗?*

【警情简介】

2019年9月25日下午,警方接到"110"报警电话称:在某地发生了一起群殴事件,20多人正在群殴一名青年男子。警方立即出警赶赴该案发现场。打人者已经四散逃走,只有满身是血的被害人杨某躺在地上。警方将19岁的杨某紧急送往医院检查后发现,杨某不但全身多处外伤,腰部还有一处长达30余厘米的新手术刀痕而且体内有感染,随时有生命危险。这一情况引起了警方的关注,民警立即询问了病床上的杨某。根据杨某提供的线索,警方很快打掉了一个以刘某为首的非法买卖人体器官的中介团伙。

案例解析

1. 身体权的保护体现在哪些方面?

身体权,是指自然人保持其身体组织完整并支配其肢体、器官

---

* 本案例来自丁一鹤、李钦鹏:《人体器官买卖第一案》,载《检察风云》2010年第10期,由朱敏编辑整理提供。

和其他身体组织的权利。身体权以维护公民身体完整性为基本内容。人体各组成部分完整地运转,是维持生命和安全的前提。禁止买卖人体细胞、人体组织、人体器官是对自然人身权的保护。

2. 买卖人体器官为什么是非法的行为?

人之所以为人,就在于人具有区别于物的人格与尊严。人的身体是无价的,不能用金钱来衡量。以经济利益来衡量人体器官的价值,将人体器官视为可以被等价交换的物,是对人类整体尊严的违背,是对人的尊严的亵渎。禁止人体细胞、人体组织、人体器官、遗体买卖是对人格尊严的维护。买卖人体细胞、人体组织、人体器官,非法破坏公民身体的完整性,构成对公民身体权的损害,造成对方人身损害,违反刑法、民法以及献血法等多部法律法规的强制性规定。违背善良风俗,违反法律、行政法规的强制性规定的民事法律行为无效。

本案的法律依据请扫描二维码查看

(责任编辑:朱敏)

案例 24

墓碑落款引发的纠纷*

【警情简介】

李某夫妇未能生育,有一养子,家住某县某乡,2002 年李某夫妇相继去世,当时养子为李某夫妇操办丧葬事宜,墓碑上也刻有养子的名字。2016 年某乡推行墓葬迁移,李某夫妇的墓地在迁移之列。养子此时已在外地生活。李某夫妇的侄子在未告知养子的情况下,为李某夫妇搬迁坟墓、拿走了所有搬迁补偿费的同时,在新迁坟墓墓碑上未篆刻养子的名字。养子回乡祭奠时才发现此事,双方争执愈演愈烈,亲戚报警处理。

案例解析

1. 养子女是否享有相应权利?

人身权包括人格权和身份权。身份权是指自然人因婚姻家庭关系等产生的人身权利,受法律保护。人格权是以民事主体固有的人格利益为内容的人身权,包括人格自由和人格尊严两个重要方

---

* 本案例来自《民法典颁布后人格权司法保护典型民事案例之二:养女墓碑刻名维权案》,载最高人民法院网 2022 年 4 月 11 日,https://www.court.gov.cn/zixun/xiangqing/354261.html,由陆静收集整理提供。

面,包括具体人格权和一般人格权。对于不属于具体人格权中任何一项权益,又关乎人格自由、人格尊严等人身利益的权益,可以通过一般人格权予以保护。养子女在养父母墓碑上刻名字是作为亲子身份利益的体现,同时也是人格尊严的体现,符合公序良俗的民法基本原则,应当予以保护。因此,本案中,养子享有在墓碑上篆刻名字、祭奠等权益。

2. 本案该如何承担责任?

一般人格权遭受侵害,承担民事责任的方式包括排除妨害、消除危险、赔礼道歉、赔偿损失等方式,旨在弥补遭受侵害造成的不良后果,因此,方式不局限于赔偿损失等方式,应结合具体情形"对症下药"。本案中,侵害权益的方式是侵占迁移款项、在墓碑落款中删去姓名,对应解决的方式是归还迁移款项、篆刻名字于墓碑落款处。

本案的法律依据请扫描二维码查看

(责任编辑:陆静)

> 案例 25

吵架引发的死亡[*]

【警情简介】

> 王某被保安服务公司派遣至一家电子公司工作。徐某是王某同事,安排王某到三号门值班,王某拒绝工作安排,同时端了一把椅子坐到门卫室外面两三米远的地方,双方发生争执,王某当时情绪激动。事后王某独坐时突然昏厥,送医抢救无效死亡。病历单载明,"120"医务人员赶到现场时检查发现,王某无呼吸、无心跳,立即采取心肺复苏,并送往医院,发现其有既往冠心病病史。经诊断,王某系呼吸心搏骤停,心源性猝死,冠状动脉粥样硬化性心脏病。经抢救无效后于当日晚间死亡。派出所在调查中得知,王某有七八年冠心病病史,一直在服用药物治疗。王某家人要徐某偿命,双方冲突,发生警情。

■ **案例解析**

1. 侵害生命权的侵权责任构成要件是什么?

由于侵害生命权可能因多种侵权行为引起,比如道路交通事

---
[*] 本案例由何锐编辑整理提供。

故、产品责任事故、医疗事故、高空抛物等,都有可能致人死亡,侵犯他人生命权。因此,确定侵害生命权的侵权责任构成,应当根据《民法典》侵权责任编的规定,分别适用过错责任原则、过错推定原则和无过错责任原则。一般构成要件有四个方面:侵害生命权的违法行为;侵害生命权的损害事实;侵权违法行为与损害事实之间具有因果关系;行为人主观上有过错。

2. 本案的法律责任如何认定?

本案属于生命权纠纷,应适用人格权、侵权责任相关规定。确定徐某应否承担侵权责任,关键要分析徐某与王某死亡之间是否有因果关系、徐某是否存在过错。首先,派出所民警调查双方之间未发生肢体冲突;其次,徐某与王某沟通工作事宜本身不会造成王某死亡的后果;再次,徐某没有侵害王某生命权的故意或过失;最后,徐某在正常履行工作职责,对王某的死亡无法预见,也不存在疏忽或懈怠,没有过错。因此,徐某对王某的死亡不承担责任。

本案的法律依据请扫描二维码查看

(责任编辑:陆静)

案例 26

物业公司是否享有名誉权?*

【警情简介】

某小区物业公司长期与业主间存在矛盾,2022年某天因电梯维护,业主王某在小区业主群内发表"电梯维修动用这么多钱,大家同意了吗?""业主委员会至今不让成立,谁来监管物业"等言论,双方就长期存在的业主委员会未成立、对小区物业服务不满争执不下。物业公司要求王某道歉,王某拒绝道歉。物业公司认为王某散播不良言论,对其名誉造成不良影响,遂报警处理。

▇ 案例解析

1. 物业公司是否享有名誉权?

根据《民法典》的规定,法人、非法人组织也享有名誉权,任何组织或个人以侮辱、诽谤的方式侵害法人、非法人组织的名誉也构成侵害名誉权。名誉是自然人、法人、非法人组织的社会评价,包括品

---

* 本案例来自《民法典颁布后人格权司法保护典型民事案例之七:物业公司诉业主名誉侵权案》,载最高人民法院网2022年4月11日,https://www.court.gov.cn/zixun/xiangqing/354261.html,由陆静收集整理。

德、声望、信用等。侮辱是故意贬低他人人格,诋毁他人名誉的行为。诽谤是虚构事实,损害他人名誉的行为。本案中,小区业主与物业公司之间存在物业服务合同,物业公司是为业主提供服务的法人,物业公司也享有名誉权。

2. 名誉权侵权该如何认定?

本案中双方因住宅专项维修资金的使用问题发生纠纷,王某作为小区业主有权利监督专项基金的使用情况。物业公司以提供物业服务为主要工作内容,对业主针对自身权益发表的言论有一定的容忍义务。名誉权侵权的认定,会围绕双方权利义务关系以及措辞内容本身予以认定,并以是否发生客观评价降低事实为准。本案中,业主的措施虽有不当之处但未超过必要限度,不足以产生社会评价降低的客观后果,因此并未构成侵权。

本案的法律依据请扫描二维码查看

(责任编辑:陆静)

案例 27

恋爱时被拍私密照该如何维权?*

【警情简介】

李某是某高校学生,在与校外人员张某恋爱过程中拍摄有私密照片。后李某提出分手,对方以私密照片为要挟要求李某付其分手费 1 万元,否则就将私密照片公开发布到网上。李某从朋友处借款 5000 元转给张某,张某仍不满意遂将私密照片公开。李某在同学的劝说下报警求助。

案例解析

张某的行为属于胁迫行为,构成对隐私权的侵害。《民法典》保护自然人的隐私,其中就包括身体的私密部位。未经同意拍摄、窥视他人身体的私密部位的行为构成侵害隐私权。若拍摄行为获得同意,公开行为仍构成侵害隐私权。此外,以私密照为要挟向当事人索要钱财的行为还构成胁迫,受胁迫所做行为属于可撤销的民事行为,可要求返还原物、赔偿损失。同时,胁迫行为还可能触及其他法律。

---

* 本案例由陆静收集整理。

日常生活中涉及自然人的私人生活、私人安宁的权益属于隐私权。除上述行为外,电话短信骚扰;窥探私密物品、私密空间中的行为;获取、公开、买卖、删除他人信息的行为等均属于侵害隐私权的行为,均需承担相应的法律责任。

本案的法律依据请扫描二维码查看

(责任编辑:陆静)

案例 28

可恶的"小喇叭"*

【警情简介】

李某到朋友王某的家里做客,没有经过王某的同意,擅自打开王某的电脑观看王某的个人文件资料,其中涉及王某的隐私生活和许多不为人知的秘密。李某随后将王某个人隐私泄漏给了周边其他多个人,对王某的工作和生活造成了严重影响。王某向社区民警求助,请求民警出面制止李某的行为并令其承担法律责任。

案例解析

1. 侵害隐私权的行为有哪些?

自然人享有隐私权。隐私是自然人的私人生活安宁和不愿为他人知晓的私密空间、私密活动、私密信息。法律禁止以刺探、侵扰、泄漏、公开等方式侵害自然人的私人生活安宁和不愿为他人知晓的私密空间、私密活动、私密信息,主要包括:(1)以电话、短信、即时通讯工具、电子邮件、传单等方式侵扰他人的私人生活安宁;

---

* 本案例由何锐编辑整理提供。

(2)进入、拍摄、窥视他人的住宅、宾馆房间等私密空间;(3)拍摄、窥视、窃听、公开他人的私密活动;(4)拍摄、窥视他人身体的私密部位;(5)处理他人的私密信息;(6)以其他方式侵害他人的隐私权。

2. 侵害自然人隐私权的法律后果有哪些?

出现侵害自然人隐私权行为,造成权利人损害的,受害人可以提起诉讼,要求侵权人停止侵害、赔礼道歉、赔偿损失。

本案的法律依据请扫描二维码查看

(责任编辑:何锐)

案例 29

可怕的"人肉搜索"[*]

【警情简介】

2007年12月29日,留学海外多年的31岁的北京女白领姜某从24层楼跳楼死亡。在自杀之前,姜某在网络上写下了自己的"死亡博客",记录了她生命倒计时前2个月的心路历程,并在自杀当天开放博客空间。之后的3个月里,网络沸腾,姜某的丈夫王某成为众矢之的。网友运用"人肉搜索"将王某及其家人的个人信息,包括姓名、照片、住址以及身份证信息和工作单位等全部披露。王某不断收到恐吓邮件;网上被"通缉"、"追杀"、围攻、谩骂、威胁;被原单位辞退……2008年3月18日王某以侵犯名誉权为由将张某、北京凌云互动信息技术有限公司、海南天涯在线网络科技有限公司起诉至法院,要求赔偿7.5万元损失及6万元的精神损害抚慰金。该案被媒体冠为"人肉搜索第一案"或"网络暴力第一案"。

---

[*] 本案例由何锐编辑整理提供。

案例解析

1. 如何理解隐私？

《民法典》将人格权单独设为一编,并将隐私权和个人信息保护单独作为一章进行规定,一方面明确了隐私权是一项具体人格权,另一方面也回应了隐私权应当规定在侵权责任编还是人格权编的问题。隐私涉及的范围非常宽泛,根据不同的标准可以对其进行不同的分类。通常可以将隐私分为如下几种基本类型:私人生活安宁、私密空间、私密活动、私密信息。本案中,网友运用"人肉搜索"将王某及其家人的个人信息,包括姓名、照片、住址以及身份证信息和工作单位等信息予以披露,构成对王某隐私的侵犯。

2. 侵害隐私权的法律责任有哪些？

隐私权只能由自然人享有,而不能由法人或非法人组织享有,具有对世性,属于绝对权。任何人不得通过刺探、侵扰、泄漏、公开等方式侵害他人的隐私权。若发生侵害隐私权的行为,权利人可以向法院起诉请求行为人承担相应的侵权责任。在责任承担方式上表现为停止侵害、赔礼道歉、赔偿损失。本案中的王某可以要求公安机关追查非法收集和公开其个人隐私信息的侵权人,要求其承担赔礼道歉、赔偿损失的法律责任,可以要求网站删除有关其个人隐私的信息。

本案的法律依据请扫描二维码查看

（责任编辑:何锐）

案例 30

疫情不是侵害隐私的理由 *

【警情简介】

王某与李某系夫妻,李某为某医院职工。2021 年某日,王某收到李某转发的发热门诊就诊人员名单后,将该名单转发至工作群中,涉及 300 余人的姓名、身份证、联系方式等信息。随后,该工作群中赵某,又将该名单转发至家族群中,致使该 300 多人的信息在多个微信群中被转发传播,隐私受到严重侵害。后公安机关因这三人泄漏公民信息将其拘留。王某等人辩称是为了公共利益,希望引起周围人的防疫意识才做此行为。

■ 案例解析

1. 因疫情等公共利益能够侵害公民隐私或个人信息吗?

公民的隐私权和个人信息受法律保护。虽然个人信息可以被合理使用,即在法律规定的范围内收集、使用个人信息可以免除民事责任,但个人信息的合理使用应严格遵循《民法典》的规定。根据

---

* 本案例来自《疫情防控不能成为泄露公民隐私的理由》,载内蒙古司法厅网,http://sft.nmg.gov.cn/ztzl/zyq/fznsb/202011/t20201126_1050245.html,由陆静收集整理提供。

《民法典》第1035条的规定,处理个人信息的,应当遵循合法、正当、必要原则。虽然为维护公共利益或自然人合法权益,合理实施的处理个人信息行为可以不承担民事责任。但本案中,李某作为医院职工,对于医疗信息负有保密的义务,对于涉及疫情信息的公开事宜应由主管机关审批,而其将信息发送给家人的行为主要是为了个人家庭利益,之后王某、赵某的行为也是此类性质。因此,不能认定王某等人的行为属于合理使用,王某等人的理由不能成立,其行为仍然构成侵权。

2. 处理个人信息的原则和界限是什么?

个人信息的处理往往涉及公共利益、数据储存共享之间的平衡,对个人信息的处理和自然人对自己信息的权益都有行使的界限。对个人信息的处理需要在合法、正当、必要的原则下,符合一定条件,包括:征得同意;符合公开处理信息的规则;明示处理信息的目的、方式和范围;不违反法律法规的规定和双方的约定。个人在享受个人信息权益时也受到了一定的限制,符合下列情形的处理个人信息行为不承担民事责任:在同意的范围内合理实施;合理处理自然人自行公开或已经合法公开的信息;为维护公共利益或该自然人合法权益的其他行为。

本案的法律依据请扫描二维码查看

(责任编辑:陆静)

案例 31

网上公开他人违法犯罪信息*

【警情简介】

某派出所接到承某报案,案情如下:吴某在群名"环境综合整治"的微信群中发布"承某因诈骗判处无期徒刑出狱后不思悔改,捏造事实公然侮辱公安机关、人民警察,今日已被公安分局警方拘留审查"的信息。承某认为,吴某擅自公开自己被判刑的事实,侵犯了自己的隐私权。经查,吴某发布的信息属实。另查明:承某1998年12月因犯合同诈骗罪被判处无期徒刑,剥夺政治权利终身,后于2013年6月减刑释放。2016年9月18日,承某与吴某产生经济纠纷,曾将一张写有有关吴某的侮辱性语言的纸条张贴在自己轿车车身招摇过市。2016年9月26日,公安分局某派出所作出行政处罚决定书,对承某行政拘留7日。

案例解析

1. 本案吴某的行为是否构成侵犯名誉权?

公民享有名誉权,公民的人格尊严受法律保护,禁止用侮辱、诽

---

* 本案例由何锐编辑整理提供。

谤等方式侵害他人名誉。是否构成侵害名誉权,应当根据行为人行为的违法性、受害人名誉被损害的事实、违法行为与损害事实之间有因果关系、行为人主观上有过错来认定。本案争议的焦点是吴某在特定微信群中发布承某的违法犯罪信息是否具有违法性,是否属于侮辱或诽谤行为。吴某在特定工作群中发布的承某犯罪和违法信息,不是虚构事实,而是真实信息,不构成诽谤,且未使用侮辱性言辞,故不构成侵犯名誉权。

2. 违法犯罪记录是否属于个人信息保护的范畴?

个人信息是以电子或者其他方式记录的能够单独或者与其他信息结合识别特定自然人的各种信息,包括自然人的姓名、出生日期、身份证件号码、生物识别信息、住址、电话号码、电子邮箱、健康信息、行踪信息等。《民法典》未列举违法犯罪记录是否属于个人信息,但是,按照审判公开的原则,有关犯罪的刑事判决是依法公开的,该犯罪信息属于已经合法公开的信息,处理此类个人信息,行为人不承担民事责任。

本案的法律依据请扫描二维码查看

(责任编辑:何锐)

案例 32

个人信息被买卖*

【警情简介】

田女士因工作变动,需要更换住房,遂打算将其现有住房售卖。田女士因平时工作繁忙,将房屋售卖的事情委托给朋友王某代办,许诺事成之后给予报酬,并要求王某注意其个人信息的保护。不久田女士接到大量房屋中介的咨询电话,并且对方对于田女士的个人信息掌握详细。田女士打电话向王某询问,王某称其为了尽快促成交易拿到报酬,将田女士的个人信息告知了多个中介公司。田女士认为,王某在没有征得其同意的情况下,私自将其个人信息提供给第三方的行为,侵犯了自己的个人信息。田女士与王某发生激烈的争吵与推搡,报警要求解决。后经调查,田女士的个人信息系王某有偿提供给房屋中介机构。

案例解析

1. 个人信息的保护体现在哪些方面?

个人信息是以电子或者其他方式记录的能够单独或者与其他

---

* 本案例来自《记者调查:看似阻止个人信息泄露 实则深藏诈骗新套路》,载搜狐网 2020 年 9 月 30 日,https://www.sohu.com/a/421822048_362042,由马建荣收集整理提供。

信息结合识别特定自然人的各种信息,包括自然人的姓名、出生日期、身份证件号码、生物识别信息、住址、电话号码、电子邮箱、健康信息、行踪信息等。自然人的个人信息受法律保护。任何组织和个人需要获取他人个人信息的,应当依法取得并确保信息安全,不得非法收集、使用、加工、传输他人个人信息,不得非法买卖、提供或公开他人个人信息。本案中,王某出售田女士的个人信息,违反了法律不得非法买卖个人信息的规定,侵害了田女士的个人信息受保护权,应当依法承担民事责任。

2. 如何合法地处理个人信息?

个人信息的处理包括个人信息的收集、存储、使用、加工、传输、提供、公开等。信息社会,不可避免地会接触或应用到个人信息,对个人信息的处理应遵循合法、正当、必要原则,并需要符合下列条件:(1)征得该自然人或者其监护人同意,但是法律、行政法规另有规定的除外;(2)公开处理信息的规则;(3)明示处理信息的目的、方式和范围;(4)不违反法律、行政法规的规定和双方的约定。本案中,田女士事先已要求王某注意其个人信息的保护,但王某置若罔闻,将田女士的个人详细信息出售给多家中介公司,超出合理处置的范畴,属于侵权行为。

本案的法律依据请扫描二维码查看

(责任编辑:马建荣)

第一编 总则

第二编 物权

第三编 合同

第四编 人格权

第五编
婚姻家庭

311—378

第六编 继承

第七编 侵权责任

案例 1

同居解除后彩礼返还吗？*

【警情简介】

2018年春节期间，李某与王某订婚，约定当年10月结婚。王某按照当地风俗习惯向李某给付了6万元彩礼，订婚后两人开始了同居生活。同居期间二人因感情不和解除了婚约。王某要求李某返还彩礼，李某以同居时间较长，且钱已花完为由不予返还。王某认为，没领证就应该返还，双方僵持不下产生纠纷。

■ 案例解析

1. 彩礼的法律性质是什么？

彩礼一般是指依据当地习俗，一方及其家庭给付另一方及其家庭的与缔结婚姻密切相关的大额财物。如果婚前给付的仅是数额较小的"见面礼""过节礼"，或者价值较小的饰物、衣物等，一般均不宜认定为彩礼。彩礼一般为数额较大的金钱或者价值较高的实物，包括现金、首饰等贵重物品。如果给付财物的直接目的与婚姻无

---

* 本案例由何锐收集整理提供。

关,则该财物不应认定为彩礼。本案中,王某给李某 6 万元钱是以双方结婚为目的的,是一种附条件的赠与,在法律上可以认定为彩礼。

2. 返还彩礼的条件是什么?

根据最高人民法院《关于适用〈中华人民共和国民法典〉婚姻家庭编的解释(一)》第 5 条第 1 款的规定,双方未办理结婚登记手续,当事人请求返还彩礼的,人民法院应当予以支持。本案中,王某与李某未办理结婚登记,王某可以根据上述司法解释相关规定要求李某返还彩礼,但因订婚后二人同居生活时间较长,同居关系解除后,一方要求另一方返还彩礼,应该考虑另一方遭受的损失,不应要求返还全部彩礼。且如果根据李某提供的证据,该彩礼一部分确实已用于双方生活消费,合理花销部分无须返还。

本案的法律依据请扫描二维码查看

(责任编辑:何锐)

案例 2

妻子能举报丈夫嫖娼吗?*

【警情简介】

2019年7月26日,有人报警称一男子在出租屋内嫖娼。民警接到报案后调查发现,报案人张某是被调查人海某的妻子。2017年年底,张某发现丈夫海某与女子刘某有不正当关系,之后夫妻失和、感情恶化,二人开始分居。海某与刘某保持不正当关系长达一年多时间。张某要求离婚,海某对张某不理不睬,张某气不过,于是跟踪海某,发现海某进了刘某的出租屋,遂报警称有人嫖娼,想通过报案留下丈夫出轨的证据。

案例解析

1. 如何认定"与他人同居"?

根据最高人民法院《关于适用〈中华人民共和国民法典〉婚姻家庭编的解释(一)》第2条的规定,"与他人同居"是指有配偶者与婚外异性,不以夫妻名义,持续、稳定地共同居住。其中包含三个要

---

* 本案例由何锐收集整理提供。

件,第一,两个同居的人,至少有一方有配偶;第二,两个同居的人没有以夫妻名义共同生活,否则就是重婚;第三,有持续、稳定的共同居住行为,这与我们平时所说的出轨有明显区别。因为出轨不要求有一段持续、稳定的共同生活,但是有配偶者与他人同居有此要求。本案中,海某在婚姻存续期间,长期与其他女子共同租住的行为属于"与他人同居"。

2. 有配偶者与他人同居的法律责任有哪些?

有配偶者与他人同居的行为违反了《民法典》中关于一夫一妻制及夫妻相互负有忠诚义务的规定,伤害夫妻感情、破坏婚姻关系,应当受到谴责。受害方可以要求离婚并在离婚时提起损害赔偿,民警对此也可以给予批评教育。另外,张某谎报警情的行为浪费了警务资源,按照《治安管理处罚法》应当受到相应处罚。但考虑到其丈夫海某确实存在违法行为,民警应当考虑执法的社会效果,不宜处罚张某。可告知张某其报警行为存在不当,可通过诉讼途径离婚,以便化解矛盾,解决问题。

本案的法律依据请扫描二维码查看

(责任编辑:何锐)

案例 3

"改口钱"离婚时要退吗?[*]

【警情简介】

甲(男)、乙(女)二人经过网恋,三个月后决定结婚。当地风俗是婚前男方必须请媒人到女方家上门提亲,双方家长共同商量结婚事宜。按照当地风俗乙开口改称甲母为"妈妈",甲母则将一只祖传金戒指送给乙作为"改口钱"。而乙的父母也向甲索要了10万元彩礼,以此作为抚养女儿长大的"辛苦费"。甲、乙登记结婚,领取结婚证后还未在一起生活,就因筹备婚礼经常意见不合,发生争吵,随即二人决定离婚。甲要求乙及乙父母返还所收的金戒指和10万元彩礼,乙则以上述财产系甲母及甲自愿给予为由拒绝返还,两家多次发生谩骂、推搡等,后甲报警。

案例解析

1. 甲母送给乙金戒指的行为性质界定

甲母给付乙金戒指的行为,是基于甲与乙结婚的目的,以乙要

---

[*] 本案例来自房绍坤、范李瑛主编:《婚姻家庭法》(第3版),中国人民大学出版社2022年版,第135页,由薛冀红编辑整理提供。

成为自己儿媳为前提,应该是附条件的赠与,而不是一般的赠与行为。甲、乙办理结婚登记后未共同生活就离婚,乙应当将收取的礼物还给甲母。

2. 乙的父母收取甲 10 万元彩礼的行为性质界定

乙与甲自愿结婚,但乙父母却向甲索要 10 万元彩礼作为结婚的条件,因此,乙父母收取甲 10 万元彩礼的行为,是乙父母借婚姻索取财物的行为。甲与乙登记结婚后尚未共同生活即离婚,结婚时间不长,双方一天也没有共同生活。乙父母自甲处取得的财物是索取所得,应当全部返还。

本案的法律依据请扫描二维码查看

(责任编辑:薛冀红)

案例 4

"婚内协议"有效吗?*

【警情简介】

李某与马某生有一女李某某。婚后李某与罗某存在不正当交往,马某得知后与李某签署了一份"婚内协议",约定:如双方今后一方有婚外情、与他人同居、重婚、家庭暴力、遗弃、虐待等过错行为,造成夫妻离婚的,则女儿李某某由无过错方直接抚养,过错方每月给女儿抚养费3000元,直到女儿大学毕业;过错方无偿放弃双方名下一切财产;双方购房贷款由过错方一方负责偿还直至全部还清为止;过错方在离婚生效之日起10日内,一次性补偿无过错方人民币20万元。此后,李某仍与罗某继续交往致罗某怀孕并产下一子。李某和马某就是否按照该协议处理离婚、婚生女抚养、夫妻共同财产分割等问题发生争吵,因其半夜扰民,引起邻居报警。

* 本案例由何锐收集整理提供。

案例解析

1. 本案当事人马某以李某违反"婚内协议"为由起诉,会得到法院的支持吗?

本案中,李某与马某订立的"婚内协议",实质上是为保证双方今后在夫妻关系存续期间不违反夫妻忠实义务而以书面形式所作出的约定,是一份"忠诚协议"。该协议中,关于子女抚养的约定涉及身份关系,不属于《民法典》合同编的调整范围,应适用婚姻家庭编的规定;关于财产分割及经济补偿的约定,是以感情为条件的,而感情不属于法律的直接调整对象,因此不具有法律基础,应由当事人本着诚实信用的原则自觉履行。如果马某以李某违反"婚内协议"起诉,法院是不会受理的,已经受理的,也会驳回起诉。如果马某提起离婚诉讼,法院会在分割夫妻共同财产时,综合考虑李某在婚姻中的过错情况等因素,对无过错的一方即马某酌情予以照顾,以平衡双方利益。

2. 如何理解"夫妻应当互相忠实"的规定?

《民法典》关于"夫妻应当互相忠实"的规定,属于倡导性、宣誓性的条款,并非强制性条款,本身不具有可诉性,相关司法解释也明确不受理或驳回起诉。该规定是将婚姻家庭道德规范法律化,以法律形式明确告知国家倡导什么样的婚姻家庭关系,体现了立法的精神。但忠实义务本质上是一种道德义务,而不是一种法律义务。夫妻一方以此道德义务作为对价与另一方进行财产或物质交换而订立的协议,是将道德义务以合同的形式予以设定,不能认定为是确定具体民事权利义务的协议。如果赋予此类协议法律约束力,可能会鼓励当事人在婚前或婚内签订要求对方给予保证的"忠诚协议"。这不仅会加大婚姻的成本,也会破坏双方的信任,使原本建立在感情基础上的婚姻关系变质,引发更多的矛盾。因此,本案中"婚内协议"所涉子女抚养的约定,因涉及身份关系而无效;所涉财产分割及补偿协议部分的约定,可由当事人自愿履行,不具有法律约束力。

本案的法律依据请扫描二维码查看

(责任编辑:何锐)

案例 5

婚姻无效能分财产吗？*

【警情简介】

李某与任某系表兄妹关系，双方举行结婚仪式后办理了结婚登记。在共同生活期间，李某和任某各自办理了信用卡。之后，双方感情不和，李某提出离婚并分割共同财产。此时，李某的信用卡透支 5000 元，任某的信用卡透支 30,530.78 元。但李某认为任某的信用卡透支项目多数是其为自身购买化妆品、办理美容卡等，仅有少数数额是为家庭开支，此债务问题应由任某一人承担，为此双方争执不下，遂向社区求助。

■ 案例解析

1. 李某与任某的婚姻关系有效吗？应以离婚方式结束两人的婚姻关系吗？

依照《民法典》第 1048 条的规定，直系血亲或者三代以内的旁系血亲禁止结婚。直系血亲是指和自己有直接血缘关系的亲属，依

---

* 本案例由王秀萍收集整理提供。

照世代计算法规定,凡是出自同一祖父母、外祖父母的血亲都是禁婚亲,包括生出自己的长辈(父母、祖父母、外祖父母以及更上的长辈)和自己生出来的下辈(子女、孙子女、外孙子女以及更下的直接晚辈)。旁系血亲是具有间接血缘关系的亲属,即非直系血亲而在血缘上和自己同出一源的亲属。三代以内旁系血亲是在血缘上和自己同出于三代以内的亲属。这里的三代是从自己开始计算为一代的三代,一是兄弟姐妹;二是伯、叔、姑与侄、侄女、舅、姨与甥、甥女;三是堂兄弟姐妹和表兄弟姐妹。因此,李某与任某属于禁止结婚的旁系血亲。

依据《民法典》第1051条的规定,有禁止结婚的亲属关系的,婚姻关系无效。因此,李某与任某的婚姻关系无效,二人若确实感情不合要分开,也应请求人民法院确认二人的婚姻关系无效,而不是协议或诉讼离婚。

2. 任某信用卡透支导致的债务应由谁归还?

对于无效或被撤销婚姻的当事人在同居期间产生的债权、债务,如果当事人对财产作了约定,只要这种约定符合民事法律行为的有效要件,分割财产时应按照该约定处理;如果没有约定,应当根据最高人民法院《关于适用〈中华人民共和国民法典〉婚姻家庭编的解释(一)》第22条的规定,按共同共有处理当事人同居期间产生的债权、债务,但有证据证明为当事人一方所有的除外。本案中,李某与任某系表兄妹关系,双方的婚姻属于无效婚姻。李某与任某在共同生活期间对债权、债务没有约定,因而不能按照约定处理,且无证据证明任某的透支款属于任某个人的债务,故应当根据上述司法解释的规定,按共同共有处理债务30,530.78元。

本案的法律依据请扫描二维码查看

（责任编辑：王秀萍）

案例 6

重婚有民事责任吗？*

【警情简介】

2009年3月，闫某（女）经人介绍与同乡男子侯某登记结婚。婚后夫妻二人在某市经营火锅店，并育有二女一男。2016年，男子卢某在火锅店就餐时认识闫某并互加微信，此后二人经常通过微信聊天，闫某把自己与丈夫侯某一起生活的种种不如意、不开心向卢某倾诉，二人在交往中逐渐产生感情。闫某越来越觉得相比自己的丈夫，卢某才是可以托付终身的好男人，便产生了和卢某"私奔"的想法，闫某把自己的决定告知卢某后，二人一拍即合。2017年年初，卢某将闫某带至某地，二人以夫妻名义共同生活，并于2018年生育一女。其间，侯某多次带人到该地找到闫某，要求其回去和自己继续共同生活，被闫某拒绝。2020年侯某报案后，闫某和卢某主动到公安机关投案自首。

案例解析

1. 重婚的类型有哪些？

重婚是指男女一方或者双方已有配偶而非法建立夫妻关系的

---

* 本案例由何锐收集整理提供。

行为。重婚行为主要有以下几种类型:(1)与配偶登记结婚后,又与他人登记结婚而重婚,即两个法律婚的重婚。(2)与配偶登记结婚后,与他人没有登记结婚而以夫妻名义共同生活而重婚,即先法律婚后事实婚的重婚。(3)与他人未登记结婚而以夫妻名义共同生活,后又与第三人登记结婚而重婚,即先事实婚后法律婚的重婚。(4)没有配偶,但明知对方有配偶而与其登记结婚或以夫妻名义同居而重婚。

2. 重婚的责任有哪些?

重婚行为违反我国一夫一妻婚姻原则,重婚关系无效,不受法律保护。因重婚或有配偶者与他人同居,导致离婚的,无过错方有权请求损害赔偿。本案中,闫某未解除与侯某的婚姻关系,就与卢某以夫妻身份同居生活,属于先法律婚后事实婚类型的重婚行为,卢某也明知闫某有配偶而与其同居,两人都构成重婚罪。故侯某报案请求警方予以调查,公安机关应当立案,查清事实后可根据实际情况告知侯某提起刑事自诉或者以闫某和卢某涉嫌重婚罪移交检察院依法提起公诉。另外,侯某还可以在离婚诉讼中向闫某提出损害赔偿要求。

本案的法律依据请扫描二维码查看

(责任编辑:何锐)

案例 7

被拐卖者的婚姻有效吗？[*]

【警情简介】

张某高中没毕业就辍学了，瞒着父母想去广东，投靠在那里开服装店的姑妈。在火车站转站时，被人以帮助介绍工作为名，拐骗至某市城乡接合部的出租屋内，和一伙年轻农村妇女一起被安排做"穿珠子""包装茶叶"等工作，而后又被所谓"老板"以外出进货为名拐骗到偏僻农村，卖给了当地村民当媳妇。张某被胁迫办理了结婚登记，两年后才瞅准机会逃了出来。她能撤销该段婚姻吗？

案例解析

1. 哪些情形下可以撤销婚姻？

可撤销婚姻是指虽已成立，但因违反法定的私益有效要件而自始不产生法律效力的婚姻。两种情形下登记的婚姻可以撤销：一是因受到胁迫而登记结婚的；二是婚前患有重大疾病未如实告知的。

---

[*] 本案例来自杨立新主编：《〈中华人民共和国民法典〉条文精释与实案全析》，中国人民大学出版社 2020 年版，由张含敏编辑整理提供。

因受胁迫结婚的,法律将撤销婚姻的请求权赋予受胁迫一方的当事人本人,由她来决定是否行使该项权利。张某被拐卖,被迫与他人登记结婚,属于可撤销婚姻的法定情形,有权申请撤销。

2. 张某什么时候可以提出撤销婚姻的申请?

当事人申请撤销婚姻是有期限的,应当自胁迫行为终止之日起1年内提出。这与原《婚姻法》的规定有所变化,原规定是自婚姻登记之日起1年内提出,《民法典》作了重大修改,意义在于更好地保护受胁迫一方当事人的权益。所以,本案中张某逃出来后可以在1年内申请撤销婚姻。

本案的法律依据请扫描二维码查看

(责任编辑:张含敏)

案例 8

"虚假离婚"的后果是什么?*

【警情简介】

周女士和王先生都是某机关职工,二人育有一女。2013年,周女士和王先生所在单位分房,夫妻俩合计所分房子位置好,分两套房子获利不小,于是夫妻二人商量好先办离婚手续,等福利房分下来再复婚。在利益的驱使下,当年4月,夫妻二人协议约定女儿随周女士生活,现有房产归周女士所有,去民政部门办理了离婚手续。离婚后二人依然像往常一样生活在一起,且如愿以偿分到了两套房子。周女士在房子分下来之后要求复婚,王先生却借故一推再推,回家的次数也越来越少。一次偶然的机会,周女士通过朋友得知王先生正在和比自己小十来岁的女青年黄某谈恋爱,已经到了谈婚论嫁的地步。周女士一气之下起诉到法院,要求撤销"虚假离婚"。

▰ 案例解析

1. "虚假离婚"真的假吗?

"虚假离婚"是指夫妻一方或者双方无离婚的真实意思,因双方

---

* 本案例由何锐收集整理提供。

同谋或受对方欺诈而作出离婚的意思表示。一般而言,"虚假离婚"包括两种情形:一是同谋离婚,二是欺诈离婚。周女士的情况显然属于第一种,即同谋离婚。在双方还未办理复婚的情况下,双方处于离婚状态,如果一方不想跟另一方继续生活下去,那么随时可以终止同居关系。"虚假离婚"后,一方不同意复婚的,对财产分割部分也不能反悔。我国法律并没有"虚假离婚"的说法,离婚的方式只有两种:一种是协议离婚,到婚姻登记处办理;另一种是诉讼离婚,到法院按法律程序处理。不管是哪种方式,一旦婚姻关系依法解除,则在法律上与真离婚产生一样的法律效果。

2. "虚假离婚"的法律后果是什么?

男女双方协议离婚后一年内就财产分割问题反悔,请求变更或者撤销财产分割协议的,人民法院审理后,未发现订立财产分割协议时存在欺诈、胁迫等情形的,应当依法驳回当事人的诉讼请求。周女士夫妻双方在离婚协议中约定房产归女方所有,那么即使二人复婚了,该房产也属于女方的个人财产,而不再是夫妻共同财产。而且,"虚假离婚"是不可以撤销的。"自愿"才是离婚的生效要件,只要双方自愿同意结婚或离婚,依照法定程序办理了婚姻登记手续即为有效,而不问婚姻背后的真实意图。此外,《民法典》只规定了婚姻无效的三种情形和婚姻可撤销的两种情形,并没有赋予当事人通过民事诉讼的方式确认"虚假"结婚或离婚效力的权利。

本案的法律依据请扫描二维码查看

(责任编辑:何锐)

案例 9

隐瞒病情的婚姻有效吗?*

【警情简介】

王女士经过单位同事的介绍,认识了李先生。李先生仪表堂堂,谈吐文雅,很快俘获了王女士的芳心。仅认识几个月,两个人就决定登记结婚。可是共同生活后,王女士发现李先生偶尔会有些特别奇怪的举动,不但自言自语,还手舞足蹈甚至乱砸东西。经过多方了解,王女士才知道李先生婚前竟然患有间歇性精神分裂症,虽然长期吃药控制得不错,但是依然偶尔会发病。王女士非常苦恼,觉得自己上当受骗了,随即向公安机关报警。

■ 案例解析

1. 一方隐瞒重大疾病而结婚,怎么办?

《民法典》规定了两种可撤销婚姻的情形:第一种是因胁迫结婚的,受胁迫一方可以向人民法院请求撤销婚姻;第二种是一方患有重大疾病未告知另一方的,另一方可以向人民法院请求撤销婚姻。

---

* 本案例由何锐收集整理提供。

出于尊重婚姻自主权,疾病不再是禁止结婚以及婚姻无效的法定事由,而成为可撤销婚姻的法定事由。婚姻关系有别于普通人之间的关系,夫妻之间应该有充分的知情权,特别是对重大事项的知情权。因此,一方患有严重疾病的,应当在结婚登记前如实告知另一方;不如实告知的,另一方可以向人民法院请求撤销婚姻。本案中,李先生隐瞒病情,没有向王女士如实告知自己的健康状况,二人的婚姻属于《民法典》规定的可撤销婚姻。

2. 要求撤销婚姻的权利期间是多长?

《民法典》第 1053 条规定,一方患有重大疾病的,应当在结婚登记前如实告知另一方;不如实告知的,另一方可以向人民法院请求撤销婚姻。请求撤销婚姻的,应当自知道或者应当知道撤销事由之日起 1 年内提出。王女士可在知道李先生婚前患病之日起 1 年内向人民法院请求撤销婚姻,该期限不适用诉讼时效中止、中断或者延长的规定。

本案的法律依据请扫描二维码查看

(责任编辑:何锐)

案例 10

夫妻能单方做主吗?*

【警情简介】

李某和韩某梅婚后育有一女李某蕾,韩某梅看到周边同龄小孩都在上辅导班,也给女儿李某蕾报了一个舞蹈培训班,一年培训费3万元,一次性交3年培训费可打九折,韩某梅于是一次性交了8.1万元培训费。李某知道后,便指责韩某梅花钱不经过大脑,认为培训费太贵,于是以韩某梅报班未经他同意为由,主张培训合同无效。李某的主张能得到法律支持吗?

案例解析

1. 夫妻家事代理的范围是什么?

夫妻家事代理权,是指夫妻一方因日常家事与第三人为一定法律行为时相互代理的权利,即夫妻于日常家事处理方面互为代理人,互有代理权。夫妻间有权代理的仅限于婚姻存续期间的日常家事。日常家事的范围主要以家庭生活开支的形式表现出来。家庭生活开支是为维持家庭生活正常进行及进一步提高生活水平所需

---

* 本案例由何锐收集整理提供。

的费用,是经常的和重要的夫妻日常共同财产开支,其范围主要包括:(1)维持共同生活的费用;(2)抚养教育子女的费用;(3)家庭成员所需的医疗费用;(4)其他日常生活所需的费用。一般认为下列事务不属于家事代理的范围:(1)处分不动产;(2)处分具有重大价值的财产;(3)处分与婚姻当事人一方人身有密切联系的事务,如领取劳动报酬、放弃继承等。

2.《民法典》对家事代理是如何规定的?

《民法典》第1060条规定,夫妻一方因家庭日常生活需要而实施的民事法律行为,对夫妻双方发生效力,但是夫妻一方与相对人另有约定的除外。夫妻之间对一方可以实施的民事法律行为范围的限制,不得对抗善意相对人。因此,对于因日常家事支出的财产处分,夫妻任何一方均有决定权,当然地享有处分权,且一经作出即代表双方共同意思表示,该家事行为对夫妻双方有效。从实际生活来看,日常家庭生活琐碎,若超市购物、医疗、子女教育、菜市场买菜等都需双方共同出场或对方的授权,不符合生活习惯。本案中,韩某梅一次性交纳8.1万元舞蹈班培训费,看似数额较大,但是仍然属于日常家事,无须与丈夫商量即可自行决定。因此,李某的主张得不到法律的支持。

本案的法律依据请扫描二维码查看

(责任编辑:何锐)

案例 11

"分手费"能要回来吗?*

【警情简介】

2019年12月,某甲发现丈夫某乙与某丙有婚外情。随后与丈夫发生激烈争吵。经亲友劝说后两人和好。后某甲发现某乙于2021年2月20日给某丙通过花呗转款10,000元,用以了断他们的不正当关系。某甲认为,某丙所收款项是自己的家庭存款,某丙通过对某乙施加压力达到收款目的,某丙所收款是不当得利,依法应当予以返还,遂向某丙讨要,遭到拒绝后,双方因争吵发生互殴,后某甲到当地派出所报案。

案例解析

1. 夫妻共同财产的法律规定

在婚姻存续期间,除夫妻双方约定实行分别财产制外,夫妻双方对全部共有财产不分份额地共同享有所有权,因日常生活需要对

---

* 本案例来自《婚姻关系存续期间丈夫私自转款给第三者 法院:全部返还!》,载光明网2023年2月27日,https://m.gmw.cn/baijia/2023-02/27/1303296713.html,由薛冀红编辑整理提供。

夫妻共同财产所作的处理决定,双方应当平等协商,取得一致意见,任何一方均无权单独处分夫妻共有财产。

2. 婚外恋的行为有违公序良俗

本案中某乙与某丙均在明知对方有配偶的情况下,仍以恋人关系持续交往,其二人的行为违背了公序良俗,损害了社会公德。某乙单方赠与某丙财产,其所赠财产系夫妻共同财产,该单方赠与财产的行为侵害了某甲的合法权益,属于无效民事行为。某甲有权要求某丙返还某乙赠与的财产。

本案的法律依据请扫描二维码查看

(责任编辑:薛冀红)

第五编 婚姻家庭

案例 12

丈夫能单方把财产赠与他人吗?[*]

【警情简介】

阿平与阿珍是一对结婚30年的夫妻,两人育有一个女儿。随着年龄渐长,阿平还想再要一个孩子。小芳经朋友介绍认识了阿平,知道阿平有生子意愿,两人协商一致后,共同前往国外制作试管婴儿,由阿平提供精子,筛选国外卵子库中的优质卵子合成受精卵植入小芳腹中。最终小芳生下孩子,阿平是其生物学父亲。从怀孕至产后,阿平在妻子阿珍不知情的情况下,多次向小芳转账并为其购置房产,总计高达1100万元,还向小芳出具了条据,该条据载明:"我愿意将以前所给予或借支给小芳的1100万元,作为孩子的抚养费、教育费(0~18周岁),孩子由小芳抚养,永不反悔。如果我老婆提出异议,该笔钱即为夫妻共同财产中的个人财产,系我个人自愿。"此事被阿珍发现后,阿珍向法院起诉并请求:确认阿平支付给小芳1100万元的处分行为无效;判令被告小芳返还1100万元。

---

[*] 本案例由何锐收集整理提供。

案例解析

1. 确定夫妻财产归属的一般原则是什么?

依据我国法律规定,夫妻未书面约定财产归属的,夫妻财产共同共有,双方对共有财产平等地行使权利、承担义务。夫妻在婚前或婚后,可以通过书面形式约定婚姻关系存续期间所得的财产以及婚前财产归各自所有、共同所有或者部分各自所有、部分共同所有。也就是说,夫妻财产以共同所有为原则,以分别所有为例外,以此确保夫妻财产成为婚姻家庭生活得以正常运转的基本保障。

2. 如何看待本案的纠纷?

一方面,阿平、小芳共同接受人类辅助生殖技术及阿平给付小芳巨额财产的行为,违反了我国法律的强制性规定,违背人类辅助生殖技术伦理原则,违背社会公序良俗,阿平的给付行为无效,小芳因此获得的财产应予返还。另一方面,婚姻关系存续期间,阿平瞒着妻子与他人实施"代孕"并转移巨额财产的行为,属于严重损害夫妻共同财产权的行为,侵犯了阿珍的合法权益,阿珍可以请求人民法院分割转移的这部分共同财产。

本案的法律依据请扫描二维码查看

(责任编辑:何锐)

案例 13

不离婚能分割共同财产吗?*

【警情简介】

甲(女)曾有一段短暂的婚姻,与前夫离婚后与乙走入婚姻,而甲与前夫所生的儿子(丙)一直和其父生活在一起,甲只是按月给孩子生活费。甲乙再婚以后双方感情一直很好,二人勤勤恳恳工作,努力赚钱共同经营着小家。3 年多时间就有了 20 多万元的存款。不料,天有不测风云,丙身患急性重病,光治疗费用就要 40 多万元。甲的前夫一人无力承担,寻求甲的帮助。甲在向乙张口要钱遭拒后,既不想与乙离婚又想救治自己的亲生儿子。

■ **案例解析**

1. 哪些财产属于夫妻共同财产?

夫妻在婚姻关系存续期间取得的财产,除法律特别规定或双方另有约定外,均属于夫妻共同财产。

---

* 本案例来自《民法典主题典型案例 | 婚内财产可分割,不离婚也能分财产》,载微信公众号"杭州法治"2022 年 3 月 24 日,由薛冀红编辑整理提供。

本案中,甲、乙再婚后所存的 20 多万元存款就属于夫妻共同财产。

2. 夫妻在婚姻关系存续期间能要求分割共同财产吗?

可以,但必须具备特殊情形。夫妻共同财产并不必然遵循民间传统观念所认为的"密不可分"理念,在特殊情况下可以分割。本案中甲珍惜自己现在的家庭,不想和乙离婚;又难以割舍对自己亲生儿子的感情,想救治儿子。为调和这样的矛盾,在不破坏现在婚姻状态的前提之下可以申请人民法院进行婚内财产分割。

本案的法律依据请扫描二维码查看

(责任编辑:薛冀红)

案例 14

个人名下存款能平分吗?*

【警情简介】

李某和妻子王某花于 2018 年上半年产生矛盾,2019 年 2 月开始分居。2019 年 3 月,李某起诉要求离婚,经法院驳回后双方感情未见好转。2020 年 1 月,李某再次起诉要求离婚,并分割夫妻共同财产。但王某花认为感情并未破裂,不同意离婚。双方对于财产的分割也出现了分歧。李某称王某花在中国邮政储蓄银行有共同存款 35 万元,王某花称该 35 万元来自婚前房屋拆迁补偿款(20 万元)及养老保险金(15 万元),属于个人所有。王某花称李某名下账户内有 20 万元存款,应当平分。双方由此发生激烈争执,引发警情。

■ 案例解析

1. 哪些财产属于夫妻共同财产?

根据《民法典》及相关司法解释的规定,夫妻在婚姻关系存续期间所得的以下财产为夫妻共同财产:工资、奖金、劳务报酬;生产、经

---

* 本案例由何锐收集整理提供。

营、投资的收益;知识产权的收益;继承或者受赠的财产,但是遗嘱或者赠与合同中确定只归一方的财产除外;一方以个人财产投资所得的收益;男女双方实际取得或者应当取得的住房补贴、住房公积金;男女双方实际取得或者应当取得的养老保险金、破产安置补偿费;其他应当归共同所有的财产。

2. 本案中的财产如何分割?

本案中,王某花名下的35万元现金,其中15万元为养老保险金,其他为婚前房屋拆迁补偿款。根据《民法典》及相关司法解释的规定,养老保险金为夫妻共同财产,应当平分;婚前房屋拆迁补偿款为王某花的婚前财产,应当属于其个人所有。李某名下的20万元存款是婚后所得,属于夫妻共同财产,应当平分。

本案的法律依据请扫描二维码查看

(责任编辑:何锐)

案例 15

前夫的婚内债务怎么办？*

【警情简介】

2018年3月，李某与陈某东结束了长达12年的婚姻，两个小孩均由李某抚养。2018年6月，李某家中来了几个讨债的，债主要求李某连带承担与陈某东婚姻关系存续期间的债务。李某对债主所说的债务完全不知情，想以离婚为由打发债主。债主并不买账，坚持要求李某还钱。李某想找陈某东问清楚是怎么一回事，但他留下的电话号码无法接通，发微信也不回。债主不断上门讨债，李某陷入巨大的恐慌和压力中，无奈之下选择报警。

案例解析

1. 确定夫妻共同债务的标准是什么？

《民法典》确定了夫妻共同债务"共债共签"原则，从法律上对夫妻共同债务进行了划分和确定。夫妻共同债务一般包括三种情形：(1) 夫妻"共债共签"，或者夫妻一方事后追认的债务属于夫妻共同债务。只有夫妻双方共同在借款合同上签字，才能够被认定为夫妻

---

* 本案例由何锐收集整理提供。

共同债务。如果夫妻一方未签字,但后面追认了这笔债务,也可以认为是共同债务。(2)夫妻一方婚内以个人名义为家庭日常生活需要所负的债务,属于夫妻共同债务;这一规定实际上也是对夫妻家事代理权的认定。当然,这种代理事务限于家庭日常事务,超出日常生活需要所负的债务不属于夫妻共同债务。(3)夫妻一方以个人名义超出家庭日常生活需要所负的债务,不属于夫妻共同债务;但债权人能够证明该债务用于夫妻共同生活、共同生产经营或者基于夫妻双方共同意思表示的,可以认定为夫妻共同债务。

2. 本案如何处理?

夫妻共同债务"共债共签"原则,不但强调了夫妻双方的知情权和同意权,而且明确了夫妻一方举债且数额较大的,由债权人承担证明责任,也就是说债权人需要提供证据证明该笔债务是用于夫妻共同生活、共同生产经营或者虽然夫妻一方未签字,但是仍然有借款的意思表示,才能将其认定为夫妻共同债务。这对夫妻双方而言,避免了一方无辜"被负债"。对债权人而言,告知其举证义务也有利于提前进行风险防范。本案中,债务是否为李某和陈某东的共同债务,一是看是否有李某的签字,二是看债务是否用于夫妻共同生活、共同生产经营,三是看李某是否事后追认。如果均没有,则只能认定为系陈某东的个人债务,李某无还债的义务。

本案的法律依据请扫描二维码查看

(责任编辑:何锐)

案例 16

妻子应还丈夫的网贷吗？*

【警情简介】

胡某到银行取钱时发现工资卡被法院冻结，去了法院才知道，前夫张某在离婚前曾三次通过互联网消费信贷，共欠款 10 万元，逾期未还，信贷公司便将张某与胡某共同起诉到法院，要求胡某与前夫共同承担债务，胡某觉得冤枉。两年前，前夫因嫖娼被治安处罚，夫妻感情破裂，两人办理了离婚登记。经查明，所借款项 10 万元发生于离婚登记前但并未用于家庭共同生活。

案例解析

1. 夫妻共同债务如何认定？

近年来，夫妻债务如何认定一直是热点话题。《民法典》婚姻家庭编引入夫妻共同债务"共债共签"原则，明确共同债务与个人债务的判断标准：举债是否出于共同意思表示，是否为了满足家庭日常

---

* 本案例来自杨立新主编：《〈中华人民共和国民法典〉条文精释与实案全析》，中国人民大学出版社 2020 年版，由张含敏编辑整理提供。

生活需要。至于超出家庭日常生活需要的债务,如果能证明债务用于家庭共同生活、共同生产经营,也属于共同债务。《民法典》以立法方式确立了夫妻共同债务的认定标准:一是"共签共债",双方共同签字或一方未签字但事后追认则为共同债务;二是"共需共债",为家庭日常生活需要所负债务亦为共同债务;三是"共用共债",用于夫妻共同生活、共同生产经营的债务也为共同债务。对夫妻共同债务这一社会热点作出明确规定,对平衡保护夫妻中非举债方权益与债权人利益起到很好的指引作用。

2. 本案所涉债务是共同债务吗?胡某有共同偿还的义务吗?

根据社会发展需要,《民法典》明确规定,夫妻一方在婚姻关系存续期间以个人名义超出家庭日常生活需要所负的债务,不属于夫妻共同债务;但是,债权人能够证明该债务用于夫妻共同生活、共同生产经营或者基于夫妻双方共同意思表示的除外。本案中,张某虽在婚姻关系存续期间举债10万元,但既没有胡某的签字同意,更没有将这笔钱用于家庭共同生活开支,因此胡某对这笔债务不负偿还义务。

本案的法律依据请扫描二维码查看

(责任编辑:张含敏)

案例 17

离婚时如何处理婚内债务？*

> 【警情简介】
>
> 甲与妻子乙均在事业单位工作，有稳定收入。婚后两人与乙的父母共同生活，日常生活开销均是乙的父母承担。不知从何时起，甲在多家银行办理信用卡并大额透支，又以资金周转为由，以个人名义向丙等人借大量债务，累计债务超过 20 万元。债权人陆续向甲追债，乙及其父母才知道甲在外欠下大量债务。乙提出离婚，甲同意，双方办理了离婚登记。因甲不能偿还到期债务，丙以甲所欠债务为婚姻关系存续期间的夫妻共同债务为由起诉至人民法院，要求甲乙共同偿还。乙则以该债务为甲个人债务为由拒绝承担清偿责任。

■ **案例解析**

1. 夫妻共同债务范围的认定

夫妻共同债务是指以夫妻共同财产作为一般财产担保，在夫妻

---

* 本案例来自杨立新主编：《〈中华人民共和国民法典〉条文精释与实案全析》，中国人民大学出版社 2020 年版，由张含敏编辑整理提供。

— 347 —

共有财产的基础上设定的债务。《民法典》第1064条规定的确定夫妻共同债务的规则是:夫妻双方共同签字或者夫妻一方事后追认等共同意思表示所负的债务,以及夫妻一方在婚姻关系存续期间以个人名义为家庭日常生活需要所负的债务,属于夫妻共同债务。具体标准是:(1)夫妻双方共同签名或夫妻一方事后追认等共同意思表示所负的债务;(2)夫妻一方在婚姻关系存续期间以个人名义为家庭日常生活需要所负的债务。

夫妻一方在婚姻关系存续期间以个人名义超出家庭日常生活需要所负的债务,不属于夫妻共同债务。例如,一方未经对方同意擅自资助与其没有抚养义务的亲朋所负的债务,一方未经对方同意独自筹资从事经营活动、其收入确未用于共同生活所负的债务,以及因个人实施违法行为所欠债务。

2. 本案所涉债务是否由夫妻双方共同承担?

对于乙在婚姻关系存续期间以个人名义所负的债务,债权人主张该债务属于夫妻共同债务的,应当举证证明该债务用于夫妻共同生活、共同生产经营或者基于夫妻双方共同意思表示,否则应承担举证不能的后果。甲以个人名义借款20万元,丙未能就该债务属于夫妻共同债务提供证据,应当依法驳回丙的诉请,该笔债务由甲个人承担。

本案的法律依据请扫描二维码查看

(责任编辑:张舍敏)

案例 18

看病能分割婚内财产吗?*

【警情简介】

李某与王某系夫妻。2010年以来王某以本人名义在银行共存款六笔,本金累计10万元。王某将上述存单均交由李某保存。2019年下半年开始,李某与王某关系发生隔阂,逐渐分居生活。现李某体弱多病,患有严重腿疾须手术治疗,要花费巨额医疗费用。李某行动不便,要求王某将存款取出,用于治疗其身体疾病,但遭拒绝。后王某凭其本人身份证件至银行将存单挂失并支取了大部分存款,其名下仅剩1万元尚未支取。李某得知这些情况后,随即报警要求处置。

案例解析

1. 夫妻关系存续期间可否要求分割共有财产?

在婚姻家庭关系中夫妻应当共同承担抚养、扶养、赡养等义务,为了维护家庭与社会的稳定,在婚姻关系存续期间一般来说不得分割共有财产,但是在实际生活中的确存在一些特殊情形,使得分割

---

* 本案例由何锐收集整理提供。

共有财产成为必要。因此,婚姻关系存续期间,以不得分割夫妻共同财产为原则,可以分割为例外。共同共有人只有在共有基础丧失或者有重大理由需要分割时才可以请求分割。

2. 哪些情形下可以要求分割共有财产?

司法实践中夫妻一方要求分割共有财产的重大理由一般包括:隐藏、转移、变卖、毁损、挥霍夫妻共同财产;伪造夫妻共同债务;一方负有法定扶养义务的人患重大疾病需要医治,另一方不同意支付相关医疗费用。本案中,李某患病治病需要用钱,符合法律规定的重大理由,可以在婚姻关系存续期间要求分割夫妻共同财产,其要求分割的财产范围不局限于这10万元钱的存款。另外,需要注意的是,对部分共有财产进行分割以后,其余夫妻共有财产仍应处于共同共有的状态,这依然是为了发挥共有关系所应有的社会价值。

本案的法律依据请扫描二维码查看

(责任编辑:何锐)

案例 19

儿媳照顾婆婆的赡养费谁出？[*]

【警情简介】

张桂某、周某某夫妇育有四子一女,即周兰果(已故)、周甲(已故)、周乙、周丙、周丁(已故)。周某某已于2008年11月30日去世。张桂某年迈,行动不便,生活需要他人照料,每月领取国家养老补贴,无其他收入,在丈夫周某某去世后一直与长子周甲一家共同生活,2009年起曾在周丙家短暂居住17个月。在周甲于2015年12月去世后,张桂某与周甲之妻张世某共同居住并生活,由张世某照顾张桂某的生活起居。周乙、周丙均系某村农民,周丙为低保户,每月领取低保金。2022年,已达90岁高龄的张桂某因要求周乙、周丙支付2008年12月至2022年2月赡养费问题而与两个儿子产生矛盾,遂向当地派出所求助。

---

[*] 本案例来自北京市第二中级人民法院(2020)京02民终9274号民事判决书,由王秀萍编辑整理提供。

案例解析

1. 张世某有赡养张桂某的义务吗?

依照《民法典》第 26 条、第 1067 条、第 1074 的规定,子女对父母有赡养扶助的义务。成年子女不履行赡养义务的,无劳动能力或生活困难的父母,有要求子女给付赡养费的权利。赡养父母是每个子女应尽的义务,有负担能力的孙子女、外孙子女,对于子女已经死亡或者子女无力赡养的祖父母、外祖父母也有赡养的义务。因此,对老人负有法定赡养义务的人主要是他的子女以及孙子女、外孙子女等与老人具有血亲关系且依法负有赡养义务的人,儿媳或女婿对公婆或岳父母不具有赡养的义务。另根据《老年人权益保障法》第 14 条的规定,赡养人的配偶应当协助赡养人履行赡养义务。本案中,作为儿媳的张世某对婆婆张桂某虽不具有赡养的义务,但应协助其丈夫周甲履行赡养义务,但协助义务并非赡养义务,且协助义务也仅限于婚姻关系存续期间。在周甲于 2015 年 12 月去世之后,随着婚姻关系的终止,张世某协助赡养的义务也自然终止。

2. 张世某赡养张桂某之后,张桂某还能向周乙、周丙要赡养费吗?

根据我国法律规定,赡养父母是每个子女应尽的义务。张桂某自 2008 年起,一直与长子周甲一家共同生活,2009 年起也曾在周丙家短暂居住 17 个月,因此周甲在世时实际对张桂某已履行了赡养义务,周丙也曾履行过部分赡养义务。在 2015 年 12 月之前,周甲在自愿的情况下支付比其他子女更多的医疗费用或者给予更多的生活照顾等是其履行赡养义务的方式,并不存在履行义务超出其应当承担份额的问题。因此,张桂某主张让周乙、周丙支付的 2008 年 12 月至 2022 年 2 月赡养费中,2008~2015 年的部分不合适,不应再主张。

在 2015 年 12 月周甲去世后,对张桂某负有赡养义务的子女只有周乙和周丙,其要求周乙、周丙支付赡养费用并无不当,周乙、周丙应向张桂某履行赡养义务,因此,2015年12月之后张桂某虽已由张世某代为照料和赡养,但并不能免除周乙、周丙的赡养义务,二人应当支付张桂某自2015年12月以来的赡养费,但考虑到周乙和周丙的经济能力,可以适当减少或降低费用的承担。

本案的法律依据请扫描二维码查看

(责任编辑:王秀萍)

案例 20

对亲子关系有异议怎么办?*

【警情简介】

张某与李某于2010年6月登记结婚。同年9月,女儿小娜出生。2013年8月,夫妻因感情不和而协议离婚,双方约定小娜随母亲李某生活,抚养费由张某按月支付。张某经常探望小娜,父女感情也相当不错。2019年7月,张某在医院体检时发现精子符合唯支持细胞综合征,认为自己与小娜之间并不存在亲子关系。2020年2月,张某以李某为被告提起诉讼,请求确认其与小娜不存在亲子关系。庭审中,张某提出亲子鉴定申请,李某也表示同意,但9周岁的小娜明确表示拒绝配合亲子鉴定。

■ 案例解析

1. 对亲子关系有异议怎么办?

亲子关系在法律层面表现为父母和子女之间的权利、义务关系。作为人类社会关系中最为基础的一环,亲子关系对于个体成长、家庭和谐与社会稳定都具有重要作用。《民法典》新增了关于亲

---

* 本案例由何锐收集整理提供。

子关系诉讼的规定,其第1073条规定,对亲子关系有异议且有正当理由的,父或者母可以向人民法院提起诉讼,请求确认或者否认亲子关系。对亲子关系有异议且有正当理由的,成年子女可以向人民法院提起诉讼,请求确认亲子关系。

2. 在亲子鉴定问题上,是否需要尊重未成年人的意思表示?

亲子鉴定工作关乎亲情伦理,一旦启动,可能会给当事人和孩子甚或多个家庭带来不可预料的感情冲击,也可能造成无法逆转的负面影响。因此,在实务中,对亲子鉴定应当保持慎重的态度。亲子鉴定需要未成年人的配合,法院不能强制其进行亲子鉴定,以避免极端事件的发生。如果8周岁以上的未成年人抵制亲子鉴定,也不能依据当事人的怀疑而简单推定亲子关系是否存在。本案中,小娜年龄为9周岁,属于限制民事行为能力人,在决定是否进行亲子鉴定的问题上,应当对其意思表示给予一定的重视。总而言之,未成年人利益最大化原则是审判家事案件的首要考虑因素。

本案的法律依据请扫描二维码查看

(责任编辑:何锐)

案例 21

父母有义务承担大学学费吗?[*]

【警情简介】

张某和王某于 2003 年登记结婚,婚后第二年生育儿子张小某,后因感情不和,双方于 2015 年协议离婚。双方在协议中约定,儿子由女方直接抚养,男方每月支付抚养费 1000 元,直到其大学毕业为止。2022 年张小某上大学后,男方没有再继续支付抚养费,张小某遂起诉至法院要求其父继续支付抚养费。

■ 案例解析

1. 已读大学是否属于"不能独立生活的成年子女"?

《民法典》第 1067 条第 1 款规定,父母不履行抚养义务的,未成年子女或者不能独立生活的成年子女,有要求父母给付抚养费的权利。就读大学的张小某,已经年满 18 周岁,成年了,是否属于"不能独立生活的成年子女"呢?最高人民法院《关于适用〈中华人民共和国民法典〉婚姻家庭编的解释(一)》第 41 条就此作出了界定,即在

---

[*] 本案例来自杨立新主编:《〈中华人民共和国民法典〉条文精释与实案全析》,中国人民大学出版社 2020 年版,由张含敏编辑整理提供。

校接受高中及其以下学历教育,或者丧失、部分丧失劳动能力等非因主观原因而无法维持正常生活的成年子女,可以认定为"不能独立生活的成年子女"。按照该条司法解释的规定,张小某不属于"不能独立生活的成年子女",其父亲已经没有给予抚养费的法定义务了。

2. 本案应如何处理?

出于复杂现实原因考虑,《民法典》对抚养费作出了人性化的设计,其第1085条第1款规定"负担费用的多少和期限的长短",可以由父母双方协议。因此,如果父母离婚时,有协议约定支付抚养费至子女大学毕业时,应当按照协议约定履行。本案中,张小某的父亲应按照其约定继续履行给付抚养费义务。

本案的法律依据请扫描二维码查看

(责任编辑:张含敏)

案例 22

协议离婚冷静期是什么?*

【警情简介】

甲男和乙女结婚后,二人常因家庭琐事吵架,后乙女常用平底锅殴打甲男,多次致其受伤。刚开始邻居们会主动劝阻,但是次数多了,逐渐没人过问他们之间的事情。甲男经常有家不能回,觉得自己日子过得凄苦。后在朋友的鼓励下,甲男主动提出离婚。乙女不同意离婚,并扬言以后再听到甲男提"离婚"二字,她将毫不留情将甲男打残。甲男吓得出了一身冷汗,听说《民法典》规定了离婚冷静期,遂向社区警务室咨询相关事宜。

▇ 案例解析

1. 离婚冷静期如何冷静?

为了维护家庭稳定,减少轻率离婚、冲动离婚现象,《民法典》第1077条设置了"协议离婚冷静期",规定自婚姻登记机关收到离婚登记申请之日起30日内,任何一方不愿意离婚的,可以向婚姻登记机

---

* 本案例由何锐收集整理提供。

关撤回离婚登记申请。前述规定期间届满后30日内,双方应当亲自到婚姻登记机关申请发放离婚证;未申请的,视为撤回离婚登记申请。协议离婚的夫妻,需要经过申请、受理、冷静期、审查、登记五个步骤。离婚冷静期届满后的30日之内,双方需要共同到婚姻登记机关领取离婚证,逾期不领则视为撤回离婚申请。

2. 关于离婚冷静期的适用,应当如何理解?

有人担心"离婚冷静期"可能成为家庭暴力的帮凶,让受害者无法迅速逃离苦海。其实,《民法典》关于"离婚冷静期"的规定只适用于协议离婚。对于有家庭暴力情形的,当事人可向法院提起诉讼,诉讼离婚不适用"离婚冷静期"制度。

离婚有两种途径,一种是协议离婚,另一种是诉讼离婚。我国《民事诉讼法》第127条第7项规定,判决不准离婚和调解和好的离婚案件,没有新情况、新理由,原告在6个月内又起诉的,不予受理。这6个月就相当于是诉讼离婚中的离婚冷静期。《民法典》第1079条第5款规定,经人民法院判决不准离婚后,双方又分居满一年,一方再次提起离婚诉讼的,应当准予离婚。本案中,甲男如果选择诉讼离婚,则不存在"离婚冷静期",有可能被判决不准离婚,若判决下达之后双方分居满1年,再次诉讼离婚时,法院将会判决离婚。

本案的法律依据请扫描二维码查看

(责任编辑:何锐)

案例 23

父亲有权擅自更改孩子姓名吗?*

【警情简介】

李某(女)与顾某(男)经法院调解离婚,协议约定不满一周岁的女儿由女方抚养。李某为女儿报户口时,未经顾某同意,给孩子以"李小某"为名办理了户籍登记。顾某发现后,未与孩子母亲商量,就到公安机关将孩子姓名变更为了"顾小某"。母女俩均不知道姓名变更事宜。孩子从幼儿园到小学毕业,一直使用"李小某"的名字,直至小学毕业时需要进行学籍核实,才发现户籍登记的姓氏被变更了。为此,李某以李小某的名义向法院提起诉讼,要求恢复女儿的姓名。李小某本人表示朋友、同学都叫自己"李小某",多年来自己已经习惯,并希望能够将自己户籍登记的姓名改回来。

---

* 本案例来自杨立新主编:《〈中华人民共和国民法典〉条文精释与实案全析》,中国人民大学出版社 2020 年版,由张含敏编辑整理提供。

案例解析

1. 父母离婚后,可以给孩子改姓吗?

根据《民法典》第 1015 条的规定,子女可随父姓,可随母姓,所以,"李小某"的姓氏并不违反法律规定。另外,根据最高人民法院《关于变更子女姓氏问题的复函》([81]法民字第 11 号)的有关精神,对于离婚双方未经协商或协商未达成一致意见而其中一方要求变更子女姓名的,公安机关可以拒绝受理。因此,离婚给子女改姓,不经过双方同意,另一方无权单独更改。

2. 本案应如何处理?

李小某小学毕业时已经超过 8 周岁,属于限制民事行为能力人,按其年龄和智力水平,已经能够理解姓名的文字含义及社会意义,在选择姓名的问题上具备了一定的判断能力,在涉及切身利益的姓名权问题上应当充分考虑本人的意见。若继续使用"李小某"的姓名,不会改变其系李某与顾某孩子的事实,也不会损害生父母及他人的合法权益。因此,应支持将户籍登记姓名改回"李小某"。

本案的法律依据请扫描二维码查看

(责任编辑:张含敏)

> 案例 24

离婚后的子女抚养费怎么办?*

【警情简介】

甲与妻子乙协议离婚时,关于儿子丙的抚养问题,双方在离婚协议中约定,丙由乙直接抚养,抚养费也由乙独自承担。双方办理离婚登记后,乙独自带着儿子丙生活,但丙在13岁时不幸患上白血病,乙个人无力承担丙的高额医药费用,无奈之下请求甲分担丙的医药费用,但甲以离婚协议中约定抚养费由乙独自承担为由,拒绝承担丙的医药费用。

案例解析

1. 离婚后父母能消除对未成年子女的抚养义务吗?

根据《民法典》第 1084 条的规定,父母离婚不能消除其父母子女之间的权利和义务关系,父母对于子女仍有抚养、教育、保护的权利和义务,只是对子女抚养方式发生了变化,由原来的共同抚养变为由一方直接抚养,同时未直接抚养的另一方应当支付给直接抚养

---

* 本案例来自杨立新主编:《〈中华人民共和国民法典〉条文精释与实案全析》,中国人民大学出版社 2020 年版,由张含敏编辑整理提供。

的一方适当的抚养费。

2. 协议离婚后能否请求变更子女的抚养费？

抚养费是生活费、教育费、医疗费的总称。父母对未成年子女的抚养费负担义务是强制性的义务。父母离婚后，不直接抚养子女的一方，应负担必要的抚养费的一部分或者全部。父母双方协议由直接抚养方负担子女全部抚养费的，如抚养方的抚养能力明显不能保障子女所需费用，影响子女健康成长的，则该协议内容无效。根据最高人民法院《关于适用〈中华人民共和国民法典〉婚姻家庭编的解释（一）》第52条的规定，本案中的协议约定内容无效，因此，虽然甲、乙约定由乙独自承担丙的抚养费，但在乙无力独自承担时，甲对丙有医药费的支付义务。

本案的法律依据请扫描二维码查看

（责任编辑：张含敏）

案例 25

孩子的抚养权归谁？*

【警情简介】

甲女与乙男婚后育有一子小丙、一女小丁。2019年,甲女以夫妻感情破裂为由起诉离婚,被判决驳回。时隔9个月后甲女再次要求与乙男离婚,请求已满8周岁的小丙和不满2岁的小丁均由其抚养,乙男每月支付抚养费2000元至孩子年满18周岁止。乙男不同意,拉扯甲女到社区警务室,要求民警判断孩子该由谁抚养。甲女表示,子女从小与其一起生活,小丙上下学由姥爷接送,自己名下虽无住房,但为独生子女,其父母有三套房产,可随父母居住;乙男表示,其有稳定工作,经济条件还不错,村集体也会经常发放补贴,子女自闹离婚开始才跟随甲女一方生活。

■ 案例解析

1. 法律确定抚养权归属的标准是什么？

离婚案件中,争议较多的是子女抚养和财产分割。法律对抚养

---

* 本案例由何锐收集整理提供。

权归属作出了较为详细的规定。一是以母方抚养为原则。离婚时,子女不满2周岁的,以母方抚养为原则。也就是说,2周岁以下的子女,一般随母方生活。子女不满2周岁,对母亲的依赖程度较高,将该年龄段的子女判决给母亲抚养,更有利于子女身心健康。当然凡事有原则必有例外,母方有下列情形之一的,即使子女不满2周岁也可随父方生活:第一,患有久治不愈的传染性疾病或者其他严重疾病,子女不宜与其共同生活的;第二,有抚养条件不尽抚养义务,而父方要求子女随其生活的;第三,因其他原因,子女确无法随母方生活的。二是以子女本人的意愿为原则。父母双方对8周岁以上的未成年子女随父或随母生活发生争执的,应考虑子女的意见。三是2周岁以上8周岁以下的子女,确定抚养权归属应综合考虑多方因素,如父母双方的抚养条件、子女生活环境的稳定性、共同生活的第三人情况。总的来看,夫妻离婚时,子女抚养权的归属需要法院从有利于保护子女身心健康、合法权益的角度出发,综合考量父母双方的抚养条件进行确定。

2. 离婚后父母子女关系有变化吗?

首先要说明的是,离婚解决的是夫妻之间的婚姻关系,父母与子女间的关系,不因父母离婚而消除。离婚后,子女由一方直接抚养的,另一方应当负担部分或者全部抚养费,未与子女共同生活的一方对孩子有探望权。

本案的法律依据请扫描二维码查看

(责任编辑:何锐)

案例 26

离婚能要求经济补偿吗?*

【警情简介】

甲与乙登记结婚后,分居两地。儿子出生后,为兼顾儿子和年老体弱的公婆,妻子乙辞去工作。甲在外地工作期间,寂寞难耐,与丙产生婚外恋情,以夫妻名义共同生活。乙和甲父母多次规劝,甲仍不思悔改,继续与丙保持同居关系。于是,乙向法院提起离婚诉讼,并要求甲进行经济补偿。

■ 案例解析

1. 什么情况下可请求离婚经济补偿?

《民法典》第 1088 条规定,夫妻一方因抚育子女、照料老年人、协助另一方工作等负担较多义务的,离婚时有权向另一方请求补偿,另一方应当给予补偿。原《婚姻法》规定离婚经济补偿必须有一个前提是夫妻书面约定婚姻关系存续期间所得的财产归各自所有,《民法典》将这个前提进行了删除,这样做的意义在于让对家庭付出

---

* 本案例来自房绍坤、范李瑛编著:《婚姻家庭法》(第 3 版),中国人民大学出版社 2022 年版,由张含敏编辑整理提供。

更多的一方能够得到相应的回报与安慰。但乙离婚时要想获得经济补偿,还应当对自己承担了较多的家务及照顾父母的义务的行为进行举证,否则诉请很难得到支持。

2. 本案是否应支持乙的请求?

离婚时,夫妻的共同财产由双方协议处理;协议不成的,由人民法院根据财产的具体情况,按照照顾子女、女方和无过错方权益的原则判决。本案中,乙为照顾儿子和公婆,对家庭付出了较多的时间、精力,故应考虑到实际情况,依据法律规定,在对财产进行分割时对乙予以补偿性照顾。

本案的法律依据请扫描二维码查看

(责任编辑:张含敏)

> 案例 27

孕期遭到家庭暴力怎么办?*

【警情简介】

韦某(男)与陆某(女)系夫妻,2015年1月7日生育女儿韦某兰,2017年11月27日生育女儿韦某雅。2017年6月6日,陆某报警称其在家中被韦某殴打,派出所民警出警处理,陆某称韦某一直有暴力倾向,在孕期多次对其实施家庭暴力。警方查明:陆某正处在妊娠期间,二人系因家庭琐事发生争吵,韦某因火气上头动手打了陆某。民警遂对韦某进行批评教育,双方最终达成和解。

■ 案例解析

1. 出现家庭暴力时应该如何处理?

家庭暴力,是指家庭成员之间以殴打、捆绑、残害、限制人身自由以及经常性谩骂、恐吓等方式实施的身体、精神等侵害行为。我国《反家庭暴力法》第5条第3款特别规定,未成年人、老年人、残疾人、孕期和哺乳期的妇女、重病患者遭受家庭暴力的,应当给予特殊

---

* 本案例由何锐收集整理提供。

保护。本案中,陆某在妊娠期间本需要更多的关怀,却遭受韦某殴打,造成较大的身心伤害,陆某可以申请人身安全保护令。韦某的行为违反治安管理处罚法的,可依法给予治安管理处罚;构成犯罪的,应当依法追究刑事责任。本案中的出警民警本着维护家庭关系、有利于待产孕妇的原则,对韦某实施批评教育,促成了和解。

2. 遭遇家庭暴力,可否要求损害赔偿?

根据现行法律规定,实施家庭暴力导致离婚的,无过错方有权请求损害赔偿,损害赔偿包括物质损害赔偿和精神损害赔偿。本案中,韦某与陆某尚未离婚,故不适用损害赔偿规定。

本案的法律依据请扫描二维码查看

(责任编辑:何锐)

案例 28

非亲生子抚养费离婚时能要回吗?*

【警情简介】

钟某某与蔡某某于 2002 年 10 月 10 日登记结婚。蔡某某于 2004 年 9 月 10 日生育女儿钟甲,2017 年 8 月 31 日生育女儿钟乙。2019 年 10 月 29 日双方协议离婚并对两个女儿的抚养权、抚养费及财产分割等作了约定。离婚后钟某某听说小女儿钟乙是蔡某某与其他男性所生,于 2019 年 12 月 13 日委托了广东××司法鉴定所对其与钟乙做 DNA 亲子鉴定。经鉴定,钟某某不是钟乙的生物学父亲。钟某某认为,蔡某某明知钟乙并非钟某某的亲生女儿,仍对钟某某隐瞒,使他承担了不属于自己的抚养义务,给自己造成了财产损失和不可弥补的精神损害,蔡某某的行为已构成侵权,因此要求蔡某某返还自己为抚养钟乙支出的抚养费 39,000 元,并赔偿给自己精神损害抚慰金 50,000 元。双方商量未果,遂求助于社区。

---

* 本案例来自广东省梅州市梅县区人民法院(2020)粤 1403 民初 272 号民事判决书,由王秀萍编辑整理提供。

案例解析

1. 蔡某某的行为构成欺诈性抚养吗？

目前，我国法律对夫妻关系存续期间受欺骗方支出的抚育费用应否返还尚未明确规定。但依据《民法典》第 26 条的规定，抚养子女是亲生父母的法定义务，而钟某某不是钟乙的亲生父亲，无义务负担钟乙的抚养费。本案中，蔡某某在婚姻关系存续期间与他人生育一女，系对婚姻的不忠。其隐瞒与他人生育一女的情况，使钟某某误认为钟乙系其亲生，并在受到欺诈的情况下抚养钟乙，在离婚时又与蔡某某达成了关于子女抚养及财产分割的离婚协议，使钟某某受到了财产损失及人格权侵害，符合欺诈性抚养关系的要件。欺诈性抚养是指夫妻关系存续期间，一方明知所生子女为非婚生子女而采取欺诈方式使另一方误以为是婚生子女并行抚养义务。

2. 钟某某可否要回其扶养钟乙的抚养费并主张精神损害赔偿？

钟某某因受欺诈，抚养非亲生子女，造成自身财产减少，利益受损，故从物质损害赔偿的角度来讲，钟某某有权要求蔡某某返还其本不应支付的抚养费用。

另外，依据《民法典》第 1043 条的规定，夫妻有相互忠实的义务。欺诈性抚养是对夫妻忠实义务的冲击，不仅损害了受欺诈方的感情，造成婚姻家庭关系的破裂，还让受欺诈方承受熟人社会带来的巨大舆论压力，给他的精神造成了重大伤害。依据《民法典》第 1091 条的规定，由于重婚、与他人同居、实施家庭暴力或虐待遗弃家庭成员及有其他重大过错导致离婚的，无过错方可在离婚时请求进行损害赔偿。本案中，蔡某某的欺诈性抚养行为属于"有其他重大过错"，虽不是导致双方离婚的原因，但在钟某某与蔡某某离婚时，钟某某并不知情，离婚后才知晓，对此依据最高人民法院《关于适用

〈中华人民共和国民法典〉婚姻家庭编的解释(一)》第 89 条的规定，钟某某可在离婚后通过向人民法院起诉的方式主张损害赔偿。

本案的法律依据请扫描二维码查看

（责任编辑：王秀萍）

案例 29

收养孩子的条件是什么？*

【警情简介】

余某与马某是一对夫妻,二人的经济条件非常好,生活也非常幸福。然而,最让他们烦恼的是,二人没有孩子。后来,二人觉得他们都已经快 40 岁了,身边却没有一个孩子,有些孤单,便决定收养一个孩子。但是,余某听说收养孩子是有条件限制的,担心他们不符合法律规定的条件,随即到社区警务室咨询。

■ 案例解析

1. 收养人的条件有哪些?

根据《民法典》第 1098 条的规定,收养人需要同时具备下列条件:无子女或者只有一名子女;有抚养、教育和保护被收养人的能力;未患有在医学上认为不应当收养子女的疾病;无不利于被收养人健康成长的违法犯罪记录;年满 30 周岁。此外,无配偶者收养异性子女的,收养人与被收养人的年龄应当相差 40 周岁以上。余某与马某符合上述条件,可以收养孩子。

---

* 本案例由何锐收集整理提供。

2.《民法典》与原《收养法》相比有哪些变化?

与原《收养法》相比,《民法典》婚姻家庭编对收养的规定有如下变化:一是可收养的人数的变化,即无子女的收养人最多可以收养2名子女。二是被收养人的年龄的变化,原《收养法》规定不满14周岁的未成年人可被收养,现在统一修改为未成年人。三是增加了收养人的条件,即无不利于被收养人健康成长的违法犯罪记录。《民法典》婚姻家庭编有关收养的法律规定将儿童利益最大化的原则落实到收养工作中,同时亦明确收养应当遵循最有利于被收养人的原则。

本案的法律依据请扫描二维码查看

(责任编辑:何锐)

案例 30

养母能要求解除收养关系吗?*

【警情简介】

王女士与周先生婚后未生育子女,二人协商后抱养了出生不久的小荣,后将小荣精心培养长大,小荣成年后工作、恋爱、结婚、生子,另行组成了小家庭。周先生去世后,小荣与王女士之间的联系日趋减少。后来王女士居住的房屋经历了拆迁,小荣与王女士因为小荣儿子登记户口及拆迁利益分割等问题产生矛盾,小荣先后两次报警要求分割王女士名下的拆迁利益,王女士则要求解除其与小荣的收养关系。

案例解析

1. 养父母与成年养子女之间解除收养关系有哪些途径?

根据我国法律规定,养父母与养子女之间解除收养关系有两种方式,一种是当事人协议解除后到民政部门办理解除收养关系登记,另一种是通过法院诉讼解除。养子女成年前,原则上收养人不得解除收养关系,但是收养人、送养人双方协议解除的除外。收养

---

* 本案例由何锐收集整理提供。

人不履行抚养义务,有虐待、遗弃等侵害未成年养子女合法权益行为的,送养人有权要求解除养父母与养子女间的收养关系。养子女8周岁以上的,应当征得本人同意。生父母要求解除收养关系的,养父母可以要求生父母适当补偿收养期间支出的抚养费;但是,因养父母虐待、遗弃养子女而解除收养关系的除外。收养关系解除后,养子女与养父母以及其他近亲属间的权利义务关系即行消除,与生父母以及其他近亲属间的权利义务关系自行恢复。

2. 解除收养关系的法律后果是什么?

《民法典》第1115条规定,养父母与成年养子女关系恶化、无法共同生活的,可以协议解除收养关系。不能达成协议的,可以向人民法院提起诉讼。第1118条第1款规定,收养关系解除后,经养父母抚养的成年养子女,对缺乏劳动能力又缺乏生活来源的养父母,应当给付生活费。因养子女成年后虐待、遗弃养父母而解除收养关系的,养父母可以要求养子女补偿收养期间支出的抚养费。第1117条规定,成年养子女与生父母以及其他近亲属间的权利义务关系是否恢复,可以协商确定。本案中,王女士在小荣出生后不久便将其收养并抚养成人,履行了父母、子女之间的权利、义务。小荣结婚另行组成家庭后,长期未与王女士共同生活,双方因拆迁利益分割问题多次发生矛盾,在王女士明确表示不能与小荣相处的情况下,维系收养关系对双方生活均有不利影响,因此王女士可以提起诉讼请求解除收养关系。收养关系解除后,王女士与小荣之间的权利义务关系不复存在,小荣无权要求分割王女士名下的拆迁利益。

本案的法律依据请扫描二维码查看

(责任编辑:何锐)

案例 31

收养解除后还要承担生活费吗？*

【警情简介】

甲与妻子乙收养丙为养子。丙成年后因婚姻问题与甲、乙产生矛盾，双方无法达成妥协，最终关系破裂。甲、乙决定与丙解除收养关系，丙表示同意。办理了解除收养关系登记手续后，丙从甲、乙家中搬出，独自生活，而后结婚生子，与甲、乙再无往来。后乙因患病住院治疗，医药费花费巨大，甲、乙已年老，且没有收入来源，生活面临巨大困难，遂要求丙给付生活费，但丙以收养关系已解除为由拒绝给付。

案例解析

1. 收养关系解除后，养子女与养父母之间的法律后果？

《民法典》第 1117 条规定，收养关系解除后，养子女与养父母以及其他近亲属间的权利和义务关系即行消除。可见，解除收养关系的直接后果是养父母子女关系的终止，双方不再具有父母子女间的

---

* 本案例来自房绍坤、范李瑛编著：《婚姻家庭法》(第 3 版)，中国人民大学出版社 2022 年版，由张含敏编辑整理提供。

权利、义务。养子女与养父母的近亲属之间因收养关系的成立而形成的近亲属身份和权利、义务也随之而终止。

2. 本案甲、乙是否可以要求丙给付生活费?

丙成年后与甲、乙解除收养关系,丙对甲、乙的赡养义务消灭。但与甲、乙解除收养关系时,丙已在甲、乙的抚养、教育下长大成人,本该履行赡养义务,但甲、乙享有的受丙赡养的权利因为收养关系的解除而消灭,这不符合权利、义务一致的原则。并且《民法典》第1118条第1款中也规定,收养关系解除后,经养父母抚养的成年养子女,对缺乏劳动能力又缺乏生活来源的养父母,应当给付生活费。故本案中,甲、乙可以要求丙给付生活费。

本案的法律依据请扫描二维码查看

(责任编辑:张含敏)

第一编
总　则

第二编
物　权

第三编
合　同

第四编
人格权

第五编
婚姻家庭

第六编
继　承
379—443

第七编
侵权责任

民　法　典
CIVIL CODE

第六编 继 承

案例 1

如何推定死亡时间？[*]

> **【警情简介】**
>
> 马某宝与父母和爷爷、奶奶、姥爷、姥姥共同生活在一所四合院里，其乐融融。一日，马某宝父母带着马某宝爷爷和马某宝一同自驾游，回来的路上不幸发生交通事故，警察赶到现场时四人均已死亡。马某宝奶奶及其姥爷、姥姥哭得死去活来，警察一时也难以确定四人的死亡时间。

■ 案例解析

1. 同一事件中数人均死亡的，如何确定死亡先后顺序？

死亡从法律上而言，包括自然死亡与宣告死亡。确定自然人死亡时间需要根据具体情况判断。在同一事件中死亡的相互有继承关系的数人，他们的死亡时间如果可以确定的，应当根据客观证据来确定。如果没有证据能证明他们死亡时间的先后，则需要根据各自的具体情况作出推定。第一种情况，如果有人没有其他继承人，仅有的继承人都在同一事件中死亡的，推定此人先死亡。这样规定

---

[*] 本案例由薛媛编辑整理提供。

就可以使其遗产能够依法被继承,而不会造成无人继承的状况。第二种情况,如果他们都有其他继承人,就需要再进一步根据他们之间的辈分情况来推定,具体而言:其一,辈分不同的,推定长辈先死亡。其二,辈分相同的,推定同时死亡,相互之间不发生继承。

2. 本案中死者的死亡时间如何确定?

本案中,马某宝爷爷、父母和马某宝在同一事件中死亡,四人均有其他继承人,则推定马某宝爷爷先死亡,父母后死亡,马某宝最后死亡;马某宝的父母在同一事件中死亡,两人也都有其他继承人,则推定二人同时死亡,相互之间不继承对方的遗产。

本案的法律依据请扫描二维码查看

(责任编辑:薛媛)

案例 2

有遗嘱就能取得遗产吗？[*]

【警情简介】

张某某与贺某某登记结婚，婚后双方育有一子张甲，现已成年。2007年7月，贺某某因继承父母遗产取得51平方米的房屋一套。2011年，张某某与黄某某相识后便一直在外租房同居。2017年9月，张某某与贺某某将51平方米的房产以80万元的价格出售给陈某某。2017年春节，张某某、贺某某夫妇将售房款中的30万元赠与其子张甲在外购买商品房。2018年年初，张某某因患肝癌晚期住院治疗，于2019年5月21日立下书面遗嘱，将其所得的住房补贴金、公积金、抚恤金和卖房所获房款的一半40万元及自己所用的手机一部赠与黄某某。张某某患肝癌晚期住院期间一直是由黄某某及其亲属护理、照顾，直至2019年6月22日去世。黄某某向贺某某主张依遗嘱给付其遗赠财产，遂与贺某某发生纷争。

[*] 本案例来自今日头条文章，网址 https://www.toutiao.com/w/17722095 44318976/?channel=&in_ogs=&in_tfs=&original_source=&source=aladdin_weitoutiao&traffic_source=&utm_medium=wap_search&utm_source=，最后访问日期：2023年9月2日，由王秀萍编辑整理提供。

案例解析

1. 张某某所立遗嘱是否有效?

本案中遗赠人张某某在立遗嘱时具有完全民事行为能力,遗嘱也系其真实意思表示,且形式上合法,但遗嘱的内容违反法律规定和社会公共利益。张某某在立遗嘱时,将属于夫妻共同财产的 80 万元的一半进行遗赠,显然违背了客观事实,因为卖房款 80 万元中已有 30 万元由张某某和贺某某共同赠与了他们的儿子张甲,此时购房款剩余 50 万元,属于张某的遗产部分只有购房款 50 万元的一半,即 25 万元,所以他的遗嘱中处分了部分不属于他的财产。同时,张某某与贺某某系夫妻,本应按照法律规定互相忠实、互相尊重,但张某某无视夫妻感情和道德规范,与(婚外异性)黄某某长期保持不正当的同居关系。其行为既违背了我国现行社会道德标准,又违反了"禁止有配偶者与他人同居"的法律规定,属违法行为。张某某基于其与黄某某的不正当同居关系而订立遗嘱,将其遗产和属于贺某某的财产赠与黄某某,以合法形式侵害了贺某某的财产,以及变相剥夺了贺某某的合法财产继承权,张某某的遗赠行为不符合法律公序良俗之规定,应属无效民事行为,不能得到法律的支持。

2. 黄某某可否向贺某某主张依遗嘱给付其遗赠财产?

本案中,张某某所留遗嘱会使得黄某某实质上因其与张某某之间的非法同居关系而谋取不正当利益,不符合法律关于禁止有配偶者与他人同居及公序良俗的规定,因而遗嘱无效。黄某某不能依据一个无效的遗嘱向贺某某主张依遗嘱给付其遗赠财产。

本案的法律依据请扫描二维码查看

(责任编辑:王秀萍)

> 案例 3

网店能继承吗？*

【警情简介】

张先生的母亲生前在淘宝网上开了一家网店。多年苦心经营下来，积累了一批老客户，信誉度和评价都挺好，生意也不错。张先生说："我母亲生病期间没精力管淘宝店，我就帮着打理这家网店，发现也挺喜欢的。现在，母亲生病去世了，我想继续经营这家网店，而且家里其他近亲属也都同意了。"然而，根据淘宝网相关规定，淘宝店铺需要定期验证店主的身份信息。由于张先生的母亲已经去世，"视频人脸识别"无法验证，这将导致店铺在 15 个工作日内被淘宝网关闭。为此，张先生来到社区警务室，咨询怎么才能把母亲生前创办的这家淘宝店铺过户到自己名下。

案例解析

1. 网络虚拟财产包括哪些？

网络虚拟财产，是新兴财产形态，已逐渐成为信息化时代人们生产生活的重要组成部分。虚拟财产不仅具有财产的一般价值属

---

* 本案例由王秀萍编辑整理提供。

性,更具有精神价值。继承虚拟财产可以最大限度地保护公民的私有财产,妥善维护继承人的继承权利。从内涵上看,虚拟财产依附于虚拟世界,是以数字化形式存在且能为人力所支配的,兼具竞争性、永久性、互联性和增值性的信息资源。从外延来说,虚拟财产主要分为账号密码型,如 QQ 号、游戏账号、微信账号等;信息资料型,如网络通信录、电子邮件、聊天记录等;信誉型,如淘宝网店等级、个人网上积分下载权限等;虚拟货币型,如游戏金币、QQ 农场的虚拟货币等;游戏装备型,如网络玩家获得的武器装备设施等。

2. 如何看待本案中的网络虚拟财产?

本案中,淘宝网店系淘宝用户根据淘宝网规则取得的网络空间使用、经营的权益,店主在淘宝网的规则范围内对外经营,同时还需承担法律义务和淘宝网确定的合同义务。淘宝网店的另一显著特点是其与淘宝网制定的信用度、好评率密切联系,信用度和好评率系网店长期经营的积累,为淘宝买家甄别卖家的参考标准。网店同样是店主合法经营、诚实劳动所获得的成果,和知识产权一样能给权利人带来实际收益。因此,网店属于公民合法财产,其合法的财产继承权利应受到法律保护。当然,淘宝网店的继承实际上包括实体财务的继承、网店经营权的继承、虚拟账户登录权的继承和账户使用权的继承,与传统财产的继承有很大的不同,还需要法律针对此类的虚拟财产继承进一步进行规范。

本案的法律依据请扫描二维码查看

(责任编辑:王秀萍)

案例 4

土地承包经营权能继承吗?*

【警情简介】

张三与张四系姐弟关系,二人与其父张某、母孙某共同生活。张某家庭承包了 8.62 亩土地种植果树并取得相应的承包经营权证书。其后,张某将其承包的土地流转给本村村民经营,流转协议由张四代签。张某、孙某夫妇相继去世后,其家庭承包的土地的流转收益被张四占有。张三不服气,认为其对父母承包的土地享有继承权,与张三多次协商未果后,报警求助。

■ 案例解析

1. 土地承包经营权可以继承吗?

依照《民法典》第 1122 条的规定,依照法律规定或者根据其性质不得继承的遗产,不得继承。依照法律规定不得继承的遗产,如国有资源的使用权,自然人可以依法取得和享有,但不得作为遗产继承,继承人要从事被继承人原来从事的事业,须取得国有资源使

---

* 本案例来自李维祥诉李格梅继承权纠纷案,载《最高人民法院公报》2009 年第 12 期,由王秀萍编辑整理提供。

用权的,应当重新申请并经主管部门核准,不能基于继承权而当然取得;根据其性质不得继承的财产,如与自然人之人身不可分离的具有抚恤、救济性质的财产权利,如抚恤金、补助金、残疾补助金、救济金、最低生活保障金等,专属于自然人个人,不能作为遗产由继承人继承。

2.因流转土地承包经营权获得的收益可以继承吗?

我国农村土地承包经营权分为家庭承包和以其他方式承包两种类型。以家庭承包的本质特征是以本集体经济组织内部的农户家庭为单位实行农村土地承包经营。因此,该种形式的农村土地承包经营权只能属于农户家庭,而不可能属于某一个家庭成员。

本案中,双方争议的土地的承包经营权属于张某家庭,系家庭承包方式的承包,该土地承包经营权不属于个人财产,且讼争土地并非林地,因此,张某夫妇死亡后,讼争土地应由当地农村集体经济组织收回再另行分配,不能由张某夫妇的继承人继续承包,更不能将讼争农地的承包权作为张某夫妇的遗产进行分割继承处理。但因流转该土地承包经营权而获得的收益,不属于法律中排除的不得继承的遗产范围,属于张某夫妇的个人财产,是可以继承的。

本案的法律依据请扫描二维码查看

(责任编辑:王秀萍)

案例 5

抚恤金如何分配？*

【警情简介】

老李与妻子生前共同生育有3个子女。其中,大儿子李某于2018年去世,去世前李某已与其妻子协议离婚,儿子李某军随母亲生活,李某军于2018年考上大学。

老李生前系国企干部,于2021年5月逝世。2021年8月,老李所在单位向老李在世的子女发放了包括一次性抚恤金、丧葬费等费用,其中一次性抚恤金20万余元。其后,李某军主张其应适用代位继承的方式参与抚恤金分配,于是向叔叔李甲等人主张分割一次性抚恤金,但遭到拒绝,经协商未果,李某军遂向社区民警求助。

■ 案例解析

1. 抚恤金属于遗产吗？

根据《民法典》第1122条的规定,遗产是自然人死亡时遗留的个人合法财产。死亡抚恤金发放于死者死亡后,是死者所在单位等

---

* 本案例来自由王秀萍编辑整理提供。

给予死者近亲属和被扶养人的生活补助费,类似于慰问金,是基于死者死亡而发放,含有一定精神抚慰的内容,其性质是对死者遗属的一种经济方面的帮助或慰问,用于优抚和救济死者遗属,特别是依靠死者生活而无经济来源的未成年人或丧失劳动能力的直系亲属,依法应属于死者近亲属和其生前被扶养人共有的财产。因此,抚恤金不是遗产。

2. 抚恤金可以适用代位继承吗?

由于一次性抚恤金发生于死者死亡后,不属于死者遗产,依法应属于死者近亲属和其生前被扶养人共有的财产。而李某军的父亲李某先于老李死亡,该款并非对李某的抚慰。李某军虽主张其应适用代位继承的方式,参与抚恤金分配,但依据《民法典》第1128条规定,代位继承适用于法定继承,而继承只是针对遗产的特定概念,由于死亡抚恤金不属于遗产的性质,因此不能适用代位继承。

3. 抚恤金如何分配?

由于法律对抚恤金如何分配未作统一的规定,在司法实践中的处理存在一定难度。因抚恤金并非遗产,在分配时,不能完全比照继承规则的方式进行分配,而应在参照继承规则的同时,综合考虑共同生活情况、扶养情况等,再进行分配。具体而言,从分配条件上看,根据我国目前的有关政策,享有抚恤金待遇的主体,要么是死者的直系亲属、配偶;要么是死者生前主要或部分供养的人。同时,参与分配的人并不必然是平等分配死者的死亡抚恤金,应当根据与死者生前共同生活时间的长短、生前共同生活的紧密程度及依赖性等因素适当分割。

本案中,虽李某军不可通过主张以代位继承的方式参与到抚恤金的分配中,但考虑到其父亲早于爷爷死亡的特殊情况,加之老人对孙子日常的关爱难以通过具体的方式举证证明,酌定李某军适当分得部分抚恤金,更能凸显抚恤金的抚恤性质,更加符合抚恤金的设立目的,符合社会主义核心价值观,也有利于弘扬中华民族的优良传统美德文化。

本案的法律依据请扫描二维码查看

(责任编辑:王秀萍)

案例 6

放弃继承权又反悔怎么办?[*]

【警情简介】

顾某与王某夫妇共同拥有房产四间,顾某去世后,王某与四个女儿顾三、顾四、顾五、顾六以公证方式放弃对顾某遗产的继承,顾某的遗产由其儿子顾二一人继承,并办理了继承权公证书和放弃继承权声明书。随后,各方对顾某遗产进行了分割。王某去世后,顾三和顾四对放弃继承顾某遗产反悔,要求重新分割顾某的遗产,顾二不同意,发生争执。

案例解析

1. 法定继承的第一顺序继承人有哪些?

在无遗嘱的情况下,法定第一顺序继承人为配偶、子女、父母。本案中,被继承人顾某的配偶王某、儿子顾二和四个女儿顾三、顾四、顾五、顾六都是顾某遗产的第一顺序法定继承人,拥有依法继承顾某遗产的权利。

---

[*] 本案例由薛媛编辑整理提供。

2. 继承人在遗产分割后对"放弃继承"反悔的,可否获得支持?

最高人民法院《关于适用〈中华人民共和国民法典〉继承编的解释(一)》第36条规定,遗产处理前或在诉讼进行中,继承人对放弃继承反悔的,由人民法院根据其提出的具体理由,决定是否承认。遗产处理后,继承人对放弃继承反悔的,不予承认。第32条规定,继承人因放弃继承权,致其不能履行法定义务的,放弃继承权的行为无效。本案中,顾三等人在完全知悉顾某与王某夫妇生前拥有四间房产的情况下,仍在公证机关进行公证,放弃对顾某遗产的继承权,是其对自己权利的处分,只要不损害社会和他人利益,法律不予干涉。如今,顾某遗产早已分割完毕,顾三等人对"放弃继承"反悔,既不符合"放弃继承权的行为无效"的情形,也不符合"当事人反悔并有相反证据足以推翻"的情形。因此,顾三等人反悔,不会得到法律的支持。

本案的法律依据请扫描二维码查看

(责任编辑:薛媛)

案例 7

不忠的妻子有继承权吗？*

【警情简介】

陈某与张某婚后生子张某东，张某生前未曾留有遗嘱，其法定继承人有其妻子陈某、婚生儿子张某东，以及其父亲张某海、母亲江某。张某死后，张某海、江某认为陈某与张某结婚后长期与多名男子保持不正当关系，有欺骗、背叛丈夫张某的事实，对被继承人张某进行精神虐待，这应导致陈某丧失继承权，故不愿与陈某均分财产。陈某、张某东遂与张某海、江某产生纷争，向派出所民警咨询解决。

■ 案例解析

1. 本案中陈某的行为是否会导致法定继承权丧失？

依《民法典》第 1125 条关于继承权丧失的规定，在因虐待被继承人而丧失继承权的情形中，继承人虐待被继承人的，必须达到虐待情节严重，才丧失继承权。继承人虐待被继承人情节是否严重，可以从实施虐待行为的时间、手段、后果和社会影响等方面认定。

---

* 本案例由王秀萍编辑整理提供。

如果继承人虐待被继承人虽情节严重,但确有悔改表现,并且受虐待的被继承人生前表示宽恕或者事后在遗嘱中将其列为继承人的,该继承人不丧失继承权。本案中,陈某与张某结婚后,有长期与多名男子保持不正当关系的行为,有欺骗、背叛丈夫张某的事实,但这并不构成对被继承人张某精神上的虐待,不会导致法定继承权丧失。

2. 本案如何处理?

本案中,被继承人张某并没有以遗嘱的方式剥夺陈某继承遗产的权利,故陈某依法可以法定继承的方式继承张某的遗产。张某名下的财产仍属于陈某和他的共同财产,依夫妻共同财产的分割规则,陈某依法应先分得夫妻共同财产的一半,剩下的一半作为被继承人的遗产,由其第一顺序法定继承人即陈某、张某东和张某海、江某共同依法继承。

本案的法律依据请扫描二维码查看

(责任编辑:王秀萍)

第六编 继 承

案例 8

女婿、外孙女能继承遗产吗？*

【警情简介】

杨甲与罗某系再婚夫妻，于2016年组成家庭。杨甲与前妻生有一儿子杨乙和一女儿杨丙，均已成家另过。罗某与前夫生有一女儿赵某，当时10岁，与杨甲、罗某共同生活。杨乙因其父亲杨甲检举他有盗窃行为，于2018年杀害杨甲未遂，被判刑8年，一年后死于狱中，遗下妻子和儿子。2022年杨甲死亡，留下遗产若干。在杨甲死后的第三天，杨甲的女儿杨丙在车祸中死亡，遗下丈夫宋甲和女儿宋乙。另外，杨甲还有一年迈的父亲杨某，已丧失劳动能力，且无生活来源。几人为继承杨甲遗产问题产生争执，遂向社区民警求助。

案例解析

1. 对杨甲的遗产，谁享有继承权？谁没有继承权？为什么？

根据《民法典》第1127条的规定，杨甲的第一顺位继承人有妻子罗某、女儿杨丙、继女赵某和父亲杨某。杨甲的女儿杨丙在杨

---

* 本案例来由王秀萍编辑整理提供。

死后的第三天去世,所以根据《民法典》第 1152 条的规定,杨丙应当继承杨甲的份额转给其继承人宋甲和宋乙。继女赵某与杨甲共同生活,已形成抚养关系,根据《民法典》第 1127 条的规定也有继承权。

杨乙作为杨甲的第一顺位继承人,存在杀害杨甲的行为,根据《民法典》第 1125 条的规定丧失了继承杨甲财产的权利。

2. 享有继承权的人当中,谁应当得到照顾?

杨甲的父亲由于年迈且已丧失劳动能力,根据《民法典》第 1130 条的规定在分配杨甲财产的时候应当予以照顾。

本案的法律依据请扫描二维码查看

(责任编辑:王秀萍)

案例 9

丧失继承权能恢复吗?*

【警情简介】

孙阿姨有一个儿子尹某、一个女儿尹某丽。孙阿姨平时与女儿尹某丽生活在一起,女儿非常孝顺,用心照顾着孙阿姨的日常生活、饮食起居。孙阿姨的儿子尹某在外地,很少回家看望母亲,孙阿姨对此颇为不满,也曾跟邻居提起过要将自己与女儿同住的这套房屋留给女儿继承。儿子听说了此事非常生气,以恐吓、威胁等方式逼迫孙阿姨立了一份遗嘱,遗嘱中将该房屋及孙阿姨的存款等其余财产全部留归他一人继承,未给尹某丽分毫。孙阿姨碍于儿子的威胁和考虑保留儿子的面子,加之已立下书面遗嘱,不知该如何解决,但又觉得有愧于女儿,心里非常烦闷,经常躲在房间哭泣,最终病倒在床。考虑再三,孙阿姨向社区民警倾诉了自己的烦恼,寻求解决办法。最终在社区民警和居委会工作人员的耐心劝导下,儿子尹某认识到自己的错误,并表示今后要多关心孙阿姨的日常生活,也愿意在孙阿姨百年之后,将母亲居住的房屋留给自己的妹妹一半。孙阿姨见状遂对儿子尹某的行为表示了原谅和宽恕。

---

* 本案例来自《【法治微学堂】第 64 期 失而复得的继承权》,载澎湃网 2022 年 7 月 27 日,https://m.thepaper.cn/baijiahao_19204547,由王秀萍编辑整理提供。

案例解析

1. 公民在立书面遗嘱时应符合哪些要求？可以强迫他人立遗嘱吗？

根据《民法典》第 1134 条至 1139 条的规定，遗嘱的主要形式是自书遗嘱、代书遗嘱、打印遗嘱、录音录像遗嘱、口头遗嘱和公证遗嘱。自书遗嘱应当是由立遗嘱人本人亲笔书写，完整表达其对自己死亡后财产处分的意思，立遗嘱人签名并注明年、月、日，遗嘱内容有增删或涂改时，也须签名并注明时间。

根据《民法典》第 1143 条第 2 款的规定，遗嘱必须表示遗嘱人的真实意思，受欺诈、胁迫所立的遗嘱无效。而且按照《民法典》第 1125 条的规定，继承人以欺诈、胁迫手段迫使或者妨碍被继承人设立、变更或者撤回遗嘱，情节严重的，将丧失继承权。本案中，尹某逼迫孙阿姨所立的遗嘱，是无效的，如果没有得到孙阿姨的原谅和宽恕，不仅不能按遗嘱继承孙阿姨的房屋和存款等财产，还有可能导致他丧失对孙阿姨财产的继承权。

2. 强迫他人立遗嘱，后又悔改，还能恢复其继承的权利吗？

根据《民法典》第 1125 条规定，虽然继承人以欺诈、胁迫手段迫使或者妨碍被继承人设立、变更或者撤回遗嘱，情节严重的，将丧失继承权，但继承人确有悔改表现，被继承人表示宽恕或者事后在遗嘱中将其列为继承人的，该继承人不丧失继承权。本案中，孙阿姨的儿子尹某后来的表现使得孙阿姨对他表示了原谅，故他不再丧失继承权，可以恢复对孙阿姨财产继承的资格。这就是《民法典》新增的宽恕制度。宽恕制度的设立不仅充分尊重被继承人的意愿，还给存在不当行为的继承人一个悔改机会，充分体现了《民法典》的"人性化"。

本案的法律依据请扫描二维码查看

(责任编辑:王秀萍)

案例 10

侄子侄女能继承遗产吗?[*]

【警情简介】

刘甲去世前父母已亡,又无配偶及子女,一人独自生活,其仅有一个弟弟刘乙。但刘乙在县城居住且与其兄刘甲关系不好,未对刘甲有过日常生活上的照料和经济方面的扶助,刘乙于2018年去世。2019年刘甲去世。在其去世前,由于刘甲年老及脚部曾经骨折等,刘甲远亲王氏兄妹本人或请工人、保姆对刘甲的日常生活进行了阶段性的照顾,在刘甲生病住院期间还对其进行了护理。刘甲去世后,丧葬事宜由王氏兄妹、刘丙(刘乙之子)以及刘甲的其他亲属进行料理。王氏兄妹以对刘甲尽了较多扶养和照顾责任,而刘乙已经去世,且未对刘甲尽扶养义务为由,认为刘丙丧失继承权,刘甲的遗产应由王氏兄妹继承。遂与刘丙发生纷争。

■ **案例解析**

1. 无遗嘱继承的法律规定是什么?

依照《民法典》的相关规定,未立遗嘱的按照法定继承处理遗

---

[*] 本案例来自由王秀萍编辑整理提供。

产。继承开始后,第一顺序继承人为配偶、子女、父母,第二顺序继承人为兄弟姐妹、祖父母、外祖父母,没有第一顺序继承人继承的,才能由第二顺序继承人继承。被继承人的子女先于被继承人死亡的,由被继承人的子女的直系晚辈血亲代位继承,《民法典》增加了代位继承的范围,即被继承人的兄弟姐妹先于被继承人死亡的,由被继承人兄弟姐妹的子女代位继承。

2. 本案如何处理?

本案中,被继承人刘甲去世前没有立遗嘱,刘乙为刘甲的唯一法定继承人,尽管其未履行对刘甲日常生活上的照料和经济方面的扶助义务,但亦无法律规定的丧失继承权的情节,故其合法享有继承权。王氏兄妹二人作为刘甲的远亲,依《民法典》关于法定继承人范围的规定,并不属于法定继承人的范围。因此,被继承人刘甲的遗产依法由第二顺序继承人刘乙继承,而刘乙先于刘甲去世,故刘乙的儿子刘丙可代位继承。考虑到王氏兄妹在刘甲年老生病及生活不便时亲自或雇请工人进行了扶养照顾,二人对刘甲尽了较多义务,酌情应分得刘甲的部分遗产。

本案的法律依据请扫描二维码查看

(责任编辑:王秀萍)

案例 11

外甥女能分得舅母遗产吗?*

【警情简介】

周某娣、成某军母子均遭遇交通事故而亡,留有遗产及因交通事故产生的相关赔偿费用。周某娣的丈夫、父母、祖父母、外祖父母均先于其死亡,周某娣独子成某军亦在案涉事故中死亡,且成某军死亡时未婚、无子女。周某丽是周某娣的亲妹妹,平时来往较少。周某娣、成某军名下遗产及因交通事故产生的相关赔偿均由周某丽掌管。在周某娣的丈夫去世后的十几年间,周某娣丈夫的外甥女杨某娥一直与周某娣母子生活在一起,照顾其生活起居,甚至还代周某娣申请各类补助,与周某娣母子感情颇深,周某娣母子的丧事亦由其办理。丧事办理完毕后,杨某娥要求周某丽返还周某娣、成某军遗产等,双方遂发生争执。

案例解析

1. 本案当中周某娣、成某军母子的死亡时间如何确定?

根据《民法典》第 1121 条第 2 款的规定,相互有继承关系的数

---

* 本案例来自《启东法院继承纠纷典型案例 5 则》,载网易 2022 年 2 月 24 日,https://www.163.com/dy/article/H1OI5TK90514NR2D.html,由王秀萍编辑整理提供。

人在同一事件中死亡,难以确定死亡时间的,推定没有其他继承人的人先死亡。本案中,成某军死亡时未婚、无子女,只有一个继承人,即他母亲周某娣,而周某娣亦在同一事故中死亡,而周某娣除了她儿子成某军外,尚有其妹妹周某丽作为她的继承人,因此,本案中推定儿子成某军先死亡。

2. 本案中杨某娥是否有权要求周某丽返还周某娣、成某军遗产并进行继承?

《民法典》第1130条第3款规定,有扶养能力和有扶养条件的继承人,不尽扶养义务的,分配遗产时,应当不分或者少分。第1131条规定,继承人以外的对被继承人扶养较多的人,可以分给适当的遗产。杨某娥虽只是周某娣丈夫的外甥女,并无扶养周某娣的法定义务,但其感念及亲情,遵循孝老爱亲的中华民族传统美德,在过往十几年时间里,与周某娣生活在一起,更是承担了较多的扶养责任,周某娣母子的丧事亦由其办理,双方建立了家人般的亲情,故杨某娥可以适当分得周某娣的遗产。而周某丽身为周某娣的妹妹,作为其第二顺位继承人,未尽扶养义务,双方几无感情联系,分配遗产时,应当给她不分或者少分。

本案的法律依据请扫描二维码查看

(责任编辑:王秀萍)

案例 12

成年继子女能继承继父母遗产吗？*

【警情简介】

2000年，沈先生与贾女士登记结婚，二人均系再婚，当时沈先生之女小沈、贾女士之子小贾均已成年。不久，沈先生以个人财产购买一处房屋，与贾女士一直生活在该房屋内。2017年，沈先生去世。小沈认为，小贾常年生活在外地，未对沈先生进行过赡养，其没有继承权，该房屋应由贾女士和自己继承。而小贾认为自己虽未对沈先生进行赡养，但作为沈先生继子也有继承权。

案例解析

1. 继子女参与继父母遗产分割的条件是什么？

继子女与继父母之间成为继承人的前提条件是形成扶养关系，具有扶养关系的继子女或继父母主要包括以下情形：一是继子女尚未成年，随生父母一方与继父或继母共同生活时，继父或继母对其承担了部分或全部生活教育费；或者虽未与继父母共同生活，但继

---

* 本案例由薛媛编辑整理提供。

父母对其承担了部分或全部生活费、教育费,从而形成了抚养关系。二是成年继子女在事实上对继父母长期进行了赡养、扶助,形成了赡养关系;或者继父母对成年继子女给予较多生活照料与扶助的,也视为具有扶养关系。

2. 本案应该如何处理?

本案中,小贾在其母贾女士与沈先生结婚时,已成年,并且常年生活在外地,未对沈先生进行过赡养,故不能认定其与继父沈先生形成扶养关系。因此小贾没有继承权,沈先生的房屋应由其配偶贾女士、其女小沈共同继承。

本案的法律依据请扫描二维码查看

(责任编辑:薛媛)

案例 13

妹妹能继承姐姐遗产吗?*

【警情简介】

李某(男)与顾某(女)系夫妻,无子女,顾某的父母已去世,顾某只有一个妹妹。某年5月2日夫妻二人外出旅游时遇山洪,李某被水冲走,后经打捞,寻到李某尸体,后被确认于某年5月3日死亡。顾某被当地其他居民所救,但因伤势过重送医院后抢救无效于5月5日死亡。4个月后,李某的父母在处理完儿子、儿媳后事,处理两人遗产时,顾某的妹妹提出要继承自己姐姐的财产,但李某的父母认为儿子儿媳遗留下来的财产应当归他们所有,拒绝与顾某妹进行分割。双方争执不下,遂报警。

■ 案例解析

1. 李某的父母与顾某的妹妹是否有继承权?

李某的父母有继承权,顾某的妹妹也有继承权。根据我国《民法典》第1127条的规定,遗产的法定继承由第一顺位继承人先继

---

* 本案例由王秀萍编辑整理提供。

承,无第一顺位继承人时,由第二顺位继承人继承。本案中,李某先于顾某死亡,因此,其遗产由其第一顺位继承人即其父母、妻子顾某继承。顾某死亡后应由其第一顺位继承人继承,但顾某没有第一顺位继承人,即由其第二顺位继承人顾某妹继承。

2. 他们应当分得多少遗产?

李某的婚前个人财产由其父母继承,顾某的婚前个人财产由其妹妹顾某妹继承。同时,李某的父母还可继承李某和顾某夫妻共同财产的1/3,顾某的妹妹可以继承李某和顾某夫妻共同财产的2/3。

李某和顾某系夫妻,李某又先于顾某去世,继承时先对夫妻共同财产进行分割,李某和顾某各自分得1/2,继承开始后,李某的1/2原则上由李某的父母和其妻子顾某平均分配,即李某的父母各分得1/6,共1/3,顾某分得1/6。顾某去世后,其分得夫妻共同财产中的1/2以及从其丈夫李某处继承来的1/6,共计2/3,全部由其妹妹顾某妹继承。

本案的法律依据请扫描二维码查看

(责任编辑:王秀萍)

案例 14

孙子女如何继承爷爷遗产?*

【警情简介】

被继承人张某俊与妻子育有二子二女,分别为张 A、张 B、张 C、张 D。张 A 育有子女张甲和张乙。张某俊于 2018 年 12 月死亡,其妻及张 A 均先于其死亡。张某俊去世后留有房屋一套及银行存款 40 万元。张 B、张 C、张 D 在分配父亲遗产时,张甲和张乙提出也要参与遗产分割并主张在五人之间平均分配,遭到张 B、张 C、张 D 三人拒绝,双方遂发生矛盾,张甲和张乙报警求助。

案例解析

1. 本案中张甲和张乙可否继承张某俊的遗产?

根据《民法典》第 1128 条第 1 款的规定,被继承人的子女先于被继承人死亡的,由被继承人的子女的晚辈直系血亲代位继承。本案中,由于张某俊之子张 A 先于张某俊死亡,故张 A 所能继承的遗

---

* 本案例来自《启东法院继承纠纷典型案例 5 则》,载网易 2022 年 2 月 24 日,https://www.163.com/dy/article/H10I5TK90514NR2D.html,由王秀萍编辑整理提供。

产份额应由张甲和张乙代位继承。即被继承人张某俊死亡时的法定第一顺位继承人有张B、张C、张D及孙子女张甲和张乙。

2. 张甲和张乙继承的份额是多少?

继承开始后,没有遗嘱则按照法定继承办理,同一顺序继承人继承遗产的份额,一般应当均等。故张某俊的遗产应当分成四份,分别由张B、张C、张D及孙子女张甲和张乙继承。因为张甲和张乙作为代位继承人,只能继承张A应当继承的份额,即张甲和张乙共同继承张某俊名下房屋及银行存款的1/4。

本案的法律依据请扫描二维码查看

(责任编辑:王秀萍)

案例 15

改嫁儿媳能继承公婆遗产吗？*

【警情简介】

王女士的第一任丈夫李某婚后两年便因意外去世，李某去世三年后，王女士与现在的丈夫再婚。但是，王女士和李某父母间的关系并未因她再嫁而改变。李某去世后，王女士便将两位老人当成了自己的亲生父母去照顾，和两位老人建立了深厚的感情。王女士的第二任丈夫对此也没有异议，二人经常照顾陪伴两位老人。李某的父母还有一个小儿子，一直在外地生活，对家里的父母不闻不问。2019年，两位老人相继去世，离世前口头承诺将遗产留给长年照顾自己的王女士。王女士处理好两位老人的后事后，却被赶回来的小儿子指责欺骗老人。小儿子说，王女士再婚多年，已经不是老人的儿媳妇，没有资格继承公婆财产。双方引发争执，报警要求处理。

■ 案例解析

1. 丧偶儿媳能继承公婆的遗产吗？

丧偶儿媳是否有赡养公婆的义务，我国法律没有明确规定。但

---

* 本案例由何锐编辑整理提供。

是,为了弘扬社会道德风尚,法律规定丧偶儿媳在对公婆尽了主要赡养义务的情况下,可以作为第一顺位继承人继承公婆的遗产,其他任何人不得剥夺这种权利,且丧偶儿媳的继承权不影响其子女的代位继承权。本案中,王女士在丈夫去世后,虽然改嫁,但毅然承担起照顾公婆的重担,为其养老送终,尽到主要赡养义务,符合《民法典》有关规定,应当作为第一顺位继承人,而且可以多分遗产。王女士的行为值得称赞与弘扬,二老小儿子的说法是错误的。

2. 哪些人可以多分得遗产?

《民法典》体现了"以人为本"的理念,其中特别规定,在法定继承中,对生活有特殊困难又缺乏劳动能力的继承人,分配遗产时,应当予以照顾。对被继承人尽了主要扶养义务或者与被继承人共同生活的继承人,分配遗产时,可以多分。

本案的法律依据请扫描二维码查看

(责任编辑:何锐)

案例 16

代书遗嘱有效吗？*

【警情简介】

胡甲、胡乙、胡丙系胡某芳的子女。胡某芳曾于 2018 年 2 月立下遗嘱，将本人名下一套房产留给胡丙继承。胡某芳去世后，胡丙持有遗嘱要求胡甲和胡乙配合办理房产过户手续，但胡甲和胡乙认为胡丙持有的 2018 年 2 月的遗嘱不发生法律效力，理由是该遗嘱为某法律服务所代书，且在该遗嘱下方见证单位处仅加盖有某法律服务所公章及该所一名法律工作者的印章。双方争执不下，后发生扭打，遂报警。

■ 案例解析

1. 本案当中代书遗嘱是否有效？

根据《民法典》第 1135 条的规定，代书遗嘱应当有两个以上见证人在场见证，由其中一人代书，并由遗嘱人、代书人和其他见证人签名，注明年、月、日。本案中胡丙提供的遗嘱中见证单位上仅加盖

---

* 本案例来自《启东法院继承纠纷典型案例 5 则》，载网易 2022 年 2 月 24 日，https://www.163.com/dy/article/H10I5TK90514NR2D.html，由王秀萍编辑整理提供。

有某法律服务所公章及该所一名法律工作者印章,不具备法律形式要件,故应认定为无效遗嘱。

2. 本案所涉房产应当如何分配?

根据《民法典》第1123条的规定,继承开始后,按照法定继承办理;有遗嘱的,按照遗嘱继承或者遗赠办理;有遗赠扶养协议的,按照协议办理。本案中遗嘱无效,因此所涉房产应按照法定继承在几个继承人之间平均进行分配,即胡甲、胡乙、胡丙三人均分。

本案的法律依据请扫描二维码查看

(责任编辑:王秀萍)

案例 17

与父母同住就能多分遗产吗?*

【警情简介】

老崔和王老太育有二子三女,老两口相继去世后其在农村建造的房屋因拆迁置换了两套楼房,大儿子崔甲与小儿子崔乙将两套楼房占为己有,三个女儿要求分割父母遗产被拒后将两兄弟诉至法院,要求继承父母遗产。大儿子崔甲主张自己多年来与父母一同居住,尽到主要赡养义务,应该多分遗产。三个女儿则认为,崔甲居住在父母的房屋内,却没有对父母尽到赡养义务,父亲生病时均是由女儿出资买药治疗,父亲去世后母亲也是由三个女儿轮流照顾,崔甲还向崔乙索要过5万元的父母赡养费,父母的遗产应由五位子女均等继承。

■ 案例解析

1. 分配遗产多少的依据是什么?

赡养父母不仅是子女的道德义务,更是法定义务。《民法典》第1130条第1款规定,同一顺序继承人继承遗产的份额,一般应当均

---

* 本案例由薛媛编辑整理提供。

等。第3款规定,对被继承人尽了主要扶养义务或者与被继承人共同生活的继承人,分配遗产时,可以多分。实践中有些继承人虽然与父母共同居住,但名为"赡养"实为"啃老",反倒是未与父母同住的其他继承人出资出力、嘘寒问暖、时常陪伴。此时,便不能单纯以与父母共同居住为由而认定该继承人尽了主要赡养义务而多分遗产。对是否尽了主要赡养义务应作全面理解,包括经济上的支持,生活上的照料,精神和情感上的关心、安慰等多方面因素,不能仅就某一方面因素进行考虑。

2. 共同生活就是多分遗产的理由吗?

与老人共同居住生活是审查是否多尽赡养义务的一个重要方面,但应注意的是如果一方当事人以与老人共同居住生活为由主张多尽了赡养义务,亦需要考虑住所是否为老人的房产、老人自身的收入情况等因素,如果居住在老人的房屋且老人自身的收入足以覆盖支出,老人足以照顾自己或雇有保姆等,则不宜直接以共同居住为由认定其多尽赡养义务。

本案的法律依据请扫描二维码查看

(责任编辑:薛媛)

案例 18

无房遗孀享有对配偶个人所有房屋的居住权益吗?*

【案情简介】

甲某的爷爷有一套房产。后来爷爷与乙某再婚,共同居住于该房产中。2021年2月爷爷去世,爷爷在遗嘱中,将该房产赠给孙子甲某,对乙某未做任何安排。乙某因别无房产,就一直居住在该房中。甲某继承房产后多次要求乙某限期搬离,乙某都不搬。甲某一气之下给房屋断了水,乙某报警。由于双方的积怨较多,无法达成调解意见。甲某又诉至法院,要求乙某腾房。

案例解析

1. 乙某能继续居住亡夫房屋吗?

本案中的中级法院经审理认为,乙某系甲某爷爷的合法配偶,

---

* 本案例来自《无固定生活来源的丧偶老人唯一居住房屋被受遗赠人出售,新房主要求搬离 法院判决:不用搬》,载快资讯,https://www.360kuai.com/pc/9c62c1c99ae3185a2?cota=3&kuai_so=1&sign=360_57c3bbd1&refer_scene=so_1,由王英编辑整理提供。

— 418 —

在甲某爷爷生前对其履行了夫妻之间相互扶助的义务。在甲某爷爷去世后,作为遗孀居住于案涉房屋内的现状应当得到尊重。在夫妻一方死亡,另一方又无其他居住条件的情况下,因婚姻关系产生的居住权益并不因夫妻一方去世而消灭。甲某取得案涉房屋所有权系继受取得,非原始取得,其对物权的行使不得损害乙某的合法权益,故对乙某的居住现状应予尊重。

2. 乙某为什么能排除甲某的妨碍?

乙某无其他住房,又无固定生活来源,且对案涉房屋享有合法居住权益,甲某在未妥善安排乙某住所的情况下,要求乙某立即迁出该房屋的诉请,有违公序良俗。

本案的法律依据请扫描二维码查看

(责任编辑:王英)

案例 19

骗取公证对继承有无影响？*

【警情简介】

符某甲于1995年在民政局办理了收养登记手续,收养了符某某,符某甲的父母符某丙、王某某于20世纪60年代离婚,符某甲与其胞弟符某乙随父亲符某丙生活,符某丙于2015年2月11日去世。其母亲王某某离婚后又另组家庭生育一子一女。2019年11月24日,符某甲因病去世,生前未订立遗嘱。符某甲的第一顺位继承人有其养女符某某、母亲王某某。被继承人符某甲的遗产有价值98万元的房屋一套,价值90万元的拆迁还建房一套,银行存款75,353.43元。另有被继承人符某甲的丧葬费、抚恤金73,658元。

2019年11月4日,符某甲因病住院,王某某委托符某甲的同母异父弟弟戈某承担主要照顾符某甲的责任并办理住院事宜。2019年11月24日符某甲去世后,丧葬事宜亦由王某某委

---

* 本案例来自湖北省武汉市中级人民法院(2020)鄂01民终10482号民事判决书,由王秀萍编辑整理提供。

托戈某操办。在此期间,王某某垫付住院费、丧葬费等合计71,797.39元。2019年12月13日,符某某向公证处虚构王某某已经死亡的事实,骗取公证处出具相应的公证书。符某某依据此公证书将符某甲名下银行存款取走并将符某甲名下价值98万元的房屋过户到其名下。后被王某某发现,其认为符某某对符某甲未尽到赡养、照顾义务,故要求其归还被继承人符某甲的所有遗产,遂与符某某发生争议。

案例解析

1. 符某某骗取公证文书的行为可以导致她少分遗产吗?

根据最高人民法院《关于适用〈中华人民共和国民法典〉继承编的解释(一)》第43条的规定,人民法院对故意隐匿、侵吞或者争抢遗产的继承人,可以酌情减少其应继承的遗产。根据《民法典》第1130条第4款的规定,有扶养能力和有扶养条件的继承人,不尽扶养义务的,分配遗产时,应当不分或者少分。因此,符某某不尽赡养义务及虚构事实骗取公证文书侵吞养父遗产的行为,都会导致她在遗产分割中分配的份额减少。

2. 本案中房产应如何分割?

根据《民法典》第1156条的规定,遗产分割应当有利于生产和生活需要,不损害遗产的效用。不宜分割的遗产,可以采取折价、适当补偿或者共有等方法处理。本案中,房产即属于不宜分割的遗产,且王某某与符某某双方矛盾已深,不宜采用共有分割方法,同时被继承人的两套房产存在现有价值及升值空间的差异,再加上符某某已通过虚构、隐瞒事实获取公证的方式将位于武汉市武昌区的房屋过户到自己名下,考虑到她这种侵吞遗产的行为应予以少分遗产,因此分割时可将位于武汉市武昌区的房屋一套划归符某某所有,位于武汉市青山区的拆迁还建房一套划归王某某所有,但符某某应支付王某某房屋补偿款。这样不仅进一步平衡了双方当事人间的利益,而且避免了房产分割给当事人增加产权过户等繁琐事宜,同时也利于减少矛盾。

本案的法律依据请扫描二维码查看

(责任编辑:王秀萍)

案例 20

处理遗产能信托吗?*

【警情简介】

周女士现年 60 岁,曾是国内某大型国企高管,现已退休。周女士与配偶赵先生育有一子一女,女儿赵甲,现为某上市公司高管,生活优渥,奉行不婚主义。儿子赵乙,无固定收入,已婚,育有一女赵某兰,尚未成年。赵某兰聪明伶俐,周女士对孙女亦十分疼爱。周女士母亲仍健在,年事已高,平时主要由周女士照料起居,并提供经济来源。周女士名下有两套房产,现金 1000 余万元,为避免发生意外导致身后财产继承纠纷,周女士向社区警务室咨询,可否通过订立遗嘱信托的方式避免财产流失、实现财产的保值增值。

案例解析

1. 遗嘱信托的含义是什么?

《民法典》中新增加了遗嘱信托。遗嘱信托,是指通过立遗嘱的方式而设立的信托。也就是委托人预先以立遗嘱的方式,将财产的

---

* 本案例由王秀萍编辑整理提供。

规划内容,包括交付信托后遗产的管理、分配、运用及给付等,在自己意识清楚的时候作出决定。与动产、不动产或有价证券等个人信托业务比较,遗嘱信托最大的不同点在于,遗嘱信托是在委托人死亡后才生效。遗嘱信托凭借"遗嘱+信托"的功能优势,可以实现遗嘱所不能实现的多元化规划目的。

2. 本案中的遗嘱信托,其法律意义是什么?

本案中,周女士的诉求不仅是财产传承,而且包括了跨代传承、长期资金保障、养老、风险防范等的多重诉求。通过遗嘱信托,由受托人依照遗嘱人周女士的意愿分配遗产,并为照顾继承人而做财产规划,不但有立遗嘱防止纷争的优点,还因结合信托的规划方式,使遗产及继承人更有保障。

本案的法律依据请扫描二维码查看

(责任编辑:王秀萍)

案例 21

有效遗嘱的形式是什么?*

【警情简介】

　　李某与陈某1991年结婚,婚后育有子女李甲、李乙,拥有住房一套。2009年,妻子陈某去世。2010年经人介绍李某与王某结为连理。李某在2012年也因病去世。李某去世后,王某拿出了一份遗嘱,称是李某生前亲自书写,遗嘱内容为:"为了避免王某和子女李甲、李乙之间发生遗产纠纷,特立此遗嘱:房产一处,建筑面积90平方米,我去世后,归王某所有,如其另嫁他人,归李甲、李乙所有。"李甲、李乙不认可这份遗嘱,与王某发生纠纷,请求派出所民警出面调解。经调查,王某出示的遗嘱无签名、无日期,遗嘱上的所有书写字迹与样本上李某书写的字迹为同一人书写。除亲笔书写了一份遗嘱外,2012年李某被诊断出肝癌晚期后,还曾经拜托弟弟起草了一份代书遗嘱,内容如下:"鉴于我本人目前的身体状况,为了避免遗产纠纷,特立此遗嘱。财产:房屋一处。房屋在我去世后归王某和李甲、李乙所有,具体分配为:(1)王某有永久居住权(限其本人);(2)如果

＊ 本案例由薛媛编辑整理提供。

其再嫁,不再享受此房的居住权;(3)如果王某在任何时候搬走(回老家或者其他地方居住)可享受此房1/5的财产;(4)在王某去世后,可由李甲、李乙继承房屋。"注有本人及其弟弟签名及时间。

案例解析

1. 本案中的两份遗嘱具有法律效力吗?

本案中,李某的自书遗嘱系本人所写,具备真实性,但是因为没有签名,没有年、月、日,缺乏完整性,且此自书遗嘱附条件限制王某再嫁,处分了不属于自己的财产份额,内容违反相关法律规定,上述诸多问题影响了这份自书遗嘱的效力。另外,李某的代书遗嘱因只有其弟弟一人签名,不满足代书遗嘱应当有两个以上见证人在场见证的法定要求,也应认定为无效。最终,王某、李甲、李乙只能依照法定继承分割房屋。

2.《民法典》关于遗嘱的法律变化有哪些?

其一,在公证遗嘱、自书遗嘱、代书遗嘱、录音遗嘱、口头遗嘱五种遗嘱形式基础上,新增打印遗嘱和录像遗嘱两种形式,顺应了时代的需要。其二,废除公证遗嘱效力优先规则,为了更妥善地保护立遗嘱人的意思自治和权利,《民法典》施行后公证遗嘱不再有优先性,如果存在多份内容相抵触的遗嘱,以最后一份遗嘱内容为准。

本案的法律依据请扫描二维码查看

(责任编辑:薛媛)

案例 22

养子的遗嘱有效吗?*

【警情简介】

张某未婚,系独自居住的孤寡老人。25 年前收养了乔某,张某独自将乔某抚养长大。至乔某结婚生子时,张某已经年近 80 岁,仍然独自生活,无固定经济来源。乔某出差发生车祸,在医院抢救期间立下遗嘱,将其所有财产归其妻女继承,最终乔某因抢救无效死亡。张某向社区警务室咨询,自己可否要求分得乔某的遗产。

案例解析

1. 我国继承制度是如何体现养老育幼原则的?

赡养老人、抚育未成年子女是我国人民的传统美德,也是国家、社会和家庭共同的责任。在《民法典》继承编中,具体体现养老育幼原则的有:一是在确定继承人范围及继承顺序上,将与被继承人有抚养、赡养和扶助关系的人确定为法定继承人;同时,为鼓励赡养老

---

* 本案例来自《民法典普法读本——百姓身边那些事》,中国民主法制出版社 2020 年版,由高海洋收集整理提供。

人和有利于抚育后代,丧偶儿媳对公婆及丧偶女婿对岳父母尽了主要赡养义务的可作为第一顺序继承人。二是同一顺序继承人分配遗产时,应当照顾缺乏劳动能力又没有生活来源的继承人。三是以遗嘱方式处分财产时,遗嘱中应当为缺乏劳动能力又没有生活来源的继承人保留必要的份额,以保障他们的基本生活需要。四是遗产分割时,应当保留胎儿的继承份额,以保护被继承人死后出生的子女的利益。对继承人以外的依靠被继承人扶养的缺乏劳动能力又没有生活来源的人,可以分给他们适当的遗产。五是确认遗赠扶养协议的效力,使受扶养人的生养死葬有保障。

2. 遗嘱未给缺乏劳动能力又没有生活来源的继承人保留必要的遗产份额,怎么办?

遗嘱是自然人对自身合法私有财产的处分行为,但是,遗嘱的内容必须合乎法律的规定。《民法典》第1141条规定,遗嘱应当为缺乏劳动能力又没有生活来源的继承人保留必要的遗产份额。本案中,立遗嘱人乔某将张某合法收养并抚养长大、成家的养子,理应回报养父使其安享晚年。同时,张某已经年近80岁,既丧失劳动能力,也无固定经济来源,案涉遗嘱中却未为张某保留必要的财产份额,属于部分无效。张某可申请法律援助,向法院起诉,要求确认乔某的遗嘱部分无效,请求为其分割乔某的遗产,以备生活之需。

本案的法律依据请扫描二维码查看

(责任编辑:高海洋)

案例 23

打印遗嘱有效吗？*

【警情简介】

韩先生作为家中的小儿子,在父亲年老体病时一直在病榻前陪伴、照顾父亲。韩父于 2019 年 9 月立下遗嘱,将其名下的房屋指定由韩先生一人继承,后于 2021 年 2 月去世。但是由于这份遗嘱的内容为电脑打印而成,韩先生的两个哥哥认为不符合《继承法》(现为《民法典》继承编)规定的法定遗嘱形式,认为遗嘱无效,应按照法定继承的方式将父亲的遗产在韩父众多子女中进行分割。韩先生却认为该遗嘱虽然是自己根据父亲的要求打印而成,但在父亲签订遗嘱时有两名无利害关系的见证人在场见证,遗嘱全文仅有一页,父亲及两名见证人均签字捺印,落款处也注明日期,并有录像予以佐证,按照《民法典》的规定应为有效,应按照此份遗嘱继承父亲的房产。韩先生的两个哥哥遂又提出此份遗嘱是 2019 年父亲所立,此时《民法典》还未颁布,应按《继承法》的规定处理父亲的遗产。双方争执不下,遂向社区民警求助。

---

* 本案例来自《参阅案例 | 打印遗嘱的效力认定——刘某起与刘某海、刘某霞、刘某华遗嘱继承纠纷案》,载今日头条"京法网事"2022 年 8 月 23 日,https://www.toutiao.com/article/7135042805516812814/? app = news_article&timestamp = 1661261203&wid = 1694398701910,由王秀萍编辑整理提供。

案例解析

1. 本案中的遗嘱可以适用《民法典》的规定吗?

根据最高人民法院《关于适用〈中华人民共和国民法典〉时间效力的若干规定》第15条的规定,《民法典》施行前,遗嘱人以打印方式所立的遗嘱,当事人对该遗嘱效力发生争议的,若遗产尚未处理完毕,即可适用《民法典》的规定。因此,本案当中的遗嘱虽在2019年由韩先生根据其父亲的要求用电脑打印而成,但韩先生与其哥哥等其他继承人发生争议时,遗产尚未处理完毕,因此可以适用《民法典》关于打印遗嘱的规定。

2. 本案中遗嘱是否有效?

根据《民法典》第1136条的规定,打印遗嘱应当有两个以上见证人在场见证。遗嘱人和见证人应当在遗嘱每一页签名,注明年、月、日。本案中,韩父所立遗嘱虽由韩先生根据其父亲的要求用电脑打印而成,但在父亲签订遗嘱时有两名无利害关系的见证人在场见证,遗嘱全文仅有一页,父亲及两名见证人均签字捺印,落款处也注明日期,并有录像予以佐证,所以该遗嘱符合《民法典》关于打印遗嘱的规定,是有效的,本案应按遗嘱内容分配其遗产。

本案的法律依据请扫描二维码查看

(责任编辑:王秀萍)

案例 24

不给子女留遗产的遗嘱有效吗?[*]

【警情简介】

　　李女士与吴某系夫妻,婚后育有一女小吴,2011 年小吴 6 岁时父母双方离婚,协议夫妻共有房屋一套归李女士所有,李女士向吴先生支付了一部分房屋折价款,小吴由李女士抚养。2018 年李女士病重,称孩子已经上了初中,她实在是没有能力继续抚养孩子,自己治病尚自顾不暇,很难给孩子应有的家庭温暖和照顾,通过法院诉讼的方式欲将小吴的抚养权变更给吴某,法院在征得小吴的同意后,将小吴的抚养权变更给了吴某。2019 年李女士亲笔书写了一份遗嘱,称自己患病期间,一直是父母和弟弟照料,想到以后只能靠弟弟照顾年迈的双亲,所以在自己过世后,自己名下的住房和所有银行存款由弟弟继承。2020 年李女士过世,吴家父女想要继承财产时,小吴的舅舅李先生却拿出了李女士的亲笔遗嘱,经过吴家父女辨认,确系李女士的笔迹。双方为李女士的遗产继承问题发生争议,后报警。

---

　　[*] 本案例来自《母亲遗产给舅舅,一分钱都没留给孩子! 这份遗嘱有效吗?》,载今日头条"中国法院网官方账号"2021 年 7 月 7 日,https://www.toutiao.com/article/6982101148282929672/? channel = &source = search_tab,由王秀萍编辑整理提供。

■ 案例解析

1. 在遗嘱当中享有"特留份"需满足什么条件？

根据《民法典》第1141条的规定，法定继承人在遗嘱中享有"特留份"，需要同时具备两个条件：缺乏劳动能力、没有生活来源。而且法定继承人是否满足这两个条件，要以遗嘱生效时为准，不能以遗嘱人立遗嘱时为准。本案中，遗嘱开始生效的时间是李女士去世时，即2020年，此时小吴作为李女士的法定第一顺位继承人，尚未成年，正在上学，属于缺乏劳动能力又没有生活来源的继承人，依法应该得到必要的遗产份额。

2. 遗嘱未留下必要份额会导致遗嘱无效吗？

依据最高人民法院《关于适用〈中华人民共和国民法典〉继承编的解释（一）》第25条第1款的规定，遗嘱人未保留缺乏劳动能力又没有生活来源的继承人的遗产份额，遗产处理时，应当为该继承人留下必要的遗产，所剩余的部分，才可参照遗嘱确定的分配原则处理。也即如果遗嘱没有为缺乏劳动能力又没有生活来源的继承人保留必要的份额，对应当保留的必要份额的处分部分无效。

3. 遗嘱中"特留份"的数额应如何确定？

尽管被继承人死后，他对继承人已不存在法律上的义务，但是只要他还留下了遗产，而且只要法定继承人"缺乏劳动能力又无生活来源"的状况存在，法律就不允许被继承人以遗嘱的方式来剥夺他们继承必要遗产的权利。而遗产份额到底应该留多少才能达到法律规定的"必要"呢。这既与被继承人遗留的遗产数额有一定的关系，更与应得到"必要的遗产份额"的继承人的具体状况有关。对于未成年子女而言，确定"必要的遗产份额"的数额时，应充分考虑到继承人在失去被继承人后至年满18周岁止维持基本生活所必需的衣食住行费用及教育、医疗之所需,原则上起码应不低于当地居民的最低生活保障标准。

本案的法律依据请扫描二维码查看

(责任编辑:王秀萍)

案例 25

遗嘱中的财产能出赠吗?*

【警情简介】

老张在老伴去世后一直由保姆邓某照料生活。之后,老张与邓某登记结婚,并通过书面遗嘱的方式指定邓某是其财产的唯一继承人,包括房产和部分存款。但老张与邓某结婚后,由于双方年龄、生活习惯等差距较大,双方渐渐产生隔阂,尤其是邓某不愿老张的子女经常来看望老张,并且常为此与老张大吵大闹更加剧了冲突,导致老张也对邓某不满意。不久,老张就生病住院了,生病住院其儿子照顾期间,老张将房屋赠与儿子张某并且办理了过户手续。2个月后老张去世,老张的儿子张某持房主是自己名字的房产证要求邓某迁出房屋,但邓某以遗嘱为依据,认为自己才是房主不愿迁出,双方发生撕扯,遂报警。

■ 案例解析

1. 老张可以撤销之前所立的遗嘱吗?

根据《民法典》第 1133 条第 1 款的规定,具有完全民事行为能

---

* 本案例由王秀萍编辑整理提供。

力的自然人有权根据自己的意愿,通过遗嘱处分自己的财产。根据第1123条的规定,立遗嘱人有权在有生之年通过赠与的方式处分自己的财产,不受遗嘱行为、内容的限制。同时根据第1142条第2款的规定,立遗嘱人生前行为与遗嘱的意思表示相反,使遗嘱处分的财产在继承开始前灭失或部分灭失,部分转移的,遗嘱视为被撤销或者部分被撤销。本案中,老张将房屋赠与儿子张某并且办理了过户手续的行为与他之前所立将房产留给邓某的遗嘱相反,从而使遗嘱的房产处理部分被撤销。

2. 本案中房屋和存款应归谁?

由于遗嘱中关于房产留给邓某的部分已被撤销,且老张已将房屋实际赠与儿子张某并且办理了过户手续,因此,房屋归属于张某。但由于之前老张所立遗嘱是有效的,且关于存款部分的处理也没有通过其他的行为被老张撤销,因此存款应当按照遗嘱由邓某继承。

本案的法律依据请扫描二维码查看

(责任编辑:王秀萍)

案例 26

数份遗嘱以哪个为准？*

【警情简介】

刘某跃、王某琴夫妻到公证处办理遗嘱公证时，对其共同房屋留下了由他们三个子女刘甲、刘乙、刘丙平均继承的遗嘱。其后，刘某跃因病去世，王某琴再次到公证处办理遗嘱公证，通过变更遗嘱申明书对原遗嘱中刘甲、刘乙、刘丙三人平均继承本人部分房屋的权利予以撤销，并明确指出涉案房屋由其侄子王某代为保管，供自己使用，遗嘱其他内容不变。公证处为之出具了遗嘱公证书。王某琴死亡后，其子女刘甲、刘乙、刘丙要求王某将父母的该房屋交出或进行出售后将房款退还三人，几人发生争执，遂引发警情。

▰ 案例解析

1. 遗嘱人可以另立遗嘱，对原有遗嘱进行变更吗？

根据《民法典》第 1142 条第 1 款的规定，遗嘱人可以撤销、变更

---

* 本案例来自《继承案例：公证了的遗嘱能改吗？》，载华律网 2014 年 4 月 9 日，https://www.66law.cn/laws/112920.aspx，由王秀萍编辑整理提供。

自己所立的遗嘱。

2.案中所涉房屋应如何处理?

王某琴以新遗嘱变更旧遗嘱时,仅对旧遗嘱中自己财产的归属进行了撤销,却未对遗产由谁继承表明意见,故该部分财产在王某琴死亡后需按法定继承的规则继承。具体来讲,案中两遗嘱人刘某跃、王某琴生前共同留下合法有效的遗嘱,按《民法典》所规定的遗嘱继承在先原则,被继承人死亡时有遗嘱的,遗嘱所涉及遗产均按遗嘱处理。遗嘱人刘某跃死后,应将刘某跃、王某琴共同财产的一半确定为刘某跃的遗产,由继承人按遗嘱进行分配。王某琴另行设立新的公证遗嘱,遗嘱表明原定由刘甲、刘乙、刘丙三人继承的楼房中属于自己的那一半财产不再分给该三人,而是由侄子王某代为保管,供自己使用。这是其合法有效的意思表示,故对该新遗嘱所涉及的遗产,应当按新遗嘱处理。但新遗嘱仅撤销了旧遗嘱中指定的继承人的继承权,并未清楚地写明王某琴所有的财产在王某琴死后由谁继承,因此,该部分财产在王某琴死亡后需按法定继承的规则继承,即仍由刘甲、刘乙、刘丙三人平均继承。

本案的法律依据请扫描二维码查看

(责任编辑:王秀萍)

> 案例 27

解除遗赠扶养协议的后果是什么?* ──

【警情简介】

黄某与黄某民夫妇、黄某忠夫妇系亲戚关系。2019年1月,黄某作为甲方与黄某民夫妇、黄某忠夫妇作为乙方签订遗赠扶养协议书,双方约定,乙方负责赡养甲方(支付保姆工资等),照顾甲方日常生活及情感,乙方尽到扶养义务后,甲方全部财产由乙方均分。协议签订后,乙方四人按约为甲方黄某雇请保姆、请医看病等并支付相关费用,对黄某进行了照顾。后黄某认为乙方四人怠于履行协议内容,从未主动联系甲方,疏于照顾甲方的感情。故于2021年1月主张解除双方签订的遗赠扶养协议,并拒不退还乙方已支出的保姆费用等,双方遂发生争执和撕扯,后邻居报警。

---

* 本案例来自《启东法院继承纠纷典型案例5则》,载网易2022年2月24日,https://www.163.com/dy/article/H10I5TK90514NR2D.html,由王秀萍编辑整理提供。

案例解析

1. 本案当中黄某可以单方解除遗赠扶养协议吗?

根据《民法典》第1144条的规定,遗赠附有义务的,受遗赠人应当履行义务。没有正当理由不履行义务的,经利害关系人或有关组织请求,人民法院可以取消其接受附义务部分遗产的权利。本案中,乙方四人虽为甲方请医看病,支付保姆费用,保障老人的日常生活。但是随着时间推移,乙方四人怠于履行协议内容,从未主动联系甲方,疏于照顾甲方的感情,可以认定为受遗赠人没有正当理由不履行义务,黄某要求解除案涉扶养协议的请求,于法有据。另外,仅从解决甲方黄某养老问题的角度出发,勉强维系双方的协议关系,未必有利于黄某的晚年生活。因此,从依法保护老人合法权益和尊重老人意愿的基础上,应当解除案涉遗赠扶养协议。

2. 乙方四人已支付的保姆费等相关费用是否可以要回?

在解除遗赠扶养协议后,根据公平原则,扶养方已支付的扶养费用等应进行偿还,故乙方四人已支付的保姆费等相关费用在有相应的证据证明的情况下可以主张要回。

本案的法律依据请扫描二维码查看

(责任编辑:王秀萍)

案例28

遗产管理人的职责有哪些？*

【警情简介】

被继承人熊某遭遇车祸后重伤住院,临危之际将其亲属均唤至医院病床前,且专门聘请律师张某代书立下遗嘱,遗嘱除了将财产详细分割外,还指定律师张某作为遗产管理人,约定继承开始后由管理人负责实施,且遗嘱内容经公证处公证。熊某逝世后,因此前对遗嘱执行费用等问题未作出明确约定,因此遗产管理人便与继承人熊小某签订了《遗嘱执行协议》,并严格按照遗嘱内容将遗产全部分配完毕。之后,熊小某称遗嘱执行人张某未积极按遗嘱人嘱托交付遗产,导致《遗嘱执行协议》无效,私自扣收执行遗嘱的代理费用,与张某发生争执,请求调解。

■ **案例解析**

1. 遗产管理人的职责有哪些?

设立遗产管理人的目的就是要保护遗产的安全和完整,保护继

---

* 本案例由何锐编辑整理提供。

承人的合法权利,保护被继承人的债权人的合法权益。因此,遗产管理人的职责是该制度中最核心的内容。按照《民法典》第1147条的规定,遗产管理人的具体职责如下:一是清理遗产并制作遗产清单。二是向继承人报告遗产情况。三是采取必要措施防止遗产毁损、灭失。四是处理被继承人的债权债务。五是按照遗嘱或者依照法律规定分割遗产。六是实施与管理遗产有关的其他必要行为。

2. 遗产管理人的法律责任有哪些?

《民法典》第1148条规定,遗产管理人应当依法履行职责,因故意或者重大过失造成继承人、受遗赠人、债权人损害的,应当承担民事责任。立法赋予遗产管理人必要的职权,是为了更好地管理遗产,保护继承人权益。遗产管理人承担民事责任的前提有两个:一是违反法定职责,造成继承人、受遗赠人、债权人损害;二是存在故意或者重大过失。

本案的法律依据请扫描二维码查看

(责任编辑:何锐)

案例 29

孤寡老人的征地补偿费由谁继承?*

【警情简介】

杨某俊系孤寡老人,原系某村村民,无子女,杨某甲、杨某乙系杨某俊侄子。因杨某俊年岁大,无人照顾,2018 年 5 月 21 日,经村委会会议决定,由杨某甲、杨某乙负责杨某俊老人的老、病、死、葬,且杨某俊老人去世后所有财产(包括田土、荒山及房产等)由杨某甲和杨某乙两人共同享有。协议签订后,杨某甲、杨某乙伺候杨某俊直至其去世,并办理了丧葬等的全部相关事宜。杨某俊去世前,原属杨某俊承包的 7.2 亩土地因旅游区开发建设项目被征用,土地补偿款 28 万元发放至杨某俊名下。因杨某甲、杨某乙要继承该笔补偿款引发该村村民反对,引起纠纷。

■ 案例解析

1. 遗赠扶养协议的扶养人可否获得被扶养人承包地的征收补偿费用?

一般来说,遗赠扶养协议的效力优先于法定继承和遗嘱继承或

---

* 本案例由薛媛编辑整理提供。

者遗赠。本案中,杨某俊是农村"五保"户,享受农村"五保"供养待遇。根据杨某俊生前的实际情况,应由村民委员会或集体经济组织提供照料。杨某甲、杨某乙与村委会在部分村民的见证下,订立了遗赠扶养协议,协议订立后杨某甲、杨某乙已经实际履行了对"五保"户杨某俊生养死葬的义务,根据遗赠扶养协议的约定,杨某俊老人名下的土地征用补偿款依法应当由杨某甲、杨某乙享有。

2. 遗赠扶养协议应该获得支持吗?

本案中的协议是杨某甲、杨某乙与村委会对"五保"户杨某俊赡养问题的约定,是村集体将本应由其提供照料的义务通过协议的方式转至杨某甲、杨某乙,并约定杨某俊的所有财产在杨某甲和杨某乙履行义务后由两人共同享有。本案中,杨某甲、杨某乙按照约定履行了对杨某俊生养死葬的义务,既体现了中华民族养老敬老的优良传统,也符合法律关于非直系亲属之间达成的以养老为目的的遗赠扶养协议的规定,对杨某甲、杨某乙的行为应当予以肯定。

本案的法律依据请扫描二维码查看

(责任编辑:薛媛)

第一编
总则

第二编
物权

第三编
合同

第四编
人格权

第五编
婚姻家庭

第六编
继承

第七编
侵权责任

445—530

民法典
CIVIL CODE

案例 1

性别歧视是否构成侵害人身权?*

【警情简介】

某某快递公司在双十一期间发布招聘信息,指明招聘男性。邓某知道快递公司招聘男性,但鉴于自身身体素质较好,因此虽身为女性仍然前往快递公司一试。快递公司通过了邓某的面试并约定试用期1个月,并未提及有关邓某是女性的问题。然而,在试用期满后快递公司却以招聘明确要求男性为由不与邓某签订劳务合同。邓某觉得在招聘中受到欺骗和歧视,到派出所寻求帮助。

案例解析

本案侵害了一般人格权。一般人格权是对人格独立、人格自由和人格尊严的概括性规定。侵害一般人格权是指出现了侵害人格独立、人格自由和人格尊严的行为,而侵害行为在《民法典》人格权编中无法对应具体的人格权,此时就可以适用一般人格权的相关规

---

* 本案例来自《最高人民法院关于弘扬社会主义核心价值观典型案例之九:邓某某诉某速递公司、某劳务公司一般人格权纠纷案》,载海口法院网2017年3月1日,https://www.hkfy.gov.cn/index.php? c = show&id = 29038,由陆静收集整理。

定保障权益。

  本案中,邓某应聘快递公司,虽然招聘启事中列明需要男性,但邓某并未因此落选且在试用期工作考核合格,因此招聘信息中的男性要求已为快递公司自己否定。快递公司仅以性别为理由,而非因工作性质、岗位需要甚至是工作实际效果对邓某作出不予录用的决定,是典型的侵害一般人格权的行为,即通俗所说性别歧视。此行为已违背民法典的相关规定,应承担民事责任。

本案的法律依据请扫描二维码查看

(责任编辑:陆静)

案例 2

被网红拍视频是否侵犯肖像权?*

> 【警情简介】
>
> 某日某派出所接到这样的求助电话:李女士发现在一则非常火爆的旅游视频中可以清晰地看到自己,而拍摄这则视频的博主并未征求李女士的同意也未进行告知。李女士认为,自己的肖像权受到侵犯与该博主联系,但此名博主认为自己拍摄的就是宣传视频不愿删除。李女士该怎么办呢?

■ 案例解析

根据《民法典》第 1020 条的规定,为展示特定公共环境,不可避免地制作、使用、公开肖像权人的肖像,可以不经肖像权人同意。案涉视频中可以清晰地辨认出李女士,但该视频就是介绍、展示当地的一处风景区,主要突出的是景区的自然景观并不是针对李女士专门拍摄。该视频是为了展现特定公共环境,而在这样的公共区域中

---

* 本案例来自《"被直播"是否侵犯肖像权? 这些法律知识你要知道》,载网易 2022 年 1 月 5 日,https://www.163.com/dy/article/GSV7E8CQ055 1NG2W.html,由李素敏编辑整理提供。

拍摄就不可避免地拍摄到其他人,因此并未侵犯李女士的肖像权。

本案的法律依据请扫描二维码查看

(责任编辑:王慧)

案例 3

夫妻之间就能相互伤害吗?[*]

【警情简介】

李某与王某系夫妻,婚后育有一子。双方因工作原因分居两地。李某时常因生活琐事打骂王某和孩子。王某遂提出离婚,并躲避回娘家生活。提出离婚后,李某不定时发送大量短信辱骂、威胁王某及其家人,扬言要实施打击报复。在一次尾随王某并当街对王某拳打脚踢过程中,周围群众报警。派出所出警处理,对李某决定给予行政拘留并罚款。

■ 案例解析

1. 家庭成员之间的侵害是否构成侵权?

这是一起典型家庭成员间侵害人格权的案例。《民法典》中明确禁止家庭暴力。对家庭成员实施的人身伤害,仍然构成侵害人格权的行为,造成人身损害的也要承担人身损害赔偿责任。本案中,虽然李某与王某系夫妻,但李某对王某殴打、威胁生命的行为明显不符合《民法典》规定的家庭关系的原则和限度,侵害了王某的人格

---

[*] 本案例由陆静收集整理提供。

— 451 —

权益。

生命权、健康权、身体权等人格权是以自然人个体而论的,民法主体平等地享有人格权,不因性别、民族、肤色而有所不同,也不因是家庭成员而区别对待。因此,即使家庭成员之间也应恪守《民法典》中关于人格权的相关规定,家庭成员之间的生命权、身体权、健康权等权益仍受法律保护,侵害相关权益的行为也需要承担侵权责任。

2. 家庭成员间侵权如何承担责任?

家庭成员之间的侵害仍需要承担侵权责任。侵害人格权的责任承担方式包括停止侵害、排除妨碍、消除危险、赔礼道歉、赔偿损失等。对于本案中对生命健康造成严重威胁和实质损害的行为,除要求赔偿外,还可以申请人身保护令,禁止李某对王某及其家庭成员辱骂、殴打、骚扰、跟踪、威胁等行为。对于违反者视情节轻重可以处以罚款、拘留,构成犯罪的还会追究其刑事责任。

本案的法律依据请扫描二维码查看

(责任编辑:陆静)

案例 4

环境污染和生态破坏的担责条件*

【警情简介】

杨某在当地政府的大力支持下建了一个中型规模的养殖场,主要养殖金鱼等观赏鱼,鱼塘主要水源为紧邻的金灿灿河。就在杨某期待养殖场能够带来经济效益的时候,有一天他突然发现鱼塘水质恶化,鱼塘中的鱼逐渐死亡。他沿着金灿灿河往上游走,发现某建筑公司正在施工,他怀疑是建筑公司施工排污导致水质恶化,鱼塘没有新鲜水源补充导致大量鱼死亡。于是他就寻求当地公安机关介入调查。通过调查发现,该建筑公司将工业污水及泥沙排入金灿灿河中,导致河水中悬浮物颗粒增加,杨某的养殖场在养殖过程中以该河水为其唯一水源,因此导致大量鱼死亡。

案例解析

该建筑公司是否承担环境污染和生态破坏责任?

本案因建筑公司在施工中排放工业污水、泥沙污染河水,系水

---

* 本案例来自重庆市黔江区人民法院(2018)渝 0114 民初 5046 号判决书,由田莹、马吉宽编辑整理提供。

污染责任纠纷,属于环境侵权案件。《民法典》第1229条规定:"因污染环境、破坏生态造成他人损害的,侵权人应当承担侵权责任。"

该建筑公司排放工业污水及泥沙至金灿灿河导致河水中污水、泥沙过多,此时抽水养鱼足以导致杨某养殖场养殖的观赏鱼窒息死亡。杨某为防止鱼塘污染而采取措施阻断有泥浆的河水流入鱼塘,在养殖密度较大的情况下,也足以导致鱼塘水质恶化、鱼类死亡。《民法典》第1230条规定:"因污染环境、破坏生态发生纠纷,行为人应当就法律规定的不承担责任或者减轻责任的情形及其行为与损害之间不存在因果关系承担举证责任。"即环境侵权举证责任倒置,故应由该建筑公司对其不应承担侵权责任或者行为与损害之间不存在因果关系承担举证责任,如果该建筑公司未举示充分的证据证明其排污行为与损害之间不存在因果关系,应承担侵权责任。

本案的法律依据请扫描二维码查看

(责任编辑:王慧)

案例 5

超市门口摔倒,谁来担责?*

【警情简介】

某日某派出所接到这样的求助电话:王女士在某大型超市采购日常用品后结账离开,从超市走向停车场的途中由于道路湿滑摔倒,导致骨折。超市认为王女士是在商场外的道路上滑倒与商场无关,商场不应当承担责任,王女士该怎么办呢?

案例解析

虽然超市通往停车场的道路位于超市实际经营场所之外,但该道路是顾客进出超市的必经通道,超市也因紧邻停车场的停车便利吸引很多消费者前来购物从而受益。因此该道路属于超市合理范围内的公共区域,应当进行管理。王女士购物结束后离开超市在去停车场的途中滑倒,超市应当承担相应责任。

---

* 本案例来自搜狐网,网址 https://www.sohu.com/a/285674934_1200635771,由李素敏编辑整理提供。

本案的法律依据请扫描二维码查看

(责任编辑:王慧)

案例 6

同行"驴友"受伤,谁担责?*

【警情简介】

钱某是户外探险爱好者。在一次活动中,钱某和"驴友"们在攀爬一处陡峭山坡过程中,走在前面的"队员"孙某因未与钱某形成足够默契,拉钱某时出现意外,导致钱某摔伤,腿部骨折。钱某向孙某主张承担其医疗费用等经济损失,被孙某拒绝,双方产生争议。

■ 案例解析

1. 自甘风险原则适用条件有哪些?

自甘风险原则是《民法典》侵权责任编中新增的内容,填补了法律的空白。自甘风险系指受害人明知行为存在危险而自愿参加,进而免除该危险实现时行为人的侵权责任的制度。我国自甘风险制度包括适用领域、主观意愿、致害行为三个积极要件:适用于具有一定风险的体育活动;受害人自愿参加;危害行为来自其他参加者的

---

* 本案例来自中国裁判文书网,网址:https://wenshu.court.gov.cn/website/wenshu/,最后访问日期:2023 年 8 月 11 日,由田莹编辑整理提供。

行为。该风险属于合理、可能发生的风险,如参与篮球运动则面临因对手防御而导致的撞击风险,参与棒球活动则面临为球所击中的风险。体育活动限定为社会大众所广泛认可的活动,饮酒、聚会、垂钓、学生相互打闹等不属于体育活动。

2. 本案如何处理?

首先,钱某作为户外探险爱好者,应当明知开展该活动过程中存在的风险,其自愿参加,符合适用自甘风险规定的要件。其次,该案中,孙某在爬山过程中导致钱某摔伤,是因两人之间的默契程度不够,并非孙某故意或重大过失造成。因此,钱某的受伤不应由"驴友"孙某负责。

本案的法律依据请扫描二维码查看

(责任编辑:王慧)

案例 7

酒店能不能扣行李？*

> **【警情简介】**
>
> 某日某派出所接到这样的求助电话：张某是某酒店的前台服务人员，他看到连住几日的客人王某收拾好行李准备乘坐出租车去车站，张某经过查询发现王某虽然结清了房费但在酒店内仍有部分消费未交，于是催促其交费，王某不由分说直接拿了行李准备离开酒店，张某劝说无果于是强行扣留王某的行李至前台，双方发生激烈争执。

■ **案例解析**

自助行为，是指行为人为实现其请求权，在情势紧迫又不能及时请求国家机关予以保护的情况下，自己对他人的财产等采取扣押或者其他合理措施的行为。上述警情在处理时应当首先判断，张某

---

* 本案例来自《什么情况？滁州一男子住宾馆不付钱！还行为怪异！》，载百家号"滁州零距离"2020 年 1 月 21 日，https://baijiahao.baidu.com/s?id=1656322546425495639&wfr=spider&for=pc，由李素敏编辑整理提供。

的行为是否属于自助行为。张某发现王某很快要离开酒店属于情势紧迫,如果直接报警处理,在出警后很可能王某已经离开,因此张某作为酒店的工作人员扣押王某行李的行为属于自助行为。

本案的法律依据请扫描二维码查看

(责任编辑:王慧)

案例 8

单方责任如何赔偿？*

【警情简介】

2022年3月5日15时28分许,李某驾驶电动自行车由东往西逆向行驶至萧山区瓜沥镇长巷村明德小学门口时,将步行的王某撞伤,后经交警认定,李某对本次事故负全部责任,王某无责任。后王某住院治疗5天并先后9次往返医院治疗。由此形成交通事故类警情,李某向交警咨询本案的损害赔偿问题。

案例解析

根据《民法典》第1165条的规定,行为人因过错侵害他人民事权益造成损害的,应当承担侵权责任。依照法律规定推定行为人有过错,其不能证明自己没有过错的,应当承担侵权责任。本案中,李某驾驶电动自行车由东往西逆向行驶至萧山区瓜沥镇长巷村明德小学门口时,将步行的王某撞伤,李某主观上存在过错,因此应当承担损害赔偿责任。

---

* 本案例来自浙江省杭州市萧山区人民法院(2023)浙0109民初8793号民事判决书,由刘桂丽、马吉宽编辑整理提供。

根据《民法典》第 1179 条的规定,侵害他人造成人身损害的,应当赔偿医疗费、护理费、交通费、营养费、住院伙食补助费等为治疗和康复支出的合理费用,以及因误工减少的收入。造成残疾的,还应当赔偿辅助器具费和残疾赔偿金;造成死亡的,还应当赔偿丧葬费和死亡赔偿金。本案中,王某住院治疗 5 天并先后 9 次往返医院治疗,李某应当承担王某的医疗费、护理费、交通费、营养费、住院伙食补助费等为治疗和康复支出的合理费用,以及因误工减少的收入。

本案的法律依据请扫描二维码查看

(责任编辑:王慧)

案例 9

劝阻他人吸烟要担责吗?*

【警情简介】

陈某的妻子柳某快要临盆,腹痛难忍,被紧急送往医院。在乘坐电梯上楼过程中,陈某因劝阻同电梯内吸烟的张某,与张某发生激烈争执,但两人始终只有语言交流,无肢体冲突。双方争执随即被医院工作人员平息,却不料张某在离开后,越想越气因心脏病发作而猝死。陈某的家人到派出所咨询本案的责任承担问题。

案例解析

本案陈某是否应当对张某的死亡承担侵权责任?

本案中,陈某因劝阻在电梯中吸烟的张某,与其发生争执。张某在离开后因突发心脏病而猝死。陈某是否应当承担侵权责任,需要检视陈某的行为是否构成侵权行为。依据该案案情,可以明确该案不属于《民法典》侵权责任编上的特殊侵权行为类型。而一般侵

---

* 本案例来自江苏省泰州市中级人民法院(2018)苏12民终2858号判决书,由田莹、马吉宽编辑整理提供。

权行为的构成要件则包括:加害行为、损害、加害行为与损害之间的因果关系以及行为人的过错。陈某劝阻张某吸烟的行为显然不属于侵犯他人民事权益的加害行为。虽然张某突发心脏病而猝死,客观上存在损害结果,但是陈某的劝阻行为与该损害之间不具有因果关系,且陈某在主观上也不具有过错。因此,陈某的行为不构成侵权行为,不应当承担侵权责任。

本案中,还需明确公平责任的适用问题。《民法典》第1186条规定:"受害人和行为人对损害的发生都没有过错的,依照法律的规定由双方分担损失。"适用公平责任的前提通常包括如下几个要件:受害人和行为人对损害的发生均无过错;加害行为与损害之间具有因果关系;不属于法律明文规定的无过错侵权;不适用公平责任明显违反公平原则。陈某劝阻张某吸烟的行为并不属于加害行为,且陈某的行为与张某的死亡之间不具有因果关系。因此,本案中不能适用公平责任。

本案的法律依据请扫描二维码查看

(责任编辑:王慧)

案例 10

各自责任如何赔偿？*

【警情简介】

杨某为了更好在某地发展,购买了位于其单位附近某商品房开发公司新建的一小区楼房。今年4月杨某搬进新家,不久下了场大雨,杨某发现主卧室窗户处有渗水现象,雨水从卧室飘窗处渗入室内,造成主卧室内木地板被水浸泡。且房屋所在楼栋外侧建筑部分的装饰平台即楼房腰线,位于主卧室窗户外侧,发生降雨天气后,雨水存积在楼房腰线平台上,因坡度问题不能及时向外排出,渗透房屋墙壁造成室内积水。同时楼房外侧附着的下水管因管道接口处错位,下水时也有向房屋墙壁上流水现象。杨某赶紧联系小区物业,物业工作人员组织工人对杨某房屋楼栋外侧积水部位、下水管等处进行了多次维修。杨某因为更换地板等花去6万元维修费用,维修费用应当找谁承担让杨某犯了难,杨某遂到派出所咨询维修费用等相关事宜。

---

* 本案例来自陕西省宝鸡市渭滨区人民法院(2013)宝渭法民初字第02247号判决书,由田莹、马吉宽编辑整理提供。

■ 案例解析

根据《民法典》第 1165 条第 1 款的规定,行为人因过错侵害他人民事权益造成损害的,应当承担侵权责任。本案中,某商品房开发公司出售给杨某的房屋,因楼房外部存在缺陷,积水渗入室内造成其家中物品损坏;物业公司作为物业管理人,未能对杨某的房屋渗水问题有效解决。某商品房开发公司与物业公司均存在一定过错,对杨某的财产损失应承担相应的赔偿责任。《民法典》第 1172 条规定:"二人以上分别实施侵权行为造成同一损害,能够确定责任大小的,各自承担相应的责任;难以确定责任大小的,平均承担责任。"因此,本案还应当结合纠纷中某商品房开发公司与物业公司的过错程度及造成的损害后果,承担各自责任。

本案的法律依据请扫描二维码查看

(责任编辑:王慧)

案例 11

遇上"霸王餐"怎么办？*

【案情简介】

某日,3 名女性进一烧烤店后点了一份 980 元的烧烤套餐,用餐后钱都没付便大摇大摆地从正门离开。店方发现后,随即报警。

案例解析

1. 如何理解"自助行为"？

《民法典》中的"自助行为"制度是在公权力来不及或者执法不到位的情况之下,采取私力救济方式维护自己的权益,是对公权力保护的有益补充。根据《民法典》第 1177 条第 1 款的规定,当权利人的合法权益受到侵害,情况紧迫且不能及时获得国家机关保护,不立即采取措施将使其合法权益受到难以弥补的损害的,受害人可以在保护自己合法权益的必要范围内采取扣留侵权人的财物等合理措施;但是,应当立即请求有关国家机关处理。

---

* 本案例由吕学军编辑整理提供。

2. 针对吃"霸王餐"事件，受害人应该怎么做？

受害人可以先扣留侵权人的财物或采取其他控制手段，再打电话报警，等待警察处理。但是，如果因为采取的措施不当给侵权人造成损害，受害人要承担侵权责任。本案中，店家可以留住吃"霸王餐"的 3 名女性，要求其付款后再离开，或者扣留其财产并立即报警，请求警方出面解决。

本案的法律依据请扫描二维码查看

（责任编辑：王慧）

案例 12

精神病人施害谁担责?*

【警情简介】

陶某是一位80余岁的老年人,与康康养老院签订了养老协议,并入住该院。王某系一位精神病人,由于其母亲早逝,王大某作为其监护人及法定代理人,将王某送进该养老院。一日,陶某在养老院大院散步时,被王某故意推倒身受重伤。经司法鉴定中心鉴定,陶某致残程度被评定为九级伤残。陶某的家属向王某监护人索赔未果,求助于当地派出所。派出所接到报案后前往康康养老院调查并询问王某监护人,现查明以下事实:王大某与康康养老院签订协议书,将其患有精神残疾的女儿王某送进该院,王大某向派出所工作人员出示了王某的残疾人证,残疾类别为精神残疾,等级为三级。

■ **案例解析**

1. 无民事行为能力人和限制民事行为能力人致害的责任主体如何确定?

监护人对无民事行为能力人、限制民事行为能力人的监护责任

---

* 本案例由田莹编辑整理提供。

是法律所赋予的法定职责。《民法典》第 1188 条规定,无民事行为能力人、限制民事行为能力人造成他人损害的,由监护人承担侵权责任。监护人尽到监护职责的,可以减轻其侵权责任。有财产的无民事行为能力人、限制民事行为能力人造成他人损害的,从本人财产中支付赔偿费用;不足部分,由监护人赔偿。

2. 本案的法律责任如何划分?

本案中,王某系无民事行为能力人,根据法律的规定,王某的监护人王大某负有监护责任,虽然有康康养老院照看王某,但不能因此免除王大某的监护责任,王某造成陶某受伤,王大某应当承担相应的民事责任。本案的特殊之处在于无民事行为能力人王某受托于养老院。《民法典》第 1189 条规定,无民事行为能力人、限制民事行为能力人造成他人损害,监护人将监护职责委托给他人的,监护人应当承担侵权责任;受托人有过错的,承担相应的责任。故,王大某将王某委托于康康养老院,并不能因此免去他的监护责任。因此,本案陶某的损失应当由康康养老院与王某的法定监护人王大某按照各自过错程度承担按份责任。

本案的法律依据请扫描二维码查看

(责任编辑:王慧)

案例 13

谁承担劳务派遣人员的侵权责任？*

【警情简介】

某甲为 A 市保安公司的派遣人员，被安排在 A 市 B 学校当保安。一天某甲在值班时与要进入该校的外来人员某乙发生口角，争吵中动手将某乙打伤。某乙要求某甲与 B 学校承担因此受伤的治疗费与相关费用，学校则认为应当由 A 市保安公司承担赔偿责任，各方争执不下，影响学校秩序，学校报警要求处理。

案例解析

1. 劳务派遣的法律关系是怎样的？

劳务派遣是指劳务派遣机构与员工签订劳务派遣合同后，将工作人员派遣到用工单位工作的一种用工形式。劳务派遣单位，即用人单位与被派遣的劳动者签订劳动合同，并与接受以劳务派遣形式用工的单位签订劳务派遣协议，对涉及劳务派遣的事项进行约定。劳务派遣的主要特点是员工的雇用与使用分离，劳务派遣单位虽然

---

* 本案例由王慧编辑整理提供。

与被派遣的员工签订了劳动合同,但不对被派遣员工进行使用和具体的管理。在劳务派遣期间,被派遣的工作人员是为接受派遣的用工单位工作,接受用工单位的指示和管理,同时由用工单位为被派遣的工作人员提供相应的劳动条件和劳动保护。

2. 劳务派遣期间发生损害事件的,如何承担责任?

《民法典》第 1191 条第 2 款规定,劳务派遣期间,被派遣的工作人员因执行工作任务造成他人损害的,由接受劳务派遣的用工单位承担侵权责任;劳务派遣单位有过错的,承担相应的责任。因此,本案中应当由用工单位即 B 学校承担赔偿责任。如果劳务派遣单位 A 市保安公司有过错的,承担相应的责任。

本案的法律依据请扫描二维码查看

(责任编辑:王慧)

案例 14

被侵权人有过错怎么办？[*]

【警情简介】

2022年5月1日,杨某雇用钱某打楼板、倒楼渣、吊楼板。2022年5月10日下午,杨某雇用王某开吊车吊楼板,钱某站在楼板上挂吊车挂钩时,王某开启的吊车突然起吊,将楼板和钱某吊至半空,致使钱某从半空中摔下受伤。钱某受伤后,被送往县第二人民医院诊疗,因医疗条件不足,于受伤后第二日转院至某大学附属医院住院治疗,被诊断为锁骨骨折(左)、闭合性胸部损伤、左侧多发肋骨骨折,共住院17天,花费医疗费48,586.39元。现钱某尚未痊愈,仍需二次手术,并留下伤残。钱某妻子到派出所咨询本案的损害赔偿问题。

案例解析

根据《民法典》第1192条的规定,个人之间形成劳务关系,提供劳务一方因劳务造成他人损害的,由接受劳务一方承担侵权责任。接受劳务一方承担侵权责任后,可以向有故意或者重大过失的提供

---

[*] 本案例由刘桂丽、马吉宽编辑整理提供。

劳务一方追偿。提供劳务一方因劳务受到损害的,根据双方各自的过错承担相应的责任。提供劳务期间,因第三人的行为造成提供劳务一方损害的,提供劳务一方有权请求第三人承担侵权责任,也有权请求接受劳务一方给予补偿。接受劳务一方补偿后,可以向第三人追偿。

本案中杨某与王某之间存在劳务关系,按照《民法典》的规定,提供劳务一方因劳务造成他人损害的,由接受劳务一方承担侵权责任。因此,杨某需要向钱某承担侵权损害赔偿责任。

根据《民法典》第1173条的规定,被侵权人对同一损害的发生或者扩大有过错的,可以减轻侵权人的责任。本案中,王某开启的吊车突然起吊时,钱某正站在楼板上,钱某自身没有尽到安全注意义务,对于损害的发生存在过错,因此可以减轻杨某的损害赔偿责任。

本案的法律依据请扫描二维码查看

(责任编辑:王慧)

案例 15

雇员受伤谁承担医疗费？*

【警情简介】

魏某开了家大型酒店，孙某为该酒店的雇佣人员，有一天孙某受酒店经营者魏某指使到该酒店后面的小山坡上给草垛遮盖篷布。孙某在遮盖篷布过程中不慎从山坡上摔了下来，身受重伤，在医院治疗花去大量医药费。孙某要求酒店经营者魏某承担其医药费，魏某不知道自己是否应当承担该笔费用遂向派出所民警进行咨询。

案例解析

《民法典》第 1192 条第 1 款规定："个人之间形成劳务关系，……提供劳务一方因劳务受到损害的，根据双方各自的过错承担相应的责任。"本案中，魏某是否承担赔偿责任，主要看魏某与孙某之间是否存在劳务关系，魏某雇用孙某在其经营的宾馆上班期间，又指派孙某为其所有的草垛遮盖篷布，双方在遮盖篷布的时候

---

* 本案例来自甘肃省山丹县人民法院（2021）甘 0725 民初 1874 号民事判决书，由刘桂丽、马吉宽编辑整理提供。

形成了劳务关系。因此，魏某雇用孙某为其所有的草垛遮盖篷布，导致孙某受伤，应当对孙某所受伤害的损害后果承担相应赔偿责任。

孙某作为成年人，在山坡较高的情况下从事对草垛遮盖篷布的活动时，应当采取一定措施注意自身安全，但其未采取有效措施加强防范，提高操作安全性，未尽到足够的安全注意义务，导致自己从山坡上摔下而受伤，孙某自身也存在一定过错，应当对自身所受伤害的损害后果承担相应的责任。

本案的法律依据请扫描二维码查看

（责任编辑：王慧）

案例 16

公共场合受到损害谁来赔偿?[*]

【警情简介】

魏先生和家人在公园游玩,走累了但是没有找到空座位,看到有人坐在绿地里的景观石上休息,魏先生也进入绿地区域,其在前往景观石的途中摔倒受伤至骨折。魏先生称自己是被景观石前面的绳索绊倒的,公园不应在此设置绳索。双方发生争执,魏先生遂报警要求公园承担赔偿责任。

案例解析

本案中公园是否应当承担损害赔偿责任?

根据《民法典》第 1198 条第 1 款的规定,宾馆、商场、银行、车站、机场、体育场馆、娱乐场所等经营场所、公共场所的经营者、管理者或者群众性活动的组织者,未尽到安全保障义务,造成他人损害的,应当承担侵权责任。其中安全保障义务具有多样性和开放性,但并非意味着只要在公共场所受到损害,公共场所的管理方或组织方就构成未尽到安全保障义务。具体的安全保障义务需要结合具

---

[*] 本案例由田莹编辑整理提供。

体案件中的具体情境来确定,在某些特殊情境中,消费者自身没有规范自己的行为,违反法律规定或公共场所的规定,在非合理时间/空间受损,需要自担部分或全部责任。

本案中,公园确有排除道路上安全风险的安全保障义务,但游客魏先生未以合理、恰当的方式游园,没有遵守公园的规定,擅自闯入绿地区域而受伤,在无证据证明公园有过错的情况下,要求公园担责没有法律依据。

本案的法律依据请扫描二维码查看

(责任编辑:王慧)

案例 17

在校受伤,学校就应赔偿吗?*

【警情简介】

2023年2月23日13时50分左右,学校老师安排周某去老师办公室拿作业,周某在快速去办公室的途中被突然从左手边冲出来的梁某撞倒在地,导致周某上前牙磕掉一半。学校只通知了周某家长,未将周某及时送入医院治疗。周某母亲自行带周某去石化医院检查,医院建议去专业的口腔医院。经过口腔门诊检查治疗后诊断为上前牙冠折、三颗牙齿震荡,如后期出现牙髓炎或根尖炎,需做根管治疗和冠修复。周某要求学校承担医疗费以及后期实际产生的治疗费,协商未果,遂报警请求处理。

■ **案例解析**

根据《民法典》第1200条的规定,限制民事行为能力人在学校或者其他教育机构学习、生活期间受到人身损害,学校或者其他教

---

* 本案例来自姜强主编:《人身损害赔偿案件裁判要点与观点》,法律出版社2016年版,由王慧编辑整理提供。

育机构未尽到教育、管理职责的,应当承担侵权责任。本案中,周某是在校期间,且是在帮老师拿作业本的路上被撞倒造成身体损害,学校未尽到教育、管理职责,应当承担侵权责任。

根据《民法典》第1173条的规定,被侵权人对同一损害的发生或者扩大有过错的,可以减轻侵权人的责任。本案中,周某在去办公室的路上速度过快,导致被撞,周某对损害的发生也有过错,因此可以减轻学校的侵权责任。

本案的法律依据请扫描二维码查看

(责任编辑:王慧)

案例 18

在公共场所摔伤的损失由谁承担?[*]

【警情简介】

张大某带着其儿子张小某及侄子何某到某大型购物超市购物,进入超市前,张大某将其儿子张小某抱至超市提供的购物车的儿童座椅处乘坐,将其侄子抱至购物车的车篮处乘坐。购物时购物车因前轮缺失进而失去平衡翻倒在地,致使张小某受伤。事故发生后张小某住院接受治疗,张小某右股骨骨折,被鉴定为十级伤残,共花去医疗费近 1 万元。后查明涉案购物车的儿童座椅处有安全提示语,提示购物车仅限一人乘坐,且重量不得超过 15 千克。张大某购物时对于购物车前轮缺失的事实不知情。现张大某向某派出所进行报案,请求处理。

案例解析

《民法典》第 1198 条规定,宾馆、商场、银行、车站、机场、体育场馆、娱乐场所等经营场所、公共场所的经营者、管理者或者群众性活

---

[*] 本案例由田莹编辑整理提供。

动的组织者,未尽到安全保障义务,造成他人损害的,应当承担侵权责任。因第三人的行为造成他人损害的,由第三人承担侵权责任;经营者、管理者或者组织者未尽到安全保障义务的,承担相应的补充责任。经营者、管理者或者组织者承担责任后,可以向第三人追偿。

  本案中,张大某对其儿子张小某受伤存在过错,须承担相应的责任。购物超市提供的购物车上明确写明:购物车仅限一人乘坐,且重量不得超过 15 千克。张大某违反该提示将其儿子与侄子一起放入购物车中,明显超过规定的 15 千克,致使购物车超重,因此,张大某未按规定使用购物车;张大某作为张小某的法定监护人,有保护被监护人人身权利等的义务,现张大某监护不力,需对张小某的受伤承担相应的赔偿责任。同时,该购物超市也需承担赔偿责任。虽然对于张小某的受伤,其父亲张大某存在一定的过错,但是主要原因还在于购物超市未尽到合理的安全保障义务。张小某的受伤主要是因为购物车前轮缺失进而失去平衡翻倒在地,且张大某对于该事实不知情,该购物超市未尽到合理的安全保障义务,应承担过错责任。因此,该购物超市应当赔偿张小某合理的损失,且该购物超市承担主要责任,张大某承担次要责任。

本案的法律依据请扫描二维码查看

(责任编辑:王慧)

案例 19

酒店房间发现摄像头怎么办?*

【警情简介】

赵某入住某酒店后,发现正对着床的电视机下电源插座上有红色的灯一闪一闪。小赵想起网络流传的酒店偷拍的摄像头就是这样的,于是便起身检查,果然在插座内发现摄像头。赵某遂找到酒店理论,酒店称并不知道这一情况,遂报警。警方根据线索将犯罪嫌疑人该房间前房客钱某抓获。钱某辩称偷拍只为自己观看,未传播、贩卖。经过警方侦查取证,最终钱某以制作、贩卖、传播淫秽物品牟利罪被判处有期徒刑。在钱某网盘中还存在大量的被偷拍视频,钱某将面临多起侵犯隐私的诉讼。

案例解析

1. 该案为何既侵害了民事权益又涉嫌刑事犯罪?

民事侵权与刑事犯罪在行为上有可能重合或牵连,因此在遇到此类看似侵害民事权益的行为时,还要关联侦查是否符合刑事犯罪

---

* 本案例来自《以案说法 | 在酒店房间内发现偷拍摄像头怎么办?》,载百家号"人民网"2022 年 9 月 23 日, https://baijiahao.baidu.com/s?id = 1744718508308689355&wfr = spider&for = pc,由陆静收集整理。

的构成要件。一个行为既触犯刑法又触犯民法,民事责任和刑事责任均需要承担,并不会因为承担了刑事责任就免除民事责任。偷拍、偷录构成对他人隐私的侵害,是侵害人格权的具体表现。而该行为又时常触犯了制作、贩卖、传播淫秽物品牟利罪及非法使用窃听、窃照专用器材罪等罪名。

2. 侵权人的侵权责任与酒店的安全保障义务之间是什么关系?

经营场所的安全保障义务是指宾馆、商场、银行、车站、机场、体育场馆、娱乐场所等经营场所的经营者、管理者或者群众性活动的组织者等安全保障义务主体,在合理限度范围内使他人免受人身及财产损害的义务。营业场所所负的安全保障义务仍然以过错责任为基础,义务人只有在未尽到保障义务时才承担责任。因此,并非所有在此类营业场所内受到的损害都由营业场所经营者或管理者承担侵权责任。而安全保障义务主要根据法律法规如消防或治安要求、行业标准、合同约定等认定。

本案中,主要侵权主体是放置摄像头的侵权人,酒店需要承担安全保障义务所对应的责任。偷拍违法行为具有技术门槛低、经济成本低、隐蔽性高、危害性大等特点,需要酒店、行业协会、派出所实行联动,派出所加强检查巡查并设立治安要求,行业协会需加强督促设立安全防范标准,酒店需要建立健全针对性检查、实名登记入住等机制,切实建立起公民个人隐私安全保障联防机制。

本案的法律依据请扫描二维码查看

(责任编辑:陆静)

案例 20

商场踩踏事件谁担责?*

【警情简介】

某地甲商场为庆祝开张,特举办大型抽奖赠券促销活动。因奖励幅度大,开张当天吸引了许多居民前来参与。因未能提前做好人流疏导工作,致使发生人群拥挤、碰撞、踩踏事件,造成多人摔倒和受伤。事后,伤者及其家属要求赔偿损失。

案例解析

1. 促销活动的组织者,应当承担何种责任?

按照我国法律法规规定,大型群众性活动的承办者(以下简称承办者)对其承办活动的安全负责,承办者的主要负责人为大型群众性活动的安全责任人。《民法典》为宾馆、商场、银行、车站、机场、体育场馆、娱乐场所等经营场所、公共场所的经营者、管理者或者群众性活动的组织者设定了安全保障义务,需要在合理限度范围内履行保护他人人身和财产安全的义务。本案中,由于甲商场的经营管

---

* 本案例来自张迪圣、张素:《身边的民法典》,法律出版社 2020 年版,由王慧编辑整理提供。

理者对开张促销活动可能造成的拥挤情况未能做出预先准备,又缺乏足够的应急措施,未尽到安全保障义务,因此,应当由甲商场的经营管理者承担侵权赔偿责任。

2. 公安机关对大型促销活动应该怎么做?

大型群众性活动的安全管理应当遵循安全第一、预防为主的方针,坚持承办者负责、政府监管的原则。其中,县级以上人民政府公安机关负责大型群众性活动的安全管理工作,具体包括审核申请、颁发安全许可证等工作。

本案的法律依据请扫描二维码查看

(责任编辑:王慧)

案例 21

在校生人身安全谁负责?[*]

【警情简介】

王某系一名未满 8 周岁的无民事行为能力人,就读于某市一小学。一日,学校早操结束后,王某在返回教室的途中被另一名学生张某撞倒摔伤。老师发现后对王某进行了询问,当时并未发现王某有何异常。3 个小时后老师发现王某精神状态不佳,遂通知了王某家长。后王某母亲将其送至医院治疗,诊断发现王某为急性闭合性颅脑损伤,医院立即将其转入重症监护室。王某母亲与张某家长、该小学就孩子受伤及赔偿问题未达成一致意见,故求助于当地派出所。派出所后赶至该小学,发现该事发地为监控死角,无法获取相关录像。

案例解析

1. 学校对小学生在校期间的人身伤害承担法律责任吗?

不满 8 周岁的未成年人属于无民事行为能力人。《民法典》第 1199 条规定,无民事行为能力人在幼儿园、学校或者其他教育机构

---

[*] 本案例由田莹编辑整理提供。

学习、生活期间受到人身损害的,幼儿园、学校或者其他教育机构应当承担侵权责任;但是,能够证明尽到教育、管理职责的,不承担侵权责任。本案中,首先,在王某摔倒时虽然有学校老师进行询问,但是该学校老师未能做到及时告知学校及王某家长,未能及时送王某去医院进行检查,也未能做到密切关注王某的状态,进而延误了王某的最佳治疗时机。其次,当派出所赶去案发现场取证时发现案发地为监控死角,这说明了该小学安全设施存在隐患。以上几点原因证实了该小学在一定程度上未能及时、积极地尽到救治王某的义务,管理存在漏洞,也没有事实能够证明该小学尽到了教育、管理职责。因此,该小学应当承担相应的侵权责任。

2.学校等教育机构侵权责任是如何划分的?

我国学校等教育机构侵权责任是以受害人的民事行为能力为标准区分的,当受害方为无民事行为能力人时,学校承担过错推定责任;当受害方为限制民事行为能力人时,学校承担过错责任。所谓过错推定责任是指当学生出现人身损害等情形时,在学校等教育机构不能证明他们没有过错的情况下,推定学校存在过错,应当承担损害赔偿责任,学校想要不承担赔偿责任必须承担自身不存在过错的举证责任。过错推定责任的设置一定程度上是为了加大教育机构的注意义务,更好地保障学生的人身安全。

本案的法律依据请扫描二维码查看

(责任编辑:何锐)

案例 22

烟花爆竹致人受伤的责任由谁承担?[*]

【警情简介】

2020年春节期间,王某所在的城市禁放烟花爆竹,但王某仍从某杂货店购买了两箱由闪亮烟花生产商生产的烟花。某日晚上9时左右,王某在其居住的某小区后空旷地段燃放了其中一盒烟花,待烟花不再燃放时,王某准备收拾烟花盒回家。此时,停止鸣放很长时间的烟花又突然响起,炸伤了王某的右眼,王某立即被送往医院进行救治,被鉴定为七级伤残,共花去医药费4万余元。事后,王某认为该杂货店销售的烟花发生爆炸,应当赔偿其所有损失,遂向该杂货店进行索赔,该杂货店认为他们只负责出售烟花,烟花的质量与其无关。王某随即向某派出所报案,希望派出所帮助其维权。

案例解析

《民法典》第1203条明确规定,因产品存在缺陷造成他人损害的,被侵权人可以向产品的生产者请求赔偿,也可以向产品的销售

---

[*] 本案例由田莹、马吉宽编辑整理提供。

者请求赔偿。产品缺陷由生产者造成的,销售者赔偿后,有权向生产者追偿。因销售者的过错使产品存在缺陷的,生产者赔偿后,有权向销售者追偿。

  本案中,首先,王某既可以找负责销售该烟花的杂货店进行索赔,也可以直接找闪亮烟花生产商进行索赔。如果产品的缺陷是由生产者造成的,杂货店承担赔偿责任后可以向闪亮烟花生产商进行追偿。其次,烟花系易燃易爆的危险物品是众所周知的常识,王某作为成年人,应当意识到烟花的危险性,对燃放烟花存在的风险应当有所预见,况且该市明确禁止市区内燃放烟花爆竹。因此,可以认定王某自身也存在过错,可以减轻杂货店或闪亮烟花生产商的责任。故王某的近4万元的经济损失由王某与杂货店或闪亮烟花生产商根据过错程度共同承担。

本案的法律依据请扫描二维码查看

(责任编辑:王慧)

案例 23

产品致人损害的责任由谁承担?*

【警情简介】

夏季炎炎,张某到小区门口的丽丽超市买了台"速风牌"电风扇,电风扇上写着"650mm 电压220V 频率50Hz 功率300W 转速1400r/min"。张某带回家后打开使用电风扇,结果电风扇严重漏电导致张某当场死亡。张某的家人到超市要求超市承担责任,超市称该电风扇不属于他们生产,因此拒绝承担任何责任。张某的家人遂到辖区派出所报案,要求超市承担侵权责任。民警通过调查发现,丽丽超市的电风扇是其从佳又惠电器有限公司批发来的。通过鉴定发现,致张某死亡的电风扇触及带电部件的防护在检测时能触碰到带电部件,工作温度下有泄漏电流存在,确实存在缺陷。

案例解析

《民法典》第1203条规定:"因产品存在缺陷造成他人损害的,

---

* 本案例来自四川省广安市前锋区人民法院(2020)川1603民初56号民事判决书,由刘桂丽、马吉宽编辑整理提供。

被侵权人可以向产品的生产者请求赔偿,也可以向产品的销售者请求赔偿。产品缺陷由生产者造成的,销售者赔偿后,有权向生产者追偿。因销售者的过错使产品存在缺陷的,生产者赔偿后,有权向销售者追偿。"本案中,张某在使用该"速风牌"电风扇的过程中死亡,经鉴定,该电风扇有泄漏电流存在,张某又是因为电击致死,可以认定涉电风扇属缺陷产品,张某因使用该缺陷产品被电击死亡。张某的家人向丽丽超市索赔,丽丽超市应当先赔偿张某的损失,因为本案产品的缺陷是由生产者佳又惠电器有限公司造成的,因此丽丽超市在赔偿张某的损失后可以向佳又惠电器有限公司进行追偿,佳又惠电器有限公司应当承担最终的侵权责任。

产品侵权,被侵权人既可以找销售者索赔,也可以直接找生产者进行索赔,销售者如果没有过错,赔偿被侵权人损失后可以继续找生产者追偿,生产者承担缺陷产品无过错最终责任。

本案如果是因为将电风扇从佳又惠电器有限公司运往丽丽超市的王某在运输过程中,使电风扇淋雨导致漏电,责任应当由谁承担?

《民法典》第 1204 条规定:"因运输者、仓储者等第三人的过错使产品存在缺陷,造成他人损害的,产品的生产者、销售者赔偿后,有权向第三人追偿。"如果因为王某运输中的过错导致电风扇漏电,继而导致张某被电击死亡,侵权责任的最终承担者是王某,丽丽超市、佳又惠电器有限公司赔偿后可以向王某进行索赔。

本案的法律依据请扫描二维码查看

(责任编辑:王慧)

案例 24

借车给无证驾驶者的后果是什么?[*]

【警情简介】

党某为了向自己的新女友陈某展现自己的财力,在"脱单"第二日请求借用富豪好友岳某名下的豪车兰博基尼盖拉多,岳某明知党某没有驾驶资格,碍于情面仍将汽车借给了党某,党某在取得车后自行驾车回家,途中出现交通事故造成骑摩托车的李某受轻伤,由此形成交通事故类警情,岳某向交警咨询本案的损害赔偿问题。

案例解析

《民法典》第 1209 条明确规定:"因租赁、借用等情形机动车所有人、管理人与使用人不是同一人时,发生交通事故造成损害,属于该机动车一方责任的,由机动车使用人承担赔偿责任;机动车所有人、管理人对损害的发生有过错的,承担相应的赔偿责任。"由此可知,原则上由机动车使用人(租赁人、借用人等)承担赔偿责任,机动

---

[*] 本案例来自江苏省常熟市人民法院(2020)苏 0581 民初 9037 号民事判决书,由田莹、马吉宽编辑整理提供。

车所有人和管理人只有存在过错时,才承担相应的责任。另依据最高人民法院《关于审理道路交通事故损害赔偿案件适用法律若干问题的解释》第1条的规定:"机动车发生交通事故造成损害,机动车所有人或者管理人有下列情形之一,人民法院应当认定其对损害的发生有过错,并适用民法典第一千二百零九条的规定确定其相应的赔偿责任:……(二)知道或者应当知道驾驶人无驾驶资格或者未取得相应驾驶资格的……"本案中,岳某作为机动车所有人,明知党某无驾驶资格,仍出借汽车给党某,具有过错,应承担相应的赔偿责任。党某在未取得驾驶资格的情况下驾驶机动车致李某遭受轻伤,属于直接加害人,对其造成的损害结果应当承担赔偿责任。

一般有下列两种情况时,车辆的出借人不承担交通事故损害赔偿责任:第一,租赁、出借机动车发生交通事故造成损害,不属于该机动车一方责任的,不承担相应的侵权责任。例如,在本案中,发生交通事故的原因是李某超速逆行撞上党某所借的车,党某和岳某均不承担侵权责任。第二,机动车所有人、管理人对损害的发生不具有过错的,不承担相应的赔偿责任。例如,在本案中,党某具有驾照且在神志清醒的情况下借岳某汽车自行驾驶回家,途中出现交通事故,此时岳某对损害结果完全不具有过错,对损害结果不承担相应的赔偿责任。

本案的法律依据请扫描二维码查看

(责任编辑:王慧)

案例 25

"好意同乘"后果是什么?*

【警情简介】

范某与齐某是公司同事,因两人同住一小区,所以齐某每天搭乘范某的车上下班。某天,二人下班回家路上,范某驾驶车辆走错路口,因为着急未遵守道路通行规定,在马路中间突然掉头,直行车辆来不及躲避,与范某的车相撞,造成车辆受损,齐某重伤、范某轻伤。经过交警对事故的认定,范某对此次交通事故承担全部责任。齐某因伤势严重被送至医院治疗,共花费医疗费 10 万余元。对于家庭经济状况不是很好的齐某来说,10 万余元医疗费不是小数目,于是便找范某沟通索要医疗费。而范某认为自己是出于好心搭载齐某上下班,并没有向齐某索要车费,发生事故他也觉得很抱歉,出于友情愿意为齐某承担一部分医疗费。齐某不同意。经过民警调解,双方仍未达成一致意见。

---

* 本案例由李素敏编辑整理提供。

案例解析

1. 受伤的无偿搭车人可否要求驾驶人承担侵权赔偿责任?

本案是一起"好意同乘"纠纷。《民法典》第1217条规定,非营运机动车发生交通事故造成无偿搭乘人损害,属于该机动车一方责任的,应当减轻其赔偿责任,但是机动车使用人有故意或者重大过失的除外。虽然范某出于好意同意齐某搭乘,但范某作为驾驶员,必须承担起安全驾驶的义务。范某因违规行驶发生的交通事故造成齐某受伤,同时,根据本案交警对事故的认定结论,范某对此次交通事故承担全部责任,可见,范某对事故的发生有重大过失,应该承担民事责任。鉴于齐某是完全民事行为能力人,明知范某违规驾驶,未给予及时制止劝解,存在过错,应当减轻范某的责任。

2. 机动车交通事故造成损害,应如何赔偿?

《民法典》第1213条规定,机动车发生交通事故造成损害,属于该机动车一方责任的,先由承保机动车强制保险的保险人在强制保险责任限额范围内予以赔偿;不足部分,由承保机动车商业保险的保险人按照保险合同的约定予以赔偿;仍然不足或者没有投保机动车商业保险的,由侵权人赔偿。

本案的法律依据请扫描二维码查看

(责任编辑:何锐)

案例 26

驾驶人逃逸侵权责任的承担[*]

【警情简介】

夏日的一天,张某骑着摩托车在马路上兜风,他感觉车骑得越快感受到的风越大,于是他就加快了速度导致摩托车超速行驶,一不留神撞倒了在人行道上正常行走的小王。张某见有人倒地并流出鲜血,吓得赶紧骑车逃跑了。不远处的交警见状赶紧送小王去医院进行治疗。

案例解析

张某逃跑了,小王的损失谁来赔偿?

本案中,张某超速行驶撞倒了在人行道上正常行走的小王,张某负事故的全部责任。小王的损失由谁来承担要看张某是否购买了交强险。如果张某的摩托车参加了强制保险,由保险人在机动车强制保险责任限额范围内予以赔偿;如果该摩托车未参加强制保险或者抢救费用超过机动车强制保险责任限额,由道路交通事故社会

---

[*] 本案例来自四川省广安市前锋区人民法院(2020)川 1603 民初 56 号民事判决书,由刘桂丽、马吉宽编辑整理提供。

救助基金垫付。道路交通事故社会救助基金垫付后，其管理机构有权向交通事故责任人即张某追偿。

本案的法律依据请扫描二维码查看

（责任编辑：王慧）

案例 27

延误医疗谁担责?*

【警情简介】

某日,李某在民房建筑活动中从房屋上摔下,全身多处受伤,便去耿集医院就诊,耿集医院及时为其进行了检查,经 X 线摄片未发现左手腕骨骼异常,胸部经彩超检查亦未发现明显异常,诊断为全身多处复合性外伤,建议回家观察。当天夜里,李某左手腕肿胀明显加剧,即在村卫生室用药治疗,一个星期后没有好转。李某认为骨骼没有受伤,即放弃了进一步检查和治疗。一个月后,李某仍感左手腕肿胀疼痛,于是到矿二院进行 CR 检查,被诊断为左手月骨掌侧脱位,住院手术治疗,住院 11 天,支付医疗费 3460.88 元。李某认为,由于耿集医院的错误诊断,延误了治疗时机,致使其额外支出,请求耿集医院赔偿医疗费、误工费等各项损失 9998 元。

案例解析

1. 本案的医疗责任如何确定?

《民法典》第 1221 条规定,医务人员在诊疗活动中未尽到与当

---

* 本案例由刘桂丽、马吉宽编辑整理提供。

时的医疗水平相应的诊疗义务,造成患者损害的,医疗机构应当承担赔偿责任。所以,应以医院是否尽到了与当时的医疗水平相应的诊疗义务,来确定其是否应承担民事责任。本案中,虽然耿集医院采用X线摄片检查李某左手腕骨骼没有发现问题,是因受现有的医疗条件和现有的医学技术水平等客观条件的限制,但是医院应当告知患者如有不适须及时做进一步的检查。因此,耿集医院对李某的告知释明存在疏漏,与公众和医疗职业规范对医院的要求还有一定的差距,即李某的延误治疗与耿集医院的门诊诊疗行为有一定的因果关系,对李某的损失应承担一定的赔偿责任。

2. 患者要求医疗机构承担责任应提交哪些材料?

患者应当提交身份证明、到该医疗机构就诊资料、受到损害的证据等。患者无法提交医疗机构或者其医务人员有过错、诊疗行为与损害之间具有因果关系的证据的,可以依法申请医疗损害鉴定。

本案的法律依据请扫描二维码查看

(责任编辑:王慧)

案例 28

"鞭炮伤人"谁担责?*

【警情简介】

郭某为庆贺新房竣工落成,请来亲朋好友在县城胡某开办的"华美酒店"大摆酒宴并在酒店门口燃放了一万响鞭炮。此时读高三的邓某(18周岁)等众多学生放学后途经此酒店门口,鞭炮当场击伤邓某左眼。随行同学连忙将邓某扶送到县人民医院。经医生诊断邓某左眼下睑轻度裂伤水肿,角膜轻度混浊,虹膜根部离断,前房积血,眼底窥不清。第二天在医生的建议下邓某转院治疗,后又进行左眼白内障壳外摘除、人工晶体植入、虹膜根部离断复位术,出院时左眼视力0.5/不提高。邓某共住院34天,合计医疗费5660.8元、差旅费298元。经法医检验,邓某被鉴定为左眼球白内障摘除、人工晶体植入,属轻伤甲级,参照《职工工伤与职业病致残程度鉴定标准》(GB/T16180—1996,已失效)附录B十级第5款、第11款的规定评定为十级伤残。

---

* 本案例由刘桂丽、马吉宽编辑整理。

案例解析

1. 高度危险作业的法律责任是什么?

《民法典》第 1239 条规定,占有或者使用易燃、易爆、剧毒、高放射性、强腐蚀性、高致病性等高度危险物造成他人损害的,占有人或者使用人应当承担侵权责任;但是,能够证明损害是因受害人故意或者不可抗力造成的,不承担责任。被侵权人对损害的发生有重大过失的,可以减轻占有人或者使用人的责任。

2. 本案如何处理?

本案中,受害人对伤害没有明显的故意,侵权人实施了危险作业行为,且该行为最终致使邓某受到了伤害,符合高度危险作业侵权责任的构成要件,侵权人应承担赔偿责任。由于该侵权行为是郭某在胡某的酒店门口实施的,因此郭某承担主要责任,而胡某作为酒店店主,负有管理义务,亦应承担一定的责任(次要责任)。

本案的法律依据请扫描二维码查看

(责任编辑:王慧)

案例 29

被炸伤谁赔偿?[*]

【警情简介】

某日下午3时,7岁的小雨在门口通行道玩耍时,甲将堆放在丙家门口的杂物点燃,杂物中有乙堆放的爆炸物等废品,爆炸物爆炸致使在旁边玩耍的小雨被炸伤,经诊断,小雨的烧伤面积达60%,住院支出医疗费等各项费用近8万元。后经调查,乙承认爆炸物是其父亲早年制作鞭炮时所剩余,因自家建房无处安放,便将其与其他杂物一起堆放在丙家门口(丙长期在县城居住,家中无人)。因甲、乙互相推诿责任,小雨家人到派出所报案请求赔偿。

案例解析

根据《民法典》第1165条第1款的规定,行为人因过错侵害他人民事权益造成损害的,应当承担侵权责任。本案中,甲故意点燃杂物,致使爆炸物爆炸,对受害人遭受的损害应承担侵权责任。同

---

[*] 本案例由王慧编辑整理提供。

时《民法典》第 1241 条规定,遗失、抛弃高度危险物造成他人损害的,由所有人承担侵权责任。所有人将高度危险物交由他人管理的,由管理人承担侵权责任;所有人有过错的,与管理人承担连带责任。本案中的爆炸物及杂物虽然堆放在丙家门口,但丙长期在县城居住,对此不负有管理及消除危险的法定义务,不承担侵权责任;乙对其家中清理出的爆炸物及杂物在未消除危险的情况下堆放在丙家门口,作为所有人对发生爆炸的后果承担侵权责任。同时受害人为无行为能力人,其活动本应在监护人的监护下进行,监护人未尽到监护责任,亦应当承担相应责任。

本案的法律依据请扫描二维码查看

(责任编辑:王慧)

案例 30

剧毒气体泄漏谁担责？*

【警情简介】

个体户甲因为生产需要购买了几十罐氯气,甲与乙签订运输合同,由乙运回,甲特别叮嘱乙:"罐内装有剧毒气体,不能暴晒,千万要看护好,否则后果不堪设想。"由于乙放置不当,在运输途中,一罐氯气被遗失在马路边,烈日暴晒后氯气泄漏,导致周边多人中毒。受害人到派出所报案,请求确定侵权人及侵权赔偿责任。

■ 案例解析

《民法典》第1241条规定,遗失、抛弃高度危险物造成他人损害的,由所有人承担侵权责任。所有人将高度危险物交由他人管理的,由管理人承担侵权责任;所有人有过错的,与管理人承担连带责任。本案中,所有人甲将高度危险物交由乙管理期间致人损害,管理人乙承担无过错责任。所有人甲已履行了告知义务,对损害的发生无过错,甲不承担责任。另外,如果甲没有告知乙运输的系高度

---

* 本案例由王慧编辑整理提供。

危险物氯气并叮嘱注意事项,则甲有过错,甲、乙承担连带责任。

本案的法律依据请扫描二维码查看

(责任编辑:王慧)

案例 31

盗窃爆炸物致他人受伤谁担责？*

【警情简介】

甲爆破公司完成一项爆破任务后，管理人员因嫌麻烦，就将数十只雷管、一百多公斤 TNT 炸药放在工棚里，未按要求妥善管理。公司员工乙看在眼里，于某日夜间撬开工棚门锁，将雷管和炸药悉数窃回家中。一日，乙利用盗窃来的雷管和炸药制作炸鱼用的"炸弹"时，发生爆炸，对其邻居丙的人身和财产造成损害。丙到派出所报案，请求确定赔偿主体。

案例解析

《民法典》第1242条规定，非法占有高度危险物造成他人损害的，由非法占有人承担侵权责任。所有人、管理人不能证明对防止非法占有尽到高度注意义务的，与非法占有人承担连带责任。本案中，乙是非法占有人，使用非法盗窃的爆炸物致使丙受到人身和财产伤害，因此由乙承担侵权责任。甲的管理人员不能证明自己对防止非法占有尽到了高度注意义务，管理人员的行为是职务行为，因

---

* 本案例由王慧编辑整理提供。

此推定甲公司有过错,对所造成的损害承担连带责任。

本案的法律依据请扫描二维码查看

(责任编辑:王慧)

案例 32

动物伤人谁赔偿？*

【警情简介】

2019年6月6日，张某在小区公园正常健身散步，突然从身后窜出一条未牵绳的金毛狗，张某在毫无防备的情况下被金毛狗扑倒，造成摔倒且无法正常站立。此时，金毛狗主人王某从远处奔跑过来将狗抓住。后王某拨打"120"电话，将张某送入医院治疗。当晚张某亲属报警，警方至医院出警并将王某带回派出所做笔录。

■ 案例解析

《民法典》第1245条的规定，饲养的动物造成他人损害的，动物饲养人或者管理人应当承担侵权责任；但是，能够证明损害是因被侵权人故意或者重大过失造成的，可以不承担或者减轻责任。第1246条规定，违反管理规定，未对动物采取安全措施造成他人损害的，动物饲养人或者管理人应当承担侵权责任；但是，能够证明损害是因被侵权人故意造成的，可以减轻责任。本案中，金毛狗造成张

---

* 本案例由田莹编辑整理提供。

某受伤,受害人张某不存在故意与重大过失,且金毛狗主人王某违反管理规定未对金毛狗采取任何安全措施,应当承担损害赔偿责任。

本案的法律依据请扫描二维码查看

(责任编辑:王慧)

案例 33

烈性犬伤人谁担责?*

【警情简介】

某日,李某经过刘某的住宅附近时,被刘某饲养的烈性犬突然窜出咬伤。事发后,李某被送往医院救治,花费医疗费5000元。李某出院后要求刘某赔偿其各项损失,刘某以狗一直被锁链拴住,且附近墙上写有"小心有狗"的警示字样为由,拒绝对李某进行赔偿。

案例解析

烈性犬,是指犬的脾气比较暴躁,而且很具攻击性的犬种,主要有獒犬类、斗犬类、牧羊犬类、猎犬类等,一般城市都禁止饲养烈性犬。《民法典》第1247条规定,禁止饲养的烈性犬等危险动物造成他人损害的,动物饲养人或者管理人应当承担侵权责任。这种责任是最严格的无过错责任,没有免责事由。本案中,虽然刘某为防止烈性犬伤人而将其拴住,并在他家附近墙上写有"小心有狗"的提示,但是《民法典》对于饲养危险动物造成他人损害的情形,规定了

---

* 本案例由刘桂丽、马吉宽编辑整理提供。

最为严格的侵权责任。一旦侵害发生,动物饲养人或者管理人应当承担全部侵权责任,无论受害人有无过错。刘某作为危险动物饲养人,虽然采取了部分防范措施,却无法减轻其侵权责任。且李某正常路过刘某家门口,既没有进入刘某家住宅,也没有对刘某饲养的烈性犬进行挑逗等行为,李某不存在故意或者重大过失的情形。所以,刘某应当承担烈性犬对李某造成的全部损失。

本案的法律依据请扫描二维码查看

(责任编辑:王慧)

案例 34

动物园动物伤人谁担责?*

【警情简介】

某日,甲带自己的孩子5岁的小何到某动物园玩耍。在观看猴山时,小何钻过间距15厘米的栏杆给猴子喂食,胳膊被猴子抓伤,同时受到惊吓,花去治疗费若干。甲要求动物园就孩子的伤害承担赔偿责任。动物园认为,已经在猴山前标注显著的警示标志,提醒游客远离动物,避免伤害。小何的受伤是家长未尽看护职责所致,因此拒绝赔偿。甲到派出所请求追究动物园的侵权责任。

案例解析

《民法典》第1248条规定,动物园的动物造成他人损害的,动物园应当承担侵权责任;但是,能够证明尽到管理职责的,不承担侵权责任。动物园的管理职责应根据具体动物的种类和性质来定,并且鉴于动物园所承担的独特社会功能,其不应该只是承担善良管理人

---

* 本案例来自姜强主编:《人身损害赔偿案件裁判要点与观点》,法律出版社2016年版,由王慧编辑整理提供。

的注意义务,而应该承担更高的符合其专业管理动物的注意义务。本案中,某动物园内的金属防护栏间距在 15 厘米左右仅能避免成年人钻入,并不能防止幼童钻入,设施上有瑕疵,对于儿童可能发生的危险应当预见而未能预见,管理上存在主观过错,未尽到管理职责,应承担侵权责任。同时,5 岁儿童属于无民事行为能力人,其法定监护人的照管义务较强,小何的法定监护人带小何到动物园游玩并无不当,然而,在动物园已有书面告知警示情况下,仍放松对小何的危险警示教育和看护,导致其穿过防护栏产生损害后果,故小何法定监护人有监管过失,应减轻某动物园的侵权责任。

关于赔偿责任比例的确定问题。本案中,受害人法定监护人未看护好无民事行为能力的受害人导致其擅自穿越防护栏,喂食猴子,是使其受伤的近原因及主要原因,应当承担主要责任;某动物园的防护栏存在安全瑕疵未有效阻止受害人穿越,应承担次要责任。

本案的法律依据请扫描二维码查看

(责任编辑:王慧)

案例 35

栏杆塌陷谁担责？*

【警情简介】

2020年2月17日，陈某乙（陈某甲儿子）到许某家做客。陈某乙在许某家二楼阳台背部倚靠栏杆时，栏杆发生坍塌，致使陈某乙从二楼阳台跌落至一楼地面，后经抢救无效死亡。陈某甲找到许某要求承担儿子死亡的损害赔偿责任，但许某认为涉事栏杆以包工包料的方式承包给了张某某制作安装，张某某是承包制作安装方，栏杆坍塌应当由张某承担责任。经查，栏杆节点施工存在严重的质量缺陷及安全隐患，而张某某认为阳台栏杆已超过保修期，不再承担任何责任。陈某甲遂到派出所报案，请求许某和张某某承担赔偿责任。

案例解析

受害人陈某乙背部倚靠本案所涉栏杆时，栏杆发生坍塌，致使陈某乙从二楼阳台跌落至一楼地面受伤，陈某乙对本次事故的发生无过错，不应承担责任。张某某是涉事栏杆的制作安装方（施工

---

* 本案例由王慧编辑整理提供。

方),栏杆节点施工存在严重的质量缺陷及安全隐患,张某某以栏杆已超过保修期为由要求免责,没有法律依据,不予支持。张某某作为涉案栏杆的施工方,对事故的发生具有过错,应承担60%的赔偿责任。许某作为房屋所有人、栏杆的建设发包方,在施工方资质审查、施工方案的选择、施工的监督、验收中存在不当,对事故的发生也有过错,应承担40%的赔偿责任。许某、张某某承担的是连带责任。

另外,保修期限是施工单位就建设工程质量问题进行无偿修理的期限,调整的是建设工程施工合同发包方与承包方之间的关系。保修期限的规定不适用于建筑物致人损害后赔偿责任的确定。建筑物的分项工程因工程质量缺陷而出现倒塌的,施工单位应承担赔偿责任。

本案的法律依据请扫描二维码查看

(责任编辑:王慧)

案例 36

查不到高空抛物人怎么办?*

【警情简介】

王某在自己居住的 A 小区楼下锻炼时,被从一幢高楼中扔掷出的玻璃瓶砸中划破脸部,当即被送医治疗。因小区未设置高空摄像头,公安民警、小区物业排查了整幢楼近 200 户,均无人承认,肇事者始终没有找到。

案例解析

《民法典》对高空抛物的规定改变了之前"一人抛物,全楼买单"的"连坐"现象,体现了公平原则。第 1254 条规定,禁止从建筑物中抛掷物品。从建筑物中抛掷物品或者从建筑物上坠落的物品造成他人损害的,由侵权人依法承担侵权责任;经调查难以确定具体侵权人的,除能够证明自己不是侵权人的外,由可能加害的建筑物使用人给予补偿。可能加害的建筑物使用人补偿后,有权向侵权人追偿。物业服务企业等建筑物管理人应当采取必要的安全措施防止前款规定情形的发生;未采取必要的安全保障措施的,应当依法承

---

* 本案例由刘桂丽、马吉宽编辑整理提供。

担未履行安全保障义务的侵权责任。发生本条第一款规定的情形的,公安等机关应当依法及时调查,查清责任人。

法律一方面从积极救济受害人的角度出发,明确了实施抛物侵权人不可推卸的责任。另一方面还规定了其他主体对抛物行为的管理与查处义务:一是物业管理者的管理责任,应当采取必要的安全保障措施防止高空抛物行为的发生,如果未采取必要的安全保障措施的,则应当依法承担未履行安全保障义务的侵权责任;二是公安等机关的调查职责,要求公安机关依法及时调查,查清责任人。

本案的法律依据请扫描二维码查看

(责任编辑:王慧)

案例 37

堆放物致人损害谁担责?*

【警情简介】

陈某与刘某系邻居关系,2021年3月30日,陈某因家中装修买了大量家具(鞋柜、衣柜等),经与刘某商量将其先临时放置于刘某与陈某家共同过道内,家具出售人根据陈某指使将家具放置到过道内,并让陈某进行查验。后刘某的3岁小孩刘小某在门口玩耍,拉了一把鞋柜门把手,鞋柜随即倒下将小孩砸伤,刘某因此与陈某发生争执,要求辖区派出所民警帮忙主持公道。派出所民警经勘验查明:涉案鞋柜系双扇门,高162厘米、宽40厘米、长100厘米,经现场试验,该鞋柜稳定性较差,两扇柜门如同时打开,在无外力的情况下即自行倾倒;如只打开一扇门,稍加外力即会倾倒。

案例解析

《民法典》第1255条规定:"堆放物倒塌、滚落或者滑落造成他

---

* 本案例来自江苏省沭阳县人民法院(2018)苏1322民初13542号民事判决书,由刘桂丽、马吉宽编辑整理。

人损害,堆放人不能证明自己没有过错的,应当承担侵权责任。"根据此规定,堆放物致害责任的归责原则是过错推定原则,实行举证责任倒置,责任主体不能证明其没有过错的,则推定其存在过错,即应承担责任。本案中,家具出卖人按买方陈某指示将家具送至过道内,并通知陈某到现场查验,查验后陈某对家具堆放情况没有提出异议。且根据派出所民警现场勘验情况,可以确定涉案鞋柜稳定性差,稍有外力即会倾倒,存在安全隐患。因此,陈某作为堆放物的所有人,对涉案鞋柜的安全隐患应该具有更高的判断力和预测力,应合理选择堆放位置并采取相应安全防范措施,现其未能举证证明其对鞋柜倒塌致刘小某的损害后果不存在过错,故应承担赔偿责任。

受伤的刘小某系无民事行为能力人,尚不具有判断涉案鞋柜存在安全隐患的能力,刘某作为监护人脱离监护,未能尽到监护责任,存在过错,也应当承担相应责任。

本案的法律依据请扫描二维码查看

(责任编辑:王慧)

案例 38

公共通道堆物致害谁担责?*

【警情简介】

2022年4月5日晚上7点多,王某在图书馆学习完毕骑着摩托车回家,在金波北街与培华路的交叉口被某集团施工队堆放在马路上的土堆绊倒,王某受伤,施工队工作人员立马联系王某家人并将王某送往医院,王某住院进行治疗。王某家人向某集团施工队进行索赔,施工队以王某自己骑车不仔细看路为由拒绝任何赔偿,王某家人立即打电话报警,派出所民警赶往现场进行查看,发现该施工队因施工将土临时堆放在马路上,没有设置明显标志和采取任何安全措施。

■ 案例解析

《民法典》第1256条规定:"在公共道路上堆放、倾倒、遗撒妨碍通行的物品造成他人损害的,由行为人承担侵权责任。公共道路管理人不能证明已经尽到清理、防护、警示等义务的,应当承担相应的

---

* 本案例来自河南省淅川县人民法院(2019)豫1326民初289号民事判决书,由刘桂丽、马吉宽编辑整理。

责任。"本案中,经调查发现某集团施工队对施工现场未设置明显的安全防护设施及警示标志,致使王某因该施工队施工中堆放的土堆绊倒受伤,施工队存在过错,故应赔偿王某因本次事故造成的合理损失。因此,在公共道路上堆放妨碍通行物品,应注意设置明显的安全防护设施及警示标志,以免行人及社会车辆出现交通事故。

本案的法律依据请扫描二维码查看

(责任编辑:王慧)

案例 39

林木致害的责任谁承担?*

【警情简介】

天清气朗的一天,白某打算去小区附近的超市购物,刚走到小区门口时,门口种的一棵大树突然倒地,白某没有来得及躲闪就被砸倒。好心的路人见状将白某扶起来送往医院包扎治疗。经医院诊断发现,白某多处皮肤被磨破,左脚掌骨折,白某因此花销各种医疗费用 3 万余元。白某通过询问得知小区房地产公司曾对门口倒地的这棵大树周围一带的树木进行挪移,被小区业主阻挠后未再继续,将树木栽回原处。白某遂报警。

案例解析

本案案发当天无大风暴雨等极端天气的出现,可以证明树木系自行倒地。《民法典》第 1257 条规定:"因林木折断、倾倒或者果实坠落等造成他人损害,林木的所有人或者管理人不能证明自己没有过错的,应当承担侵权责任。"本案中,该小区房地产开发公司曾经

---

* 本案例来自北京市东城区人民法院(2019)京 0101 民初 14648 号民事判决书,由田莹、马吉宽编辑整理提供。

对案涉树木附近数棵树木进行挪移,根据高度盖然性原则,可以认定该房地产公司系案涉树木及其附近数棵树木的栽种人、所有人,其对树木具有管理职责。房地产公司应当举示证据证明其尽到管理义务,没有过错,否则应当对白某的受伤承担赔偿责任。

从法律规定可以看出,因林木折断等致害承担的是过错推定责任原则。所谓过错推定,就是依照法律推定行为人有过错,其不能证明自己没有过错的,应当承担侵权责任。

本案的法律依据请扫描二维码查看

(责任编辑:王慧)

案例 40

院内林木折断致害谁担责?*

【警情简介】

2020年6月,钟某购买某市安宁路3号房屋,院内有两棵柳树。钟某购买房屋时已发现树木倾斜,但一直未采取措施排除安全隐患,直至2022年5月8日才向该市城管局申请砍伐。2022年5月12日,市城管局到现场查看,发现树干倾斜并压在围墙上,存在极大安全隐患,但未采取任何措施。5月13日上午,市民吴某散步途经永宁路3号房屋围墙外时,被院内突然折断坠落的树枝砸伤。吴某请求钟某赔偿损失遭到拒绝,特请求派出所处理。

案例解析

本案中,钟某是涉案树木的所有人,其购买房屋时已发现涉案树木倾斜,但一直未尽到完全管理义务,未能及时排除安全隐患,直至2022年5月8日才向市城管局申请砍伐涉案树木,在市城管局尚

---

* 本案例来自姜强主编:《人身损害赔偿案件裁判要点与观点》,法律出版社2016年版,由王慧编辑整理提供。

未作出答复时本案事故已发生,主观上存在过错,依照《民法典》的规定,钟某应对事故的发生负主要责任。市城管局作为市区居住区绿地绿化的管理部门,在收到钟某砍伐涉案树木的申请后,虽于2022年5月12日派员到现场查看,发现涉案树木存在极大安全隐患,但市城管局作为具备相关专业知识的管理部门,并未采取或建议树木所有人采取紧急防范措施,同时排除或降低安全隐患,导致涉案树木于次日折断坠落造成事故,市城管局应对事故的发生负次要责任。

本案的法律依据请扫描二维码查看

(责任编辑:王慧)

案例 41

掉入涵洞受伤谁担责?[*]

【警情简介】

某交通工程集团有限公司系 S333 省道道路改造的施工人,该施工道路西面半边封闭,东面半边通行。某日 22 时,舒某在通行的东半幅道路往西半幅道路行走回家时,掉入路面上没有封闭的涵洞内摔伤骨折,花去医药费 2 万元。舒某向该公司提出赔偿请求遭到拒绝,特向派出所提出处理请求。经查:施工涵洞在道路中间,危险性极大,该交通工程集团有限公司却仅仅进行泥土堆挡,设置的发光标志在夜间根本没法起到警示作用。

案例解析

《民法典》第 1258 条第 1 款规定,在公共场所或者道路上挖掘、修缮安装地下设施等造成他人损害,施工人不能证明已经设置明显标志和采取安全措施的,应当承担侵权责任。

本案中,某交通工程集团有限公司作为施工人,未在具有安全

---

[*] 本案例来自姜强主编:《人身损害赔偿案件裁判要点与观点》,法律出版社 2016 年版,由王慧编辑整理提供。

隐患的涵洞口设置明显安全警示标志,设置的发光锥体在无路灯或汽车灯照射的情形下警示作用较小,难以引起行人注意并起到足够警示作用,不能避免风险。同时,事故发生时该施工路段东面半幅路处于南北通行状态,东西向未封闭。舒某家住施工路段西侧,其由东向西回家并无不当,事故发生在夜晚且无路灯照明,其无能力判断事发路段存在危险,对事故发生不存在过错,故其不应自担损失。施工涵洞在道路中间,危险性极大,某交通工程集团有限公司仅仅进行泥土堆挡,设置的发光标志在夜间根本没法起到警示作用,根据《民法典》的规定,其应对舒某全部损害承担赔偿责任。

本案的法律依据请扫描二维码查看

(责任编辑:王慧)

案例 42

占用公共道路引发的伤害*

【警情简介】

某日,张某无证驾驶二轮摩托车行驶在一条县道上。该公路旁的祖某家正在翻盖房屋,在公路上堆放了大量沙石,由于路面上沙石打滑,加之张某车速较快,摩托车滑倒,造成张某腿骨骨折,鉴定构成伤残。张某随即报警,要求处理。

■ 案例解析

本案中的堆沙人和驾驶人的责任如何划分?

本案中,祖某在公路上占用道路堆放沙石,违反了《道路交通安全法》的相关规定,是造成事故的次要原因,负事故的次要责任。张某无证驾驶,操作不当,负事故主要责任。张某受伤与祖某在公路上堆放了大量沙石有直接的因果关系,依据《民法典》第1256条"在公共道路上堆放、倾倒、遗撒妨碍通行的物品造成他人损害的,由行为人承担侵权责任。公共道路管理人不能证明已经尽到清理、防护、警示等义务的,应当承担相应的责任"的规定,祖某应当承担部

---

* 本案例由刘桂丽、马吉宽编辑整理提供。

分的赔偿责任。同时,作为公路管理者的交通管理部门对祖某在正常通行的公路上堆放沙石的违法行为未及时发现和制止,是疏于管理,对可能发生的侵权损害后果存在过失。祖某堆放沙石的行为与交通管理部门的不作为行为在特定条件下偶然地发生联系,共同导致张某受伤这一损害后果的发生,因此,交通管理部门也应当承担相应的赔偿责任。

本案的法律依据请扫描二维码查看

(责任编辑:王慧)